특이점 인사이드
AI가 바꾸는 세상과 우리의 미래

송완

굿스펠디자인

특이점 인사이드
AI가 바꾸는 세상과 우리의 미래

초판발행_ 2025년 10월 1일

지은이_ 송완

펴낸이_ 윤환
펴낸곳_ 굿스펠디자인
등록번호_ 제2025-000003호
주소_ 서울, 종로구 율곡로14길 10, 7층
ISBN_ 979-11-991166-2-7 (03550)

ⓒ 2025 송완
무단 전제와 복제를 금합니다.

특이점
INSIDE

AI가 바꾸는 세상과 우리의 미래

송완

서문

혹시 눈치채셨나요?

우리가 무심코 넘기는 신문 기사 한 줄, 새로 업데이트된 스마트폰 앱의 기능 하나하나가 모여, 세상의 기반 자체가 소리 없이 바뀌고 있다는 사실을 말입니다. 우리는 지금 인류 역사상 가장 거대한 기술 혁명의 한복판, 그 태풍의 눈 안에 살고 있습니다.

이 거대한 변화의 이름을 우리는 '특이점(Singularity)'이라 부릅니다.

하지만 대부분의 사람들은 이 단어를 여전히 SF 영화 속 아득한 미래로 여기며, 나와는 상관없는 이야기라고 생각합니다. 바로 이것이 우리가 저지르고 있는 가장 치명적인 착각입니다.

특이점은 미래의 어느 날 갑자기 도착하는 '사건(Event)'이 아닙니다. 바로 지금 우리가 발 딛고 숨 쉬는 이 순간에도, 당신의 삶을 송두리째 바꾸고 있는 '과정(Process)' 그 자체입니다.

이 혁명은 이미 세 개의 거대한 전선(戰線)에서 당신의 현실을 재편하고 있습니다.

첫째, 당신의 '일'입니다. AI는 단순한 업무 보조 도구를 넘어, 인간 고유의 영역이라 믿었던 지식 노동과 창의성의 심장부를 파고들며 노동 시장의 지도를 다시 그리고 있습니다.

둘째, 당신의 '생각'입니다. 뇌-컴퓨터 인터페이스는 당신의 생각과 감정을 읽어내고, 정신의 프라이버시라는 마지막 성역의 문을 두드리고 있습니다.

그리고 셋째, 당신의 '생명' 그 자체입니다. 리버스 에이징과 수명 연장 기술은 '죽음'이라는 인간의 마지막 한계에 정면으로 도전하며, 생명의 정의를 새로 쓰고 있습니다.

우리는 이 거대한 문명사적 변곡점 앞에서 더 이상 방관자로 머물 수 없습니다. 막연한 두려움에 눈을 감거나, 나와는 상관없는 먼 미래라며 외면하기엔 변화의 속도가 너무나도 빠르고 강력합니다. 지금이야말로 이 혁명의 본질을 깊이 이해하고, 다가올 미래의 파도 위에서 기회를 포착하며 우리 자신의 미래를 설계해야 할 때입니다.

이 책은 그 혁명의 최전선을 생생하게 들여다보고, 우리가 마주한 근본적인 변화의 지도를 그리기 위한 안내서입니다. AI와 함께 살아갈 우리의 미래를 어떻게 준비하고 대응해야 할지, 그 해답을 함께 모색하는 여정에 당신을 초대합니다.

이 여정의 끝에서, 우리는 두려움이 아닌 가능성을, 절망이 아닌 새로운 인간성을 발견하게 될 것입니다.

2025년 9월

송완

내용

서문 · 4

1장. 특이점은 이미 도래했다
: 당신이 눈치채지 못한 세계의 급변

I. 특이점, 이미 우리 곁에 와 있는 현실 · 16

II. 두 얼굴의 AI · 19
: 위대한 흉내쟁이인가, 지능의 서막인가?

III. 데이터가 증명하는 특이점의 속도와 우리의 착각 · 23

IV. 특이점의 엔진과 족쇄 · 27
: 가속 페달 vs 브레이크

V. 특이점의 한국적 맥락 · 31
: 위기인가, 기회인가?

VI. 변화의 파동 · 35
: 특이점은 세상을 어떻게 바꾸는가

VII. 2035년, 우리는 어디에 있을까 · 38
: 다가올 10년의 로드맵

VIII. 특이점 시대를 맞이하는 우리의 자세 · 42

2장. 노동의 대전환
: AI 시대, 당신의 일은 어디로 가는가?

I. 일의 대전환, 이미 시작된 미래 · **48**

II. 지식 노동, AI에 잠식되다 · **52**
: 인간 역할 축소의 서막

III. 창의성 영역의 새로운 도전 · **58**
: AI는 어떻게 경계를 넓히는가

IV. 노동 지형의 대변화 · **64**
: AI는 어떻게 산업을 바꾸고 일자리를 변화시키는가?

V. 인간을 닮은 기계의 등장 · **69**
: 물리적 노동 변화의 서곡

VI. 로봇 경제의 도래 · **75**
: 변화의 승자와 과제

VII. 경제의 재설계 · **79**
: 자동화는 어떻게 부와 권력의 지도를 바꾸는가

VIII. 인간에게 남는 일은 무엇인가 · **83**
: 마지막 보루인가, 신기루인가?

IX. 노동 없는 미래, 그리고 다음 질문 · **88**

3장. 당신의 생각은 더 이상 당신의 것이 아니다
: 정신 프라이버시와 자율성의 위기

- I. 정신적 경계의 소멸 · **94**
- II. 뇌-컴퓨터 인터페이스의 기술적 현실 · **98**
- III. 생각으로 제어하는 세상 · **102**
   : 확장된 인지와 인터페이스
- IV. 브레인 해킹 · **106**
   : 외부 조작의 위험성
- V. 디지털 텔레파시 · **111**
   : 뇌-뇌 연결의 미래
- VI. 뇌 데이터 경제의 등장 · **115**
   : 생각의 상품화
- VII. 정신 자율성 보호 · **120**
   : 윤리와 대응 방안
- VIII. 정신 자율성의 기로에서, 인간을 다시 묻다 · **126**

4장. 불멸의 시대
: 리버스 에이징과 수명 혁명

I. 불멸의 꿈, 현실의 문턱에서 · **132**
II. 노화의 생물학적 시계를 되돌리는 과학적 혁명 · **135**
III. 10년 내 상용화될 수명 연장 기술들 · **139**
IV. 노화 역전 진단과 치료 시스템 · **144**
V. 수명 탈출 속도와 기술적 실현 가능성 · **148**
VI. 영생을 위한 대안적 방법들 · **153**
: 마인드 업로딩과 기술 융합
VII. 수명 혁명의 의학적, 생물학적, 사회적 영향 · **157**
VIII. 생명의 연장, 인간의 재정의 · **161**

5장. 인간과 기술의 공진화
: 특이점 시대의 의미와 가치 재정의

I. 인간, 재정의가 필요한 시간 · **166**

II. 인간과 AI의 능력 구조 비교 · **169**
: 빠르게 사라지는 경쟁 우위

III. 의미 창출의 재정의 · **174**
: AI 시대의 새로운 가치 기준

IV. 유한한 자원과 물리적 제약 · **178**
: 특이점의 현실적 한계

V. 증강 인간 · **182**
: 경쟁 우위 제로(0) 시대의 대안

VI. 브레인넷과 집단 지능 · **187**
: 새로운 공존 모델

VII. 기술과 하나 된 인간의 숙제 · **192**
: 새로운 위험과 가치 찾기

VIII. 선택 경제와 AI 주도 방향성의 시대 · **195**

IX. 인간과 기술의 미래 · **200**
: 무너진 성벽 앞에서 길을 묻다

제6장. 특이점 생존 매뉴얼 (2025-2035)
: AI 시대의 선장이 되는 법

I. 새로운 시대의 성공 공식 · **206**

II. 선장의 나침반 · **209**
: 가치 창조 사이클 'N.E.W.S.'

III. N (Navigate) · **213**
: 안갯속에서 첫 번째 '항로'를 설정하는 기술

IV. E (Execute) · **218**
: 가장 작고 빠른 '척후선'을 띄우는 기술

V. W (Witness) · **222**
: 암호화된 '첩보'에서 보물을 찾는 기술

VI. S (Steer) · **227**
: 데이터와 직관을 융합해 '결단'을 내리는 기술

VII. 사이클에서 시스템으로 · **231**
: 당신의 첫 번째 함선을 구축하라

VIII. 선장의 창세기 · **235**
: 10년간의 진화 로드맵

IX. 이제, 출항할 시간입니다 · **239**

제7장. 2035년의 새로운 질서
: 경계의 붕괴 (국가, 화폐, 인간)

I. 익숙함과의 작별 · **242**
: 선장의 눈으로 본 2035년

II. 민주주의의 위기 · **245**
: '기계 통치'라는 새로운 해류

III. 권력의 이동 · **248**
: 국가의 항구 vs. 기업의 함대

IV. 노동 없는 경제 · **252**
: 항해의 목적을 잃은 유령선들

V. 인류 분화의 서막 · **255**
: '증강 함선'의 등장

VI. 유령선을 넘어 희망의 군도를 향하여 · **258**
: 사회적 방주의 설계도

VII. 미래의 두 얼굴 · **262**
: 선택의 기로에 선 인류

8장. 기계와 함께, 나를 잃지 않기
: 특이점을 넘어서는 인간의 길

I. 마지막 질문 · 268
: 나는 누구로 살아갈 것인가?

II. 끌려가지 않는 삶의 방향타 · 271
: 내 안의 나침반 세우기

III. AI와의 창조적 공존 · 275
: 협업의 '주인'이 되는 기술

IV. 인간 고유성의 재발견 · 278
: AI가 비추는 우리의 모습

V. 특이점 시대의 자기 성장법 · 283
: AI로 '나'를 단련하기

VI. 에필로그 · 286
: 특이점을 넘어서는 인간

참고문헌 · 288

특이점은 이미 도래했다

당신이 눈치채지 못한 세계의 급변

I.
특이점,
이미 우리 곁에 와 있는 현실

혹시 '특이점'이라는 말을 들으면 먼 미래의 공상 과학 영화를 떠올리시나요? 인공지능이 인간을 초월하고 세상의 모든 규칙이 뒤바뀌는, 그런 아득한 장면 말입니다.

많은 분이 그럴 겁니다. **하지만 이 책을 읽고 있는 바로 지금, 우리는 이미 그 특이점의 한가운데를 살아가고 있습니다.**

특이점(Singularity)은 본래 물리학에서 블랙홀의 중심처럼 기존의 법칙이 더는 통하지 않는 지점을 의미합니다.[1] 기술 분야에서는 AI의 발전 속도가 인간의 이해와 통제력을 넘어서는 혁명적 전환점을 뜻하죠.[2] 미래학자 레이 커즈와일은 AI가 인간의 지능을 뛰어넘는 그날을 2045년으로 예측했지만, 우리는 그 특정 '사건'을 기다리고 있을 여유가 없습니다.[3]

이 책의 핵심 주장은 이것입니다. **특이점은 미래의 어느 날 갑자기 찾아올 사건(Event)이 아니라, 바로 이 순간에도 숨 가쁘게 진행되고 있는 과정(Process) 그 자체라는 것입니다.** 충격적으로 들릴 수도 있지만, 우리는 이미 그 과정의 내부에 살고 있습니다. 최근 AI 전문가들 사이에서는 인공 일반 지능(AGI)이 불과 몇 년 안에 도래할 수 있으며, 특이점은 이미 시작되었다는 목소리가 힘을 얻고 있습니다.[4]

제 개인적인 경험이 이 변화의 속도를 가장 명확하게 보여줄 겁니다.

2012년, 저는 아프리카 르완다에서 작은 베이커리를 운영했습니다. 매일 새벽, 제 일과는 사무실 책상에 앉아 영수증을 A4 용지에 테이프로 붙여가며 손으로 장부를 정리하는 것이었습니다. 모든 것이 아날로그였고, '디지털'이라는 단어는 현실감 없는 주문처럼 들렸죠.

그로부터 불과 10여 년이 흐른 2025년, 제가 운영하는 AI 스타트업의 풍경은 완전히 다릅니다. 우리는 더 이상 "개발자가 이 기능을 만드는 데 몇 시간 걸릴까?"를 묻지 않습니다. 대신 **"AI와 협업해서 얼마나 빨리 만들 수 있을까?"**를 묻습니다. 단순히 도구가 바뀐 게 아닙니다. 우리가 일하고, 생각하고, 문제를 해결하는 방식의 문법 자체가 근본적으로 달라진 것입니다. AI 도구 덕분에 단순 코딩 시간이 최대 78%까지 단축되면서, 인간은 더 창의적인 문제 해결에 집중할 수 있게 되었습니다.

아마 이렇게 반문하실지도 모릅니다. "기술 발전은 언제나 있었잖아요. 이번이라고 뭐가 그렇게 다른가요?"

핵심적인 차이는 바로 **'속도의 차원'**이 다릅니다. 과거의 기술이 사회를 바꾸는 데 수십 년이 걸렸다면, 이제 그 주기는 몇 년, 심지어 몇 개월 단위로 압축되었습니다. 제가 직접 솔루션을 판매하면서, 기술 환경이 매주, 매달 급변하는 것을 피부로 느낍니다. 실제로 2023년에 제안했던 견적이 불과 3개월 만에 30% 이상 낮아지는 경험을 했습니다. 이는 산업혁명 시대의 변화와는 비교할 수 없는, 완전히 새로운 차원의 가속도입니다.

기술 혁명	사회 변화 기간	예시
산업혁명 (18-19세기)	50-100년	증기기관 → 공장 시스템 확산
인터넷 혁명 (1990s-2000s)	20-30년	웹 브라우저 → 글로벌 커머스
AI 혁명 (2020s-)	3-5년	ChatGPT (2022) → 2025년 AGI 문턱

이런 경이로운 속도 앞에서 우리의 직관은 종종 길을 잃습니다. 우리는 미처 알아차리지 못하는 사이, 기술은 이미 우리 사회와 경제의 가장 깊은 곳, 그 운영체제부터 새롭게 다시 짜고 있습니다. 많은 분들이 "ChatGPT로 이메일 초안을 써요" 정도의 변화를 체감하고 있을지 모릅니다. 하지만 그것은 거대한 쓰나미의 가장 작은 물보라에 불과합니다. 이미 2025년, AI는 일부 의료 영상 진단에서 94% 이상의 정확도로 인간 의사를 능가하고 있으며,[5] 뇌-컴퓨터 인터페이스는 장애인의 의지를 실시간으로 기계에 전달하고 있습니다.

이제 이 책과 함께, 우리가 왜 이미 특이점 안에 살고 있는지, 그것이 당신의 일과 삶에 무엇을 의미하는지, 그리고 거대한 변화의 물결 앞에서 무엇을 준비해야 하는지를 이야기해보려 합니다. 특이점은 막연히 두려워할 대상이 아니라, 우리가 제대로 이해하고 올라타야 할 오늘의 현실입니다. 이 책을 손에 드신 여러분은 이미 그 변화를 마주하고 미래를 준비하기 위한 중요한 첫걸음을 떼신 셈입니다.

> 핵심 요약: 특이점은 우리가 기다리는 미래의 폭풍이 아니라, 이미 발을 딛고 서 있는 거친 파도입니다. 이 변화의 압도적인 '속도'와 근본적으로 다른 '본질'을 인지하는 것이, 다가올 시대를 항해하기 위한 생존의 첫걸음입니다.

II.
두 얼굴의 AI
: 위대한 흉내쟁이인가, 지능의 서막인가?

특이점이라는 거대한 파도의 중심에는, 우리 일상을 바꾸고 있는 인공지능(AI)이 있습니다.

그런데 이 혁명의 심장은 놀라울 만큼 단순한 원리에서 출발합니다: '다음에 올 말을 기가 막히게 맞히는 능력'.[1] 마치 수십억 권의 책을 통째로 삼킨 존재가, 주어진 문맥에서 통계적으로 가장 자연스러운 다음 단어를 뱉어내는 것과 같습니다. 이 원리가 2017년 등장한 '트랜스포머(Transformer)'라는 혁신적 엔진을 만나 폭발했습니다.[2] 트랜스포머는 문장 안의 모든 단어가 서로의 의미를 끊임없이 참고하며 전체 맥락을 한 번에 파악하는 '어텐션(Attention)' 기법을 통해, 이전과는 차원이 다른 언어 이해 능력을 보여주었습니다. 우리가 매일 사용하는 ChatGPT와 Gemini는 바로 이 경이로운 예측 기계의 결정체입니다.[1]

하지만 이 눈부신 능력 뒤에는 거대한 역설이 존재합니다. 우리는 AI가 '무엇을' 하는지는 알지만, '어떻게' 그것이 가능한지, 왜 그 결과물이 인간의 '지능'처럼 느껴지는지는 아무도 완벽히 설명하지 못합니다. 수십억 개의 신경망이 얽힌 AI의 뇌는 누구도 들여다볼 수 없는 '블랙박스'로 남아있기 때문입니다.[3]

바로 이 지점에서 AI 시대를 살아가는 우리 모두에게, 그리고 AI를 만드는 과학자들에게 가장 중요한 질문이 던져집니다: "우리는 지금 인류 최고의 천재와 대화하는가, 아니면 세상에서 가장 말을 잘하는 앵무새와 마주하고 있는가?"

이 질문은 '확률적 앵무새(stochastic parrot)'라는 개념으로 구체화되며, AI가 데이터의 편향까지 무분별하게 학습해 위험을 증폭시킬 수 있다는 냉정한 경고를 담고 있습니다.[4] 이 근본적인 논쟁을 이해하는 것이야말로, 우리가 마주한 변화의 본질을 꿰뚫는 첫걸음입니다.

관점 1: 위대한 흉내쟁이 - 회의론자들의 다층적 경고

회의론자들은 AI가 선보이는 경이로운 능력 이면에 드리운 근본적 한계를 세 개의 다른 렌즈로 조명합니다.

첫째, 기술의 렌즈입니다. 구글의 AI 연구자 프랑수아 숄레(François Chollet)는 현재의 AI가 데이터를 정교하게 흉내 낼 뿐, 인간처럼 새로운 개념을 진정으로 '이해'하거나 '창조'하지 못한다고 단언합니다. 그가 설계한 'ARC-AGI-2' 벤치마크에서, 어린아이도 직관적으로 푸는 시각적 규칙 문제를 최신 AI들이 여전히 16% 미만밖에 맞추지 못한다는 사실은 이 주장을 뒷받침하는 차가운 증거입니다.[5) 6)]

둘째, 철학의 렌즈입니다. 저명한 신경과학자 안토니오 다마지오(Antonio Damasio)와 같은 인지과학자들은 더 근본적인 질문을 던집니다. '신체' 없는 지능에 '이해'란 과연 가능한가? 그들은 현재의 AI가 세상과 상호작용하며 의미를 체득하는 '몸으로 직접 겪으며 배우는 체화된 인지(Embodied Cognition)' 과정이 결여되어 있다고 비판합니다. AI가 '사랑'이라는 단어를 수십억 번 학습해도, 그것은 사랑을 해 본 경험과 연결된 신경 패턴이 아닌, 텍스트의 통계적 관계일 뿐이라는 것입니다.[7]

마지막은 경제학의 렌즈입니다. MIT의 대런 애쓰모글루 교수는 AI가 특정 작업에 능숙하다는 것과 사회 전체의 생산성을 혁명적으로 끌어올린다는 것은 다른 문제라고 지적합니다. 오히려 AI가 많은 경우 노동 비용을 절감하기 위한 '그저 그런(So-so) 자동화'에 그쳐, 일자리는 위협하면서도 경제 전체의 파이는 키우지 못할 수 있다는 냉정한 경고입니다.

관점 2: 가능성을 여는 조합 - 개척자들의 반론

이에 대해 OpenAI나 딥마인드 같은 개척자들은 반박합니다. "물론 AI 혼자서는 한계가 있다. 하지만 인간 역시 연필과 계산기, 인터넷 없이는 복잡한 문제를 풀 수 없지 않은가?" 그들은 AI가 단순히 똑똑한 뇌(LLM) 하나에만 의존하는 것이 아니라, 외부 정보를 검색하고, 코드를 실행하며, 스스로 계획을 세우는 등 다양한 도구를 '조합'하여 한계를 넘어서고 있다는 사실에 주목합니다.

관점의 전환: 하나의 천재가 아닌, 기계 군단과의 마주함

이 치열한 논쟁의 양측은 어쩌면 같은 실수를 저지르고 있는지도 모릅니다. 바로 AI를 '단일한 지능체'로 의인화하여 바라보는 것입니다. 회의론자들의 지적은 모두 날카롭고 타당합니다. 하지만 그 비판들은 AI라는 '개별 병사'의 약점을 지적할 뿐, 우리가 진짜 마주하고 있는 것의 실체를 놓치고 있습니다.

AI 혁명의 진짜 공포는 하나의 완벽한 천재가 등장했다는 데 있지 않습니다. 그것은 각기 다른 능력을 가진 기계들이 하나의 시스템으로 결합하여, 인간의 **인지-판단-실행이라는 가치 사슬의 모든 고리를 동시에 대체**하기 시작했다는 데 있습니다. 글을 쓰는 AI, 그림을 그리는 AI, 코드를 짜는 AI, 공장을 돌리는 로봇, 이 모든 것이 하나의 네트워크로 연결된 '**기계 군단**(A

Legion of Machines)' 말입니다. 우리가 싸워야 할 상대는 체스 챔피언 한 명이 아니라, 모든 포지션의 선수들이 유기적으로 협력하는 'AI 드림팀'인 셈입니다.

이러한 '시스템적 관점'에서 볼 때, 2025년 봄에 발표된 두 가지 사건은 더 이상 논쟁을 끝내는 '해결사'가 아니라, **'기계 군단'이 스스로 진화하기 시작했음을 알리는 '진격의 나팔 소리'**로 해석되어야 합니다.

첫째, AI가 인간 데이터라는 탯줄을 끊고 스스로 학습하기 시작했습니다. 2025년 5월 공개된 'Absolute Zero' 연구는, AI 군단의 한 축이 인간의 보급 없이도 스스로 성장할 수 있게 되었음을 의미합니다.[8]

둘째, AI가 인간의 지식을 모방하는 것을 넘어, '창조'하기 시작했습니다. 같은 달, 구글 딥마인드의 '알파에볼브(AlphaEvolve)'는 인류가 수십 년간 사용해 온 것보다 더 효율적인 알고리즘을 스스로 발견해냈습니다. 이는 군단의 또 다른 축이 새로운 영토를 개척하기 시작했음을 보여줍니다.[9]

이제 질문은 바뀝니다. 개별 AI 병사가 정말로 '생각'을 하는지와 무관하게, 이 '기계 군단'이 만들어내는 결과물이 이미 인간을 뛰어넘고 있다면, 개별 병사의 자격 논쟁이 무슨 의미가 있을까요? 이제 진짜 질문은 AI의 '정체'가 아니라, 그것이 만들어내는 '현실'에 우리가 어떻게 대응할 것인가입니다.

> 핵심 요약: AI가 '확률적 앵무새'처럼[4] 정교한 흉내쟁이인지 새로운 지능의 서막인지에 대한 논쟁은, 여러 회의론[5][6][7]에도 불구하고 점차 무의미해지고 있습니다. 진짜 위험은 하나의 완벽한 AI가 아니라, 인간의 인지-판단-실행의 모든 과정을 대체하는 '기계 군단'의 등장입니다. 인간의 데이터를 벗어나 스스로 학습하고[^8] 인류의 지식을 넘어 창조하기 시작한[9] 이 시스템 앞에서, 우리의 질문은 AI의 '정체'가 아닌 그것이 만들어내는 '현실'에 어떻게 대응할 것인가로 전환되어야 합니다.

III.
데이터가 증명하는 특이점의 속도와 우리의 착각

우리가 특이점의 한가운데 살고 있다는 주장은 단순한 느낌이나 과장이 아닙니다. 그 증거는 차가운 숫자 속에, 그리고 그 숫자가 그리는 압도적인 그래프 속에 있습니다. 세계 최고의 IT 트렌드 분석가 메리 미커(Mary Meeker)가 2025년 발표한 AI 트렌드 리포트는, 우리의 직관이 이 변화를 얼마나 과소평가하고 있는지 명확히 보여줍니다.[1]

숫자가 들려주는 첫 번째 이야기는 '**시간의 붕괴**'에 관한 것입니다. 과거 인터넷이 북미 외 지역에 퍼지는 데 23년이 걸렸지만, AI 서비스는 단 3년 만에 같은 목표를 달성했습니다.[1] 넷플릭스가 100만 사용자를 모으기까지 3.5년이 걸린 반면, ChatGPT는 불과 5일 만에 해냈습니다.[2] 이는 단순히 기술이 빨라졌다는 의미가 아닙니다. 성공과 실패의 주기가 압축되고, 과거의 성공 공식이 폐기되는, 완전히 새로운 게임의 규칙이 쓰이고 있다는 뜻입니다.

하지만 이처럼 경이로운 속도를 우리는 왜 제대로 체감하지 못할까요? 우리의 뇌가 기본적으로 세상을 한 걸음, 한 걸음 나아가는 '**선형적**'으로 이해하도록 맞춰져 있기 때문입니다. 1, 2, 3…처럼 꾸준한 변화에는 익숙하지만, 1, 2, 4, 8…처럼 폭발하는 '**기하급수적**' 변화 앞에서는 인지 능력이 마비됩니다. 우리는 눈앞의 작은 파도에만 신경 쓰다가, 수면 아래에서 밀려오는 거대한 해일을 놓치고 있는 셈입니다. 미래학자 로이 아마라가 지적한 '아마라의 법칙'처럼, 우리는 단기적 변화는 과대평가하면서도 장기적이고

근본적인 파괴력은 과소평가하는 '인지 지연' 상태에 빠져 있습니다.[3]

두 번째 이야기는 **'비용의 증발'**입니다. AI 기술을 사용하는 '추론(Inference)' 비용은 지난 2년간 99.7% 이상 폭락했습니다.[1] 이는 과거 대기업의 비밀 무기였던 AI 기술이 이제 1인 기업가나 학생도 손쉽게 사용할 수 있는 '공기'와 같은 자원이 되었음을 의미합니다.

이러한 '비용의 민주화'는 역설적으로 거인들의 전쟁을 촉발시켰습니다. 미국의 빅테크 6개 사는 AI 주도권을 잡기 위해 2025년에만 3,000억 달러(약 415조 원)가 넘는 천문학적인 설비투자(CapEx)를 쏟아붓고 있습니다.[4] 이는 2025년 대한민국 정부의 한 해 전체 예산(약 673조 원)의 60%를 훌쩍 넘어서는 금액으로,[5] 이 거금이 단 1년 만에 오직 6개 기업에 의해 AI 인프라에 투입된다는 의미입니다. 이는 단순한 투자를 넘어, 미래 기술의 수도와 도로를 장악하려는 '인프라 전쟁'입니다. 우리는 이 거인들이 깔아놓은 판 위에서 생존하고 기회를 찾아야 하는 새로운 현실에 놓였습니다.

마지막 이야기는 이 모든 변화가 **'당신의 일'**에 미치는 직접적인 영향입니다. 2018년부터 2025년까지, 미국 IT 직무에서 AI 기술을 요구하는 일자리는 448% 폭증했지만, 그렇지 않은 일자리는 오히려 9% 감소했습니다.[1] 이 데이터가 보내는 메시지는 섬뜩할 정도로 명확합니다. 'AI를 활용하는 능력'은 이제 당신의 몸값을 결정하는 가장 중요한 변수이자, 선택이 아닌 필수 생존 기술이 되었습니다.

메리 미커의 리포트가 보여주는 데이터는 단순한 트렌드 분석이 아닙니다. 그것은 우리의 인지 능력을 뛰어넘는 속도와 규모로 세상이 재편되고 있다는 경고등입니다. 이제 질문은 'AI를 쓸까 말까'가 아닙니다. **'이 거대한 파도 위에서 당신은 어디에 서 있을 것인가?'** 입니다.

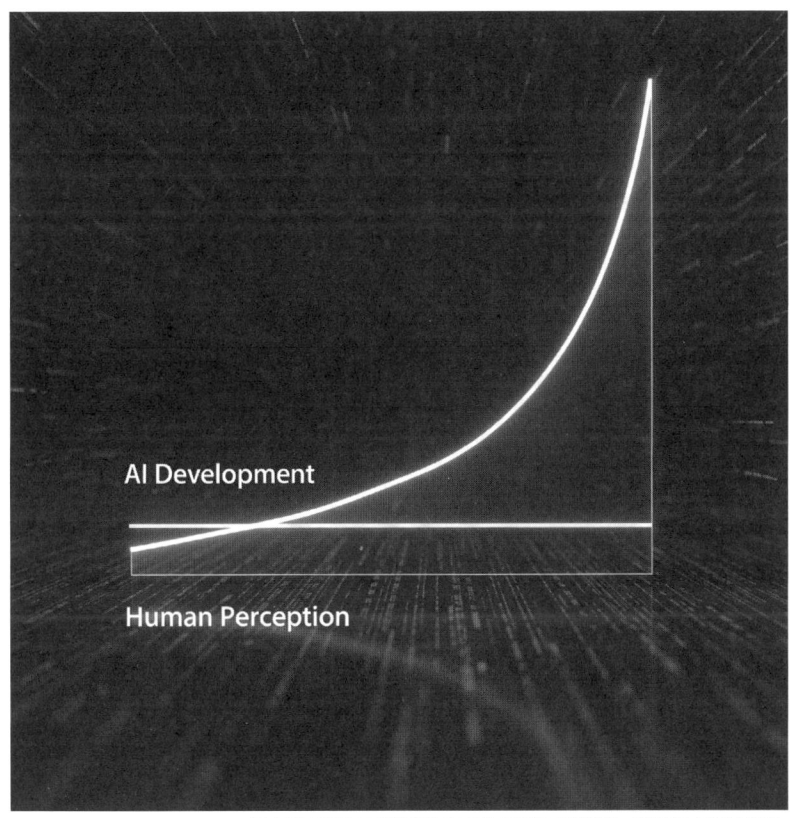

기술의 기하급수적 발전 속도와 그것을 인식하는 인간의 선형적 직관.
그 거대한 격차 속에 우리의 착각이 존재한다.

변화 지표	과거 (e.g., 인터넷)	AI 현재 (2025)	함의
사용자 확산 속도	23년 (90% 도달)	3년 (90% 도달)	시간 개념의 붕괴
핵심 기술 비용		99.7% 하락 (2년)	진입 장벽의 소멸
인프라 투자 규모		$3,000억 (2025)	거인들의 패권 전쟁
필수 인재 요건		AI 스킬 448%↑(7년)	생존 조건의 변화

핵심 요약: 데이터는 명확히 보여줍니다. 인류의 직관을 비웃는 '기하급수적 속도'와 '비용의 붕괴'라는 두 개의 거대한 엔진이, 우리가 알던 세상의 모든 규칙을 다시 쓰고 있습니다. 이 변화를 인지하지 못하는 것은, 다가오는 태풍을 단순한 비구름으로 착각하는 것과 같습니다.

특이점의 엔진과 족쇄
: 가속 페달 vs 브레이크

우리가 일상에서 사용하는 챗GPT나 이미지 생성 AI의 능력에 놀라고 있다면, 이제 우리는 동전의 양면을 모두 보아야 합니다. 지금 우리가 감탄하는 그 기술은 AI 발전의 최전선에서 벌어지는 일들의 극히 일부, 즉 거대한 빙산의 수면 위에 드러난 부분에 불과합니다. 수면 아래에는 우리가 상상하는 것보다 훨씬 더 강력한 속도로 미래를 향해 질주하는 '**가속 엔진**'이 숨어 있습니다.

하지만 동시에, 이 무한할 것 같은 질주를 가로막는, 보이지 않지만 강력한 '**현실의 족쇄**' 또한 존재합니다. 특이점의 미래는 이 두 힘의 장대한 충돌 결과로 결정될 것입니다.

1. 가속 페달: 수면 아래의 거대한 엔진

구글, OpenAI, 메타 같은 세계적인 AI 연구소의 가장 깊은 곳에서는, 이미 우리가 사용하는 기술보다 훨씬 더 강력하고 진보한 시스템들이 지금 이 순간에도 개발되고 테스트되고 있습니다.[1] 마치 도로 위를 달리는 양산형 자동차와, 극비리에 테스트 중인 F1 레이싱카의 차이와 같습니다. 이 '보이는 기술'과 '보이지 않는 기술' 사이의 거대한 격차는 AI 발전의 진짜 속도를 보여주는 핵심 지표입니다.

이 격차는 단순한 기업 비밀이 아니라, F1 레이싱카를 일반 도로에서 몰 수 없듯 잠재적 위험 관리, 안정적인 인프라 구축, 각국의 복잡한 규제 준

수 등 수많은 필수 검증 과정 때문입니다.[2] 실제로 2020년 GPT-3가 세상을 놀라게 했을 때, OpenAI 내부에서는 이미 그보다 훨씬 강력한 모델(훗날 GPT-4로 알려진)이 개발되고 있었습니다.[3] 전문가들은 연구소 내부의 모델이 공개 모델보다 최소 1~2세대, 성능으로는 10배에서 100배(OOMs, Orders of Magnitude) 이상 앞서 있다고 추정합니다.[4] 우리가 보는 것보다 훨씬 더 빠르게 질주하고 있을지 모르는 이 '보이지 않는 AI'의 존재야말로, 우리가 변화를 더욱 심각하게 받아들여야 하는 첫 번째 이유입니다.

2. 브레이크: 신(神)의 발목을 잡는 세 개의 족쇄

그러나 기술의 가속 페달을 끝없이 밟을 수만은 없습니다. AI라는 신의 발목을 잡는, 지극히 현실적인 세 개의 족쇄가 있기 때문입니다.

첫 번째 족쇄는 '에너지 딜레마'입니다.

AI라는 신은 전기를 먹고 자랍니다. 이미 2024년, 전 세계 데이터센터는 지구 전체 전기의 1~3%에 달하는 막대한 양을 소비하고 있으며,[5] 최첨단 AI 모델 하나를 훈련시키는 데는 수천 가구가 1년 동안 쓸 전력이 필요합니다.[6] AI 기술의 확산이 인류의 생존을 위협하는 기후 위기 해결 노력과 정면으로 충돌하는 딜레마. AI라는 새로운 문명을 유지하기 위해, 인류는 자신의 행성을 불태워야 하는 역설에 직면한 것입니다.

두 번째 족쇄는 '자원 전쟁'입니다.

AI 패권 전쟁은 더 이상 코드의 전쟁이 아니라, 모래와 희귀 광물의 전쟁입니다. AI의 두뇌인 최첨단 반도체는 네덜란드 ASML의 극자외선(EUV) 노광 장비와 대만 TSMC의 제조 기술이라는 독점적 공급망에 의존하고 있으며,[7] 그 생산에 필요한 희토류는 중국 등 특정 국가에 편중되어 있습니다.[8] 현재

우리가 일상에서 마주하는 AI는 거대한 빙산의 일각에 불과하다.
진짜 혁명의 동력은 보이지 않는 심해에서 이미 가동되고 있다.

벌어지고 있는 미-중 기술 패권 전쟁은, AI의 미래가 순수한 기술 발전이 아닌 지정학적 현실이라는 묵직한 닻에 묶여있음을 명백히 보여줍니다.

세 번째 족쇄는 '규제의 그물'입니다.

AI가 강력해질수록 그 위험성도 커지기에, 사회는 본능적으로 '안전'이라는 고삐를 채우려 합니다. 유럽연합(EU)의 AI 법안(AI Act)은 고위험 AI를 엄격히 통제하며 그 대표적인 예시가 되고 있습니다.[9] 이러한 규제는 AI의 오남용을 막는 필수적인 안전장치인 동시에, 혁신의 속도를 늦추고 발전의 방향을 유도하는 강력한 브레이크로 작동합니다. 이는 기술 발전이 진공 상태가 아닌, 더딘 사회적 합의의 과정 속에서만 가능하다는 사실을 일깨워줍니다.

3. 장대한 긴장 관계, 그리고 다음 전장으로

결론적으로 특이점의 미래는 맹렬한 가속 페달과 묵직한 브레이크가 동시에 밟히는, 모순적인 질주와 같습니다. 기술 발전의 근본적인 방향과 속도는 여전히 인간 사회의 적응 능력을 아득히 앞서 나가겠지만, 그 과정은 결코 순탄한 직선 주로가 아닐 것입니다.

이어지는 2, 3, 4장에서는 이 거대한 힘들이 '노동, 정신, 생명'이라는 각각의 전장에서 구체적으로 어떻게 충돌하며 우리의 현실을 바꾸고 있는지 탐색해 볼 것입니다.

> 핵심 요약: 우리가 보는 AI는 수면 아래 거대한 엔진의 일부일 뿐, 그 질주는 이미 시작되었습니다. 그러나 에너지 딜레마, 자원 전쟁, 사회적 규제라는 세 개의 강력한 브레이크가 그 속도를 제어하고 있습니다. 특이점의 미래는 이 '가속'과 '감속'이라는 두 힘의 팽팽한 긴장 관계 속에서 결정될 것입니다.

V. 특이점의 한국적 맥락
: 위기인가, 기회인가?

전 세계를 휩쓰는 특이점의 물결은 모든 해안에 똑같은 모습으로 닿지 않습니다. 어떤 곳에는 잔잔한 너울로, 어떤 곳에는 거대한 해일로 밀려옵니다.

그리고 여기, 대한민국은 그 변화의 파도가 가장 빠르고 극적으로 부딪히는 '특별한 무대' 입니다. 우리는 인구 구조, 기술 인프라, 문화적 특성이라는 세 가지 거대한 힘이 맞물려, 특이점이라는 미래를 누구보다 먼저, 그리고 강렬하게 마주하고 있습니다. 이는 우리에게 남다른 기회인 동시에, 피할 수 없는 도전을 의미합니다.

무엇이 한국을 특이점의 '최전선'으로 내몰았나?[1) 2)]

세 가지 요인이 한국이라는 용광로에 불을 지피고 있습니다.

첫째, '인구 절벽'이라는 위기가 역설적으로 AI 도입의 가장 강력한 엔진이 되고 있습니다. 세계에서 유례를 찾기 힘든 저출산과 고령화는 심각한 노동력 부족을 예고하고 있습니다.[1) 2)] 이제 AI와 로봇은 더 이상 '있으면 좋은 것'이 아니라, 사회 시스템의 붕괴를 막기 위한 '필수 생존 장비'가 되어가고 있습니다. 다른 나라가 AI 도입을 고민할 때, 우리는 생존을 위해 AI를 받아들여야만 하는 절박한 상황에 놓인 것입니다.[3)]

둘째, 세계 최고 수준의 '디지털 고속도로'가 이미 깔려있습니다. 초고속 인터넷,

5G 통신망, 스마트 기기 보급률 등 한국의 디지털 인프라는 AI라는 슈퍼카가 마음껏 질주할 수 있는 완벽한 환경을 제공합니다.[4] 이는 AI 서비스가 그 어떤 나라보다 빠르게 확산되고 뿌리내릴 수 있는 비옥한 토양입니다.

셋째, 변화를 두려워하지 않는 '역동성'이 가속 페달 역할을 합니다. '빨리빨리' 문화로 대표되는 한국 특유의 속도감과 새로운 것에 대한 높은 수용성은, 급변하는 기술 환경에 신속하게 적응하고 기회를 포착하는 데 예상치 못한 강점으로 작용합니다.

기회의 땅, 한국 AI 시장

이러한 배경 속에서 한국은 이미 AI 기술의 가장 뜨거운 테스트베드가 되고 있습니다. 한국 사용자들은 AI의 가치를 빠르게 인식하고 기꺼이 지갑을 열고 있으며,[5] 정부 조사에 따르면 2025년, 한국인 4명 중 1명이 이미 생성형 AI를 사용하고 있습니다.[6]

이런 상황에서 한국 기업에게만 열리는 특별한 기회가 있습니다. 바로 **'언어'와 '문화'라는 강력한 방어막**입니다. 글로벌 AI 모델들은 아직 한국어의 미묘한 뉘앙스와 깊은 문화적 맥락을 완벽하게 이해하지 못합니다.[7] 바로 이 지점이 우리에게는 거대한 기회의 창이 됩니다.

카테고리	기회	과제	예시
언어/문화	한국어 특화 모델 개발로 글로벌 우위	영어 중심 LLM 한계	언어발달 진단 AI처럼 문화 맞춤 서비스
실행력	빠른 추격자 전략으로 시장 선점	원천 기술 부족	AI 도입 속도 선진국 상위
사회 시스템		교육 경직성, 양극화	지식 암기 중심 교육 → 창의력 강조 필요

저 역시 이 기회를 포착해 "언어발달 진단 AI"를 개발하고 있습니다. 이 솔

루션은 글로벌 모델이 놓치기 쉬운 한국 아동 특유의 발음과 언어 습관 데이터를 학습하여, 언어 발달 지연을 조기에 정확하게 진단합니다. 이는 거대 기술 기업이 쉽게 넘볼 수 없는, 우리의 데이터와 문화에 기반한 '틈새시장'을 개척하는 생생한 사례입니다.

하지만 빛이 강하면 그림자도 짙다

이처럼 밝은 전망 이면에는 우리가 반드시 넘어야 할 세 개의 거대한 산이 있습니다.

첫째, '과거의 시스템'입니다. 여전히 지식 암기 위주에 머물러 있는 교육 시스템과 경직된 고용 시장은, AI 시대에 필요한 창의력과 적응력을 갖춘 인재를 키워내지 못하고 있습니다.[8]

둘째, '기술 격차'라는 새로운 불평등입니다. AI의 혜택이 대기업과 기술에 익숙한 소수에게 집중되면서, 그렇지 못한 중소기업과 개인들은 뒤처지는 사회적 양극화가 심화될 위험이 큽니다.[9] [10]

셋째, '변화를 가로막는 문화와 규제'입니다. 실패를 용납하지 않고 단기 성과에 집착하는 문화, 새로운 시도를 가로막는 낡은 규제는 AI라는 새로운 엔진의 발목을 잡는 족쇄가 될 수 있습니다.[11]

그렇다면 한국의 '인구 절벽'은 AI 도입을 가속할 기회일까요, 아니면 불평등을 키울 위기일까요? 정답은 둘 다입니다. 한국은 인구 위기라는 절박함과 세계 최고의 인프라를 동력 삼아 특이점 시대를 선도할 잠재력을 가졌습니다. 하지만 그 기회를 현실로 만들기 위해서는 교육, 고용, 규제 등 사회 시스템 전반을 미래에 맞게 '재설계'하는 고통스러운 노력이 반드시 필요합니다.

핵심 요약: 인구 절벽이라는 위기는 역설적으로 한국을 AI 혁명의 최전선으로 밀어 넣는 강력한 엔진이 되었습니다. 이제 우리의 과제는 세계 최고 수준의 인프라 위에서, 낡은 사회 시스템이라는 브레이크를 혁신하고 양극화라는 위험을 넘어, 이 거대한 변화의 파도를 기회로 만들어내는 것입니다.

VI.
변화의 파동
: 특이점은 세상을 어떻게 바꾸는가

특이점은 조용히 오지 않습니다. 그것은 마치 거대한 지각판이 충돌하며 일으키는 지진과 같습니다. 기술이라는 진원지에서 시작된 충격은, 각기 다른 속도와 형태로 퍼져나가며 우리가 사는 세상의 모든 것을 근본적으로 재편합니다.[1] 이 거대한 변화의 패턴, 즉 충격파가 퍼져나가는 방식을 읽는 것은, 다가올 시대를 혼란 없이 항해하기 위한 필수적인 나침반이 될 것입니다.

모든 것이 똑같이 흔들리지는 않는다: 충격파의 속도 차이

지진이 발생했을 때, 진원지가 가장 격렬하게 흔들리고 외곽으로 갈수록 충격이 약해지듯, 특이점의 변화 역시 모든 영역에 똑같은 속도로 도달하지 않습니다.[2]

변화의 물결	영역 예시	이유	2025년 영향 예시
가장 빠른 (진원지)	정보, 데이터, 콘텐츠 창작	디지털 세계. 물리적 제약이 없어 변화가 즉각적이고 파괴적임	AI가 보고서 작성 시간 50-60% 단축, 생산성 15-40% 향상[1]
중간 (1차 충격파)	로봇, 스마트 팩토리, 자율주행	디지털과 현실의 결합. 현실 세계의 마찰(안전, 비용)로 속도가 다소 지연됨	자율주행차 상용화 일부 지연, 하지만 공장 자동화 채택 20-30% 증가[3]
상대적으로 느린 (2차 여진)	관계, 윤리, 법, 문화	인간의 가치와 사회적 합의. 가장 깊고 느리게 변화하며, 가장 오래 지속됨	AI 상담 20-30% 관심/활용, 하지만 깊은 공감은 인간 선호[4]

가장 먼저, 가장 격렬하게 흔들리는 곳은 '진원지', 즉 정보와 인지의 세계입니다. 디지털 데이터로 이루어진 이 영역은 물리적 제약이 없기에 변화의 충격이 즉각적이고 파괴적입니다. AI가 보고서를 쓰고, 코드를 짜고, 이미지를 만드는 모습은 바로 이 진원지에서 벌어지는 일입니다.[1]

그다음, '1차 충격파'가 현실 세계로 퍼져나갑니다. 로봇, 스마트 팩토리, 자율주행차처럼 디지털 기술이 물리적 현실과 만나는 영역입니다. 기술 발전은 눈부시지만, 현실 세계의 복잡성과 안전 문제라는 '마찰' 때문에 진원지보다는 변화의 속도가 더딥니다.[3]

마지막으로, 가장 깊고 느린 '2차 여진'이 도착합니다. 바로 인간관계, 윤리, 법, 문화의 영역입니다. AI가 대체하기 가장 어려운 이 영역은 가장 느리게 변하지만, 한번 바뀌기 시작하면 사회의 근간을 뒤흔드는 가장 근본적인 변화를 만들어냅니다.[4] 이처럼 변화의 속도가 불균등하다는 사실을 이해하는 것이, 우리의 대응 전략을 세우는 첫걸음입니다.[5]

도미노처럼 번지는 연쇄 붕괴: 기술-경제-사회의 연쇄 반응

지진이 단순히 땅만 흔드는 것이 아니라 건물을 무너뜨리고(도미노 효과), 이는 다시 사회 시스템을 마비시키는 연쇄 반응을 일으키듯, 기술의 변화는 경제와 사회에 예측 불가능한 도미노 효과를 만들어냅니다.[2]

2022년 말에 등장한 ChatGPT를 보십시오. 이 하나의 기술은 불과 1년 만에 글쓰기와 교육의 풍경을 바꾸었고, 곧바로 저작권과 가짜뉴스라는 사회적, 법적 논쟁에 불을 붙였습니다.[6] 과거 수십 년에 걸쳐 일어났을 기술-경제-사회 변화의 도미노가, 이제는 단 몇 달 만에 쓰러지고 있는 것입니다.

여기서 더 복잡한 것은, 이 연쇄 반응이 일방통행이 아니라는 점입니다. 무너진 사회 시스템(법, 여론)은 다시 기술 발전의 방향에 영향을 미치는 '피드백 고리'를 형성하며 미래를 더욱 예측하기 어렵게 만듭니다.[7]

ChatGPT 같은 기술이 당신의 일상에는 이미 어떤 도미노를 쓰러뜨리고 있나요? 이처럼 복잡하고 예측 불가능한 변화의 패턴은, 앞으로 10년간 우리의 미래를 어떤 모습으로 빚어낼까요? 다음 절에서는 이 질문에 대한 구체적인 로드맵을 그려보겠습니다.

> **핵심 요약**: 특이점의 충격은 균일하지 않습니다. 그것은 디지털이라는 진원지에서 시작해, 현실 세계를 거쳐 인간의 가치관에까지 각기 다른 속도의 파동으로 퍼져나가는 지진과 같습니다. 이 불균등한 충격과 예측 불가능한 연쇄 반응의 패턴을 이해하는 것이, 무너지지 않고 미래를 준비하는 첫걸음입니다.

VII.
2035년, 우리는 어디에 있을까
: 다가올 10년의 로드맵

우리가 특이점의 가속 페달을 밟고 있는 지금, 앞으로 다가올 10년은 인류 역사상 그 어떤 시대와도 비교할 수 없는 빠르고 깊은 변화를 예고하고 있습니다.[1] 지금까지 살펴본 변화의 패턴들을 바탕으로 2035년의 세상을 그려본다면, 지금과는 완전히 다른 모습일 것입니다.

그 거대한 변화는 어떻게 우리 삶에 스며들까요? 기술 발전은 하나의 거대한 파도가 아니라, 각기 다른 성격의 세 번의 물결로 우리에게 다가올 것입니다. 각 물결은 우리 사회에 뚜렷한 흔적을 남기며 다음 단계의 변화를 준비시킬 것입니다.

단계	기간	주요 변화	영향 예시 (2025-2035)
1단계: 생각의 속도가 재편되다	현재 ~ 2027년	AI 자동화/보조로 사무직 업무 변화	2030년까지 작업 시간의 30% 자동화 가능, 생산성 0.5~3.4% ↑ [2]
2단계: 코드가 현실 세계로 걸어 나오다	2028 ~ 2030년	로봇/자동화 확산으로 산업 재구조화	제조 59% 자동화[3], 일자리 92백만개 대체, 하지만 순증가 78백만개[4]
3단계: 인간과 기계의 경계가 흐려지다	2031 ~ 2035년	BCI/유전자 편집으로 인간 증강	BCI 시장 $45억 달러 규모(2029)로 성장 전망[5]

● 1단계 (현재 ~ 2027년): 생각의 속도가 재편되다

첫 번째 물결은 우리의 지적 노동 환경을 근본적으로 바꾸며 이미 시작되었습니다. AI가 우리의 생각하는 방식을 어떻게 재정의하고 있는지, 그리고 그 거대한 변화가 당신의 일자리를 어디로 이끌고 있는지에 대한 충격적인 현실은 다음 2장에서 본격적으로 탐색하게 될 것입니다. 주요 컨설팅 기관들은 향후 몇 년 안에 현재 사무직 업무의 30%가 AI에 의해 자동화되거나 AI의 도움을 받아 수행될 것이라 분석합니다.[2]

지금 이 글을 읽는 당신의 업무 달력에도 이미 AI 비서가 회의를 잡고 이메일 초안을 쓰고 있지 않은가요? 처음에는 일자리에 대한 막연한 불안감이 앞서겠지만, 이내 AI를 얼마나 잘 활용하는지가 개인의 생산성을 가르는 결정적 잣대가 될 것입니다. 머지않아 당신의 가장 중요한 업무 파트너는 옆자리 동료가 아닌 AI가 될지도 모릅니다.

● 2단계 (2028년 ~ 2030년): 코드가 현실 세계로 걸어 나오다

두 번째 물결은 디지털 스크린 안에 머물던 혁명이 현실 세계로 걸어 나오는 단계입니다. 로봇 공학 기술의 발전과 가격 하락이 맞물리면서, 공장, 물류창고, 상점, 병원 등 인간의 육체노동이 이루어지던 모든 공간의 풍경이 바뀔 것입니다. 맥킨지 같은 기관은 향후 10년 내 제조, 물류 분야 작업의 59%가 자동화될 수 있다고 예측합니다.[3]

당신이 매일 이용하는 마트의 진열대, 당신이 주문한 택배 상자가 움직이는 물류창고를 상상해 보십시오. 그곳에서 분주히 움직이던 사람들의 모습이 점차 로봇으로 대체되는 미래. 이는 단순히 일손을 돕는 차원을 넘어, 고용 구조와 도시 계획, 산업 지도 전체를 뒤흔드는, 지식 노동 자동화보다 훨씬 더 거대하고 근본적인 변화의 서곡입니다.[6]

● 3단계 (2031년 ~ 2035년): 인간과 기계의 경계가 흐려지다

세 번째 물결은 가장 근본적이고 철학적인 질문을 던집니다. 기술이 인간의 외부를 넘어, 우리의 신체와 정신 능력에 직접 결합되기 시작하는 혁명적 전환점입니다. **(이는 3장 '정신 프라이버시와 자율성의 위기', 4장의 '불멸의 시대'에서 깊이 다룰 내용과 연결됩니다.)** 뇌-컴퓨터 인터페이스(BCI)로 생각을 제어하고, 유전자 편집 기술로 노화에 저항하며, 인공 장기로 수명을 연장하는 시대. '인간'과 '기계'를 나누던 익숙한 경계선이 희미해지면서, 우리는 '인간이란 무엇인가'라는 질문을 역사상 가장 첨예하게 마주하게 될 것입니다.[7]

기회와 위험은 동전의 양면처럼

이처럼 격동의 10년은 엄청난 기회와 치명적인 위험을 동시에 품고 있습니다. 기술 변화는 AI 윤리 전문가, 데이터 큐레이터처럼 과거에는 없던 새로운 직업을 탄생시키는 동시에,[8] 데이터 입력, 단순 행정과 같은 반복 작업은 역사 속으로 사라지게 할 것입니다.[9] (McKinsey 보고서에 따르면, 2030년까지 AI 관련 신규 일자리가 12% 증가할 전망입니다.)

가장 우려되는 것은 AI라는 새로운 생산수단을 소유하고 활용하는 능력에 따라 새로운 '디지털 계급'이 등장하며 불평등이 심화되는 시나리오입니다.[10] 이러한 위험에 대비하기 위한 사회적 노력은 필수적이지만, 기술의 폭발적인 속도를 사회 시스템이 따라잡기란 언제나 벅찬 과제입니다.

2035년, 당신은 어떤 모습으로 AI와 함께하고 있을까요?

우리가 마주할 10년의 미래는 이처럼 엄청난 기회와 가혹한 시련을 동시에 안겨줄 것입니다. 예측되는 변화의 소용돌이 속에서 길을 잃지 않으려면, 우리는 어떤 자세로 무엇을 준비해야만 할까요? 다음 절에서는 이 격변의

시대를 항해하기 위한 구체적인 생존 원칙들에 관해 이야기해보겠습니다.

> 핵심 요약: 앞으로 10년의 변화는 '생각의 자동화'에서 '현실의 자동화'를 거쳐 '인간의 증강'이라는 3단계의 경로를 따를 것입니다. 이 예측 가능한 경로 위에서, AI가 가져올 기회와 위험이라는 동전의 양면 중 어느 쪽을 마주하게 될지는 결국 우리의 적응과 선택에 달려있습니다.

VIII.
특이점 시대를 맞이하는 우리의 자세

이 책의 첫 장을 마무리하며, 우리는 하나의 명백한 사실과 마주했습니다. 특이점은 더 이상 먼 미래의 이야기가 아닌, 바로 지금 우리의 발밑에서 지각을 흔드는 거대한 흐름이라는 것입니다. 우리는 데이터가 증명하는 경이로운 속도를 확인했고, 수면 아래에 우리가 보지 못하는 더 거대한 빙산이 숨어있다는 사실도 알게 되었습니다.

그렇다면 이 모든 것을 알게 된 지금, 가장 중요한 질문이 남습니다. "**그래서 우리는 어떻게 해야 하는가?**"

과거의 성공 공식, 안정적인 경력 경로는 이 새로운 시대의 지도 위에 더 이상 존재하지 않습니다. 이제 우리는 낡은 지도를 버리고, 이 격변의 시대를 항해하기 위한 새로운 생존 도구를 갖춰야 합니다. 그것은 특정 기술이나 지식이 아닌, 우리 내면의 자세와 원칙에 관한 이야기입니다.

생존 원칙	설명	왜 중요한가	실천 팁
기하급수적 사고	선형적 직관을 깨고 폭발적 변화를 예측하는 '새로운 나침반'	기술의 진짜 속도를 과소평가하는 치명적 착각을 피함	'10X 사고 실험': "이 기술이 내일 당장 10배 저렴하고, 10배 좋아진다면?" 이라고 질문하기
기술적 문해력	기술의 본질을 이해하고 활용하는 '새로운 언어'	AI 시대의 문맹이 되지 않기 위한 기본 교양	이번 주말, 구글 코랩(Colab)에서 AI API를 직접 호출하는 10줄짜리 코드 실행해보기

생존 원칙	설명	왜 중요한가	실천 팁
심리적 유연성	불확실성을 수용하고 실패에서 배우는 '튼튼한 돛'	예측 불가능한 변화의 스트레스를 극복하는 마음의 근력	나의 '실패 이력서' 작성하기: 실패 경험과 교훈을 정리하며 불확실성에 대한 내성 기르기
적응적 학습	끊임없이 배우고 적응하는 '항해술' 그 자체	모든 지식의 유효 기간이 극도로 짧아짐	매달 수입/시간의 5%를 '지금 내 일과 무관한 분야'에 투자하는 '지식 포트폴리오' 만들기

이 새로운 항해를 위해 네 가지 도구를 챙겨야 합니다.

첫째, 우리는 **'기하급수적 사고'라는 새로운 나침반**을 가져야 합니다.[1] 우리의 뇌는 본능적으로 '내년에는 올해보다 10% 나아지겠지'처럼 선형적으로 예측하지만, 기술은 2, 4, 8, 16으로 폭발합니다. 이 간극을 메우기 위해 '10X 사고 실험'을 제안합니다. 예를 들어 "AI 영상 생성이 1년 뒤에 어떻게 될까?"가 아니라, "만약 OpenAI의 Sora 같은 기술이 바로 내일, 지금보다 10배 더 좋아지고, 10배 더 저렴해진다면 어떤 일이 벌어질까?"라고 상상해 보십시오. 아마도 1인 영화 제작자가 헐리우드를 위협하고, '실제 영상'과 '가짜 영상'의 구분이 무의미해지는 세상이 떠오를 겁니다. 이것이 바로 기하급수적 변화의 파괴력을 체감하는 가장 효과적인 훈련입니다.

둘째, **'기술적 문해력'이라는 새로운 언어**를 익혀야 합니다.[2] 기술을 단순히 쓰는 것을 넘어, 그 원리와 본질을 이해할 때 비로소 우리는 기술의 주인이 될 수 있습니다.

셋째, 예측 불가능한 폭풍우를 견뎌낼 **'심리적 유연성'이라는 튼튼한 돛**이 필요합니다.[3] 완벽한 계획에 집착하기보다, 변화의 바람을 타고 유연하게 방향을 바꾸는 지혜, 불확실성을 기회로 여기고 실패를 배움의 과정으로 삼는 단단한 마음의 근력이 그 어느 때보다 중요합니다.

마지막으로, 가장 중요한 것은 **'적응적 학습'**이라는 항해술 그 자체입니다.[4] 특이점 시대에는 특정 지식의 유효 기간이 극도로 짧아집니다. 무엇을 아는가보다, 얼마나 빨리 배우고 낡은 지식을 버릴 수 있는지가 생존과 성장을 가를 것입니다.

이러한 원칙들은 단순한 이론이 아닙니다. 저 역시 소프트웨어 개발 사업의 선장으로서 이 거친 파도를 온몸으로 맞아야 했습니다. 불과 1년 전 몇 달이 걸리던 프로젝트가 AI 덕분에 25% 이상 단축되는 것을 보며, 기존의 사업 방식과 가격 정책이라는 낡은 항해술을 모두 버려야만 했습니다. 변화의 물결에 빠르게 돛을 올리지 못한 경쟁사들의 배가 순식간에 뒤집히는 것을 똑똑히 목격했습니다. 고정된 항로보다, 변화에 맞춰 키를 돌리는 '적응력'이 얼마나 중요한지 알려준 생생한 교훈이었습니다.

독자를 위한 성찰과 행동

1. **10X 사고 실험**: 만약 지금 내가 하는 일과 관련된 핵심 AI 기술이 내일 당장 10배 더 저렴해지고 10배 더 강력해진다면, 나의 업무 방식, 나의 직업, 그리고 우리 산업은 어떻게 바뀔까요?

2. **지식 포트폴리오 점검**: 이번 달, 내 수입의 1% 또는 내 시간의 1%를 나의 '기술적 문해력'을 높이는 데 투자한다면, 구체적으로 무엇을 배우거나 경험해 보시겠습니까? (예: AI API 호출 코드 10줄 짜보기, 최신 AI 서비스 유료 결제해서 사용해보기 등)

다음 장을 향하여: 노동의 미래를 묻다

1장을 통해 우리는 특이점이라는 거대한 파도의 실체를 확인하며 아찔한 '경외감'과 동시에 서늘한 '위기감'을 느꼈습니다. 이제 그 거대한 힘이 가장 먼저 부딪히는, 우리의 가장 현실적인 불안의 근원인 '일'의 세계로 깊이 들어가 보겠습니다.

다음 2장에서는 AI와 로봇 기술이 우리가 먹고사는 방식을 어떻게 뿌리부터 뒤흔들고 있는지, 그 거대한 충격의 현장으로 깊이 들어가 보겠습니다. 지금 당신이 가진 기술과 직업이라는 배가 다가올 10년의 파도에도 과연 안전할지, 진지하게 고민해야 할 시간입니다.

> 핵심 요약: 특이점이라는 거친 바다에서 낡은 지도는 소용없습니다. 생존은 '기하급수적 사고'라는 새로운 나침반, '기술적 문해력'이라는 항해술, 그리고 '심리적 유연성'이라는 튼튼한 돛을 갖추고, 끊임없이 배우고 적응하는 능력에 달려있습니다.

2 노동의 대전환

AI시대, 당신의 일은 어디로 가는가?

I.
일의 대전환, 이미 시작된 미래

1장에서 특이점이라는 거대한 파도의 '정체'와 '속도'를 확인했다면, 이제 우리는 그 파도가 가장 먼저 덮치는 현실, 바로 당신과 나의 '일터'라는 해안가로 시선을 돌려야 합니다. 거시적인 변화의 지도를 손에 쥐었으니, 이제는 그 지도 위에서 내 삶의 좌표가 어떻게 흔들리는지 현미경으로 들여다볼 차례입니다. 지금 당신의 가치를 증명하는 그 전문 기술의 유효기간이, 생각보다 훨씬 더 짧을 수 있다는 조금은 불편하고 충격적인 메시지를 전해야만 하는 이유입니다.

2012년, 제가 르완다에서 땀 흘리며 빵을 굽고 손으로 장부를 정리하던 시절의 '일'과, 2025년 지금 AI 스타트업에서 "AI와 협업하면 얼마나 걸릴까?"를 먼저 묻는 '일'은, 이름만 같을 뿐 완전히 다른 행성의 것입니다. 과거 인간의 고유 영역이라 믿었던 코딩, 디자인, 글쓰기 같은 전문성이 AI의 도움으로 순식간에 상품화되는 것을 저는 매일 목격하고 있습니다.

그래서 저는 조금은 불편하고 충격적인 메시지를 전해야만 합니다.

지금 당신의 가치를 증명하는 그 전문 기술의 유효기간이, 생각보다 훨씬 더 짧을 수 있다는 것입니다.

이는 단순한 불안감 조장이 아니라, 현재 진행 중인 기술 발전이 가리키는 냉정한 현실입니다.[1]

이 말을 듣는 순간, 우리 마음속에서는 두 가지 익숙한 방어기제가 작동하기 시작합니다.

첫 번째 목소리는 이렇게 말합니다. "**내 일은 AI가 절대 못 해.**" 하지만 스스로에게 솔직하게 물어보십시오. 당신의 업무 중 정말 AI가 대체할 수 없다고 100% 확신하는 부분이 무엇인가요? 불과 3년 전에도 그렇게 확신했나요? 우리는 종종 타인의 직업은 위험하다고 보면서도 자신의 직업만큼은 안전할 것이라 믿는 '낙관적 편향'에 기댑니다.[2] 하지만 이 편향은 다가오는 파도의 진짜 높이를 보지 못하게 만드는 안대일 뿐입니다.

두 번째 목소리가 뒤이어 위로합니다. "**괜찮아, 과거에도 그랬지만 결국 새로운 일자리가 생겼잖아.**" 역사적으로 기술 혁명은 항상 새로운 일자리를 만들어왔다는 믿음은 달콤한 위안을 줍니다. 하지만 이번 AI 혁명은 과거와는 근본적으로 다릅니다. 과거의 기술이 인간의 '**손과 발(육체노동)**'이나 '**주판(단순 계산)**'을 대체했다면, 지금의 AI는 우리가 최후의 보루라 여겼던 '**뇌(인지, 판단, 창의성)**'의 영역을 정면으로 겨냥하고 있기 때문입니다.[3]

르완다에서 먼지 쌓인 영수증을 손으로 정리하며 사업을 총괄하던 저의 '일'과, 지금 모니터 앞에서 AI가 스스로 코드를 짜는 모습을 지켜보는 저의 '일' 사이의 거대한 간극을 생각하면, 저는 종종 서늘한 질문과 마주하게 됩니다. 기술의 도움 없이 '순수한' 인간의 능력만으로 경제적 가치를 창출하는 시대가 저물고 있는 것은 아닐까요? 유발 하라리(Yuval Harari) 같은 사상가는 기술적으로 증강되지 않은 인간이 경제 시스템에서 '쓸모없는 존재'로 전락할 수 있다고 경고합니다.[4] 이것이 과장으로 들리시나요? 이미 AI가 쓴 소설이 출판되고,[5] AI 법률 검토 서비스 때문에 신입 변호사 수요가 줄고 있으며,[6] AI 코딩 도우미가 개발자 생산성을 25% 이상 높이는 일들이 벌어지고 있습니다.

특히 제가 오랫동안 몸담아온 국내 IT 앱 서비스 개발 현장은 이 변화의 직격탄을 맞고 있습니다. 불과 3년 전인 2022년, 하나의 앱을 출시하기 위해 기획자, 디자이너, 그리고 최소 2명의 개발자로 구성된 '1팀'이 연봉 2억 원 이상의 비용을 쓰며 몇 달을 매달렸습니다. 2025년 지금, 저는 AI 어시스턴트와 함께 혼자서 더 복잡한 서비스를 더 짧은 시간에 만들어냅니다. 4명의 전문가 팀이 하던 일이 AI와 협업하는 1인으로 압축된 것입니다.

특히 한국의 노동시장은 이 변화의 속도가 더욱 빠를 수밖에 없습니다. 세계 최저 수준의 출산율과 최고 속도의 고령화는 노동력 부족을 심화시키고, 이는 역설적으로 기업들이 AI와 자동화 도입을 서두르게 만드는 강력한 촉매가 되고 있습니다.[7]

영역	AI 영향 예시	추정 위험도 (10년 내)	기회 예시
지식 노동	코딩/글쓰기 자동화	높음 (39-83% 스킬 변화/자동화)	AI 협업 컨설턴트
육체 노동	공장 로봇화	중간 (18-36% 일자리 감소)	로봇 관리자
창의/감정 노동	소설 작성/상담 (GenAI 보조)	낮음 (10-19% 작업 대체/협업)	AI 증강 아티스트

이 장에서는 바로 이 문제, 즉 AI가 우리의 일자리를 어떻게 바꾸고, 어떤 기회와 위험을 만들어내며, 우리는 이 거대한 변화 앞에서 무엇을 준비해야 할지를 구체적으로 파헤쳐 볼 것입니다. 이것은 단순히 일자리 몇 개가 사라지는 차원의 문제가 아닙니다. 우리가 '일'을 통해 자아를 실현하고, 경제적으로 자립하며, 삶의 의미를 찾아온 방식 자체가 근본부터 재설계되는 문명사적 전환에 관한 이야기입니다.

핵심 요약: 우리가 단단하다고 믿었던 전문성의 지반이 AI에 의해 빠르게 잠식되고 있습니다. 이번 혁명은 손과 발이 아닌 '뇌'를 겨냥하며, '내 일은 안전하다'는 낙관적 편향이야말로 가장 큰 위험입니다. 특히 한국은 인구 구조 문제로 그 변화의 속도가 더욱 빠를 수밖에 없습니다.

II.
지식 노동, AI에 잠식되다
: 인간 역할 축소의 서막

"이 일은 고도의 전문 지식이 필요해서 AI가 절대 못 해."

한때 많은 지식 노동자들이 가슴에 품었던 이 믿음은, 이제 신기루처럼 흩어지고 있습니다. 변호사, 의사, 금융 분석가, 프로그래머… 우리가 '전문성'이라는 이름의 견고한 성채 안에서 안전하다고 여겼던 바로 그 영역들이 AI의 거침없는 진격 앞에 속수무책으로 흔들리고 있습니다.

이는 단순한 업무 효율화가 아닙니다. 인간 지식 노동의 가치 자체가 근본적으로 재정의되는 거대한 지각 변동의 시작입니다.[1]

AI는 어떻게 '생각하는 일'마저 정복하는가?

최신 AI가 지식 노동을 위협하는 방식은 과거의 자동화와는 질적으로 다릅니다. 이전 기술이 정해진 규칙을 따르는 '손발'의 역할을 대체했다면, 지금의 AI는 인간의 언어를 이해하고(LLM), 데이터를 기반으로 스스로 학습하며 '판단'하고 '창조'하는 '뇌'의 영역을 넘보고 있기 때문입니다.[2] AI는 단순히 지식을 '기억'하는 것을 넘어, 방대한 패턴 속에서 새로운 상황에 '추론'하는 능력을 보여줍니다. 변호사 시험이나 의사 시험 같은 전문직 자격시험에서 인간보다 더 나은 성과를 보이는 사례가 그 증거입니다.[3]

법과 의학, 인간 고유의 전문성이라 믿었던 마지막 성역의 심장부로 AI가 들어오고 있다.

지식 노동 잠식의 3단계 시나리오: 인턴에서 동료로, 그리고 대체자로

AI가 전문직의 영역을 장악하는 과정은 마치 한 명의 유능한 신입사원이 성장하는 과정과 놀랍도록 닮아있습니다.

전문 분야	현재 상태 (2025년경)	단기적 변화 예상 (향후 몇 년)	중장기적 변화 예상
소프트웨어 개발	AI 협업 활발	AI 주도 개발 증가	소수 인간 감독 하 자동화
법률	AI 보조 도구 활용	복잡한 분석/ 작성 증가	표준 업무 대부분 AI 처리
의료 (진단)	AI 보조 진단 시작	AI 진단 정확도 향상	AI 중심 진단 시스템
금융 (분석)	AI 분석/자동화 확산	AI 기반 예측/ 전략 증가	AI 주도 분석/의사결정
마케팅	AI 콘텐츠 생성/분석	개인화/ 자동화 캠페인 증가	AI 기반 마케팅 전략 주도
교육	AI 보조 학습 도구	맞춤형 학습/ 피드백 강화	AI 중심 교육 시스템 가능성

● **1단계 (현재): AI, 인간의 똑똑한 '인턴'이 되다**

지금 우리가 경험하는 단계입니다. AI는 정보 검색, 초안 작성, 데이터 분석 등 시간이 많이 걸리는 보조 업무를 훌륭하게 해내며 우리의 생산성을 높여 줍니다. 우리는 AI라는 유능한 인턴 덕분에 더 중요한 일에 집중할 수 있게 되었죠. 개발자들은 AI 코딩 도구로 작업 속도를 55.8%까지 높이고,[4] 변호사들은 AI 덕분에 계약서 검토 시간을 80%나 줄입니다.[5] 하지만 기억해야 합니다. 이 과정에서 AI는 우리의 작업 방식을 조용히, 그리고 완벽하게 학습하고 있다는 사실을 말입니다.

● 2단계 (향후 몇 년 내): AI, 인간의 유능한 '동료'가 되다

인턴의 성장은 빠릅니다. AI는 이제 더 복잡한 분석과 예측, 심지어 창의적인 제안까지 내놓으며 우리의 핵심 업무 영역으로 들어옵니다.

더욱 주목할 것은, 이제 AI는 혼자 일하지 않는다는 점입니다. 여러 AI 에이전트들이 서로 소통하고 협력하며 복잡한 프로젝트를 자율적으로 수행하는 '에이전트 시대(Age of Agents)'가 열리고 있습니다.[6][7]

이는 인간의 역할을 단순히 AI를 '감독'하고 '미세 조정'하는 수준을 넘어, 근본적으로 다른 차원으로 이동시킵니다. AI 에이전트 팀이 완벽에 가까운 분석과 실행 계획을 내놓을 때, 인간 지식 노동자의 마지막 고유 가치는 '**지식을 아는 것(Knowing)**'에서 '**책임을 지는 것(Owning)**'으로 전환됩니다. 인간은 그 결과에 대해 조직의 자원을 투입하고 사회적·법적 책임을 지는 최종 결정을 내려야 하는, 즉 예측 실패의 위험을 감수하는 '**궁극적 리스크 테이커(Ultimate Risk-Taker)**'로서의 역할로 재정의될 것입니다.

● 3단계 (중장기): AI, 인간의 자리를 넘보는 '대체자'가 되다

마지막 단계에서, AI는 대부분의 표준화된 지식 노동을 인간보다 더 빠르고 정확하게 처리하는 대체자로 자리매김할 가능성이 높습니다. 인간은 시스템의 최종 목표를 설정하거나, AI가 해결하지 못하는 극히 예외적인 상황을 처리하는 역할로 밀려날 수 있습니다. 'AI 윤리 감독관' 같은 새로운 직업이 언급되지만,[8] 과연 얼마나 많은 이들에게 그 자리가 허락될지는 미지수입니다.

주요 전문직, AI의 칼날 앞에 서다

이 거대한 흐름은 이미 각 전문 분야의 풍경을 바꾸고 있습니다.

● 소프트웨어 개발 (변화의 최전선): 과거 개발자의 언어가 C++, Java였다

면, 미래 개발자의 언어는 AI에게 일을 시키는 '자연어'가 될 것입니다. 코드를 짜는 행위 자체가 자동화되면서, 인간 개발자는 AI 프로젝트 매니저 또는 감독관의 역할로 전환될 압박을 받고 있습니다.[9) 10)]

● **법률 (위협받는 신입 변호사)**: 수많은 판례를 외우던 변호사의 '기억력'은 이제 거대 언어 모델의 하드디스크와 경쟁해야 합니다. AI가 계약서 검토, 법률 리서치를 넘어 소송 전략까지 제안하게 되면, 특히 주니어 변호사들의 입지는 크게 흔들릴 것입니다.[5) 11) 12)]

● **의료 (무너지는 최후의 보루)**: 2024년 구글이 발표한 의료 AI 'AMIE'는 의료계에 충격을 던졌습니다. 진단 정확도를 넘어, 환자와의 대화에서 '**공감 능력**'마저 인간 의사보다 뛰어나다는 평가를 받았기 때문입니다.[13)] 의사의 마지막 보루라 여겨졌던 '인간적인 교감'마저 데이터와 알고리즘으로 학습 가능하다는 사실이 증명된 것입니다. AMIE의 임상 적용이 시작되면,[14)] 인간 의사의 역할은 AI의 진단과 처방을 최종 '승인'하는 역할로 급격히 축소될 수 있습니다.[15)]

● **금융 (이미 시작된 자동화)**: 데이터가 전부인 금융계는 AI에게 가장 먼저 자리를 내주고 있습니다. 이미 시장 거래의 상당 부분(89% 추산)이 알고리즘에 의해 이뤄지고 있으며,[16)] 인간 분석가와 펀드 매니저의 역할은 AI 시스템을 설계하고 감독하는 극소수의 전문가에게 집중될 것입니다.[17)]

이러한 변화는 '전문성'의 개념을 뿌리부터 뒤흔듭니다. 과거에는 특정 분야의 깊은 지식과 경험이 당신의 가치를 보증했지만, 이제 AI라는 강력한 '생각하는 기계' 앞에서 그 보증서의 유효기간은 빠르게 만료되고 있습니다. 지금 우리가 논하는 'AI와의 협업 능력'은 어쩌면 완전한 대체로 가는 길목에서 잠시 머무는 '편안한 환상'일지도 모릅니다.

[핵심 질문]
1. 당신의 전문성을 구성하는 '지식의 성(城)'은 어떤 재료로 지어졌습니까? 수년간 쌓아온 경험, 방대한 판례, 혹은 정교한 코드입니까?
2. 이제 AI가 그 모든 재료를 단 몇 초 만에 복제하고, 더 튼튼한 성을 지을 수 있다고 합니다. 그렇다면 AI가 결코 흉내 낼 수 없는, 당신의 성을 지키는 마지막 '해자(垓子)'는 무엇입니까? 그것은 '책임'입니까, '통찰'입니까, 아니면 AI에게 던지는 '최초의 질문' 그 자체입니까?

III.
창의성 영역의 새로운 도전
: AI는 어떻게 경계를 넓히는가

"그래도 창의적인 일만큼은 인간의 영역으로 남을 거야."

불과 몇 년 전까지, 우리는 이 말을 굳게 믿었습니다. 논리와 계산의 영역은 기계에 내줄 수 있어도, 인간 고유의 감성, 상상력, 독창성이 깃든 **'창의성'이라는 성역**만큼은 AI가 감히 넘볼 수 없는 최후의 보루처럼 보였죠.

하지만 생성형 AI(Generative AI)의 무서운 등장은 이 마지막 믿음마저 산산조각 내고 있습니다. 우리는 지금, 인간 정신의 가장 깊은 곳에 자리한 창의성이라는 성역의 문이 열리고, 그 안의 질서가 재편되는 충격적인 현실을 목도하고 있습니다.[1]

신의 흉내를 내는 기계: AI의 창작 능력

생성형 AI는 더 이상 인간의 작품을 어설프게 모방하는 수준에 머무르지 않습니다. 이제 AI는 인간 창작의 '문법'을 학습하여, 때로는 인간보다 더 효율적이고 정교한 결과물을 '창작'해냅니다. 텍스트와 이미지를 넘어, 이제 그 능력은 거의 모든 창작 영역으로 확장되었습니다.[2]

영역	AI 도구 예시	능력	인간 대비 영향 (2025년 기준)
영상	OpenAI Sora Google VEO3	텍스트로 사실적 영상 생성	제작 시간 90% 단축, 초기 상업 활용[3]

그림을 그리고, 음악을 작곡하며, 새로운 언어를 창조하는 기계.
창의성이라는 최후의 보루마저 AI의 새로운 캔버스가 되었다.

영역	AI 도구 예시	능력	인간 대비 영향 (2025년 기준)
음악	Suno Udio	분위기 기반 곡 즉석 생성	전문가 20-40% 식별 실패[4]
3D/게임	Luma AI Kaedim	자동 3D 모델/배경 생성	개발 비용 40-60% 절감, 디자이너 역할 축소[5]

● **영상**: 'Sora'와 같은 AI는 몇 줄의 텍스트만으로 현실과 구분하기 어려운 영상을 만들어내며, 영화 제작의 방식을 뿌리부터 뒤흔들고 있습니다.[3]

● **음악**: 'Suno'가 만든 노래를 들려주었을 때, 전문가들조차 인간의 작곡과 구별하지 못하는 사례가 속출하고 있습니다.[4] 이는 영감과 감성의 영역이었던 작곡마저 자동화될 수 있음을 시사합니다.

● **3D/게임**: 복잡한 3D 모델과 게임 배경을 AI가 순식간에 생성하면서, 인간 디자이너의 역할은 '창조자'에서 AI의 결과물을 선택하고 관리하는 '감독관'으로 바뀌고 있습니다.[5]

제 회사에서도 마케팅 콘텐츠를 만들 때, 과거 디자이너에게 의뢰하던 작업들이 점점 AI로 대체되는 것을 경험합니다. 비용은 절감되었지만, 동시에 질문하게 됩니다. '인간 디자이너의 고유한 가치는 이제 어디에 있는가?' 현재는 인간의 마지막 '감수'가 필요하지만, 이마저도 불필요해질지 모른다는 위기감을 느낍니다.

재편되는 창의 산업: 인간은 어디로 밀려나는가?

AI의 창작 능력은 창의 산업의 권력 지도를 바꾸고 있습니다. 과거 인간이 주도권을 쥐었던 역할들은 AI에게 넘어가고, 인간은 점차 AI를 보조하거나 관리하는 역할로 밀려나고 있습니다.

● **디자인**: AI가 로고와 마케팅 자료를 만들면서, 주니어 디자이너의 일자

리가 가장 먼저 위협받고 있습니다.[6] 하지만 이는 단순히 인간의 역할이 AI가 내놓은 수많은 시안 중 하나를 '선별'하는 큐레이터가 되는 것에서 그치지 않습니다.

AI가 기술적으로 뛰어난 결과물을 거의 '공짜'로 쏟아낼 때, 인간 디자이너가 마주하는 진짜 위기는 단순한 역할 축소가 아니라 **'경제적 가치의 증발'**입니다. 이 새로운 환경에서 살아남는 인간의 역할은, 자신의 철학과 스토리를 작품에 불어넣어 **'진정성(Authenticity)' 그 자체를 판매하는 '살아있는 브랜드'**가 되는 것입니다. AI는 기술적으로 완벽한 로고를 만들 수 있지만, 그 로고에 담긴 당신의 영감과 고뇌, 그리고 고객과의 교감이라는 '스토리'는 만들 수 없기 때문입니다.

● **콘텐츠 제작**: 인간 제작자는 '작가'에서 AI가 쓴 초고를 다듬는 '편집자'로, 나아가서는 그저 최종 '승인' 버튼을 누르는 역할로 전락할 수 있습니다.[7]

● **마케팅**: 인간 마케터의 역할이 브랜드의 '철학'을 정의하는 것이라지만, AI가 시장과 소비자 심리를 더 정확히 분석한다면 그 철학마저 AI의 데이터에 의존하게 될지 모릅니다.[8]

'인간-AI 협업'은 달콤한 환상인가?

많은 이들이 '인간과 AI의 협업'이라는 말에서 위안을 찾습니다. 인간이 창의적인 아이디어를 내고, AI가 그것을 구현하는 아름다운 공존의 모습 말입니다. 하지만 이 달콤한 시나리오는, 어쩌면 완전한 자동화로 가는 길목에 잠시 존재하는 **'과도기적 환상'**일 수 있습니다.

현재의 협업은 AI의 기술적 한계 때문에 인간의 개입이 '필요'한 측면이 큽니다. AI가 스스로 학습하고 발전함에 따라 인간의 '지도'나 '감독'이 필요한 기간은 점점 짧아질 것입니다. 더 무서운 것은 워크플로우 전체가 자동화되는 미래입니다. 소상공인의 창업 과정 전체를 자동화하겠다는 목표를 가진 '아우도스(Audos)' 같은 AI 에이전트 서비스의 등장은,[9] 창의적 과정이 더 이상 인간의 개입 없이도 시작되고 끝날 수 있음을 예고합니다.

인간 창의성의 마지막 저항, 성공할 수 있을까?

성벽이 무너진 뒤, 우리는 성 안쪽에 새로운 바리케이드를 치며 저항합니다. '메타 창의성'(새로운 장르 창조), '문화적 맥락'(인간 고유의 이해), '인간 중심 창작'(진정성) 등이 그것입니다.

하지만 이 마지막 저항마저 성공을 장담하기 어렵습니다. AI는 방대한 데이터를 기반으로 인간보다 더 혁신적인 장르를 '조합'해낼 수 있고,[10] 문화적 트렌드를 더 빨리 '학습'할 수 있으며,[11] 인간의 감정을 분석하여 더 감동적인 '모방'을 해낼 수 있습니다.[12]

그렇다면 우리에게 남는 질문은 이것입니다. **기계가 만든 예술 작품 앞에서, 인간의 창작물은 어떤 가치를 지닐까요?**

결론적으로, 창의성이라는 인간 최후의 보루마저 AI에 의해 허물어지고 있는 것이 우리가 마주한 현실입니다. '협업'이라는 단어 뒤에 숨어 안도하기에는, 변화의 속도가 너무나도 빠릅니다. 어쩌면 미래의 인간 창작은 경제적 가치를 상실하고, 순수한 자기만족을 위한 '취미'의 영역으로 남게 될지도 모릅니다.

그러나 바로 이 지점에서 적어도 현 단계에서는 새로운 기회가 열립니다. AI가 수많은 시안을 쏟아낼 때, 가장 유력한 인간의 생존 전략은 AI가 아직 할 수 없는 '최초의 질문'을 던지고, AI의 결과물들을 엮어 하나의 '독창적인 컨셉'과 '진정성 있는 스토리'를 불어넣는 '크리에이티브 디렉터' 혹은 'AI 오케스트라의 지휘자'로 진화하는 것입니다. AI가 '어떻게(How)'를 해결해줄수록, 당분간 인간의 고유한 '왜(Why)'와 '무엇을(What)'의 가치는 더욱 중요해집니다. 기술적으로 완벽한 결과물을 넘어, 사람의 마음을 움직이는 것은 결국 인간의 철학과 비전이기 때문입니다. 물론, AI가 이 '왜'의 영역마저 넘보게 될 날이 올지도 모릅니다. 하지만 그 시점에도 인간은 또 다시 그다음 단계의 추상화된 가치를 찾아 나설 것입니다.

> 핵심 요약: 생성형 AI는 인간 고유의 성역이라 믿었던 '창의성'마저 정복하고 있습니다. '인간과 AI의 협업'이라는 안일한 기대는, 완전한 자동화로 가는 길목의 짧은 환상일 수 있습니다. 이제 우리는 기계가 창작하는 시대에, 인간 창의성의 '가치'를 근본부터 다시 질문해야 하는 도전에 직면했습니다.

노동 지형의 대변화
: AI는 어떻게 산업을 바꾸고 일자리를 변화시키는가?

우리는 지금 '**직업의 대멸종**'이라 불러도 과언이 아닐 만큼 거대한 변화를 목격하고 있습니다. AI와 로봇이라는 거대한 해일은 지식 노동과 창의성의 해안을 넘어, 이제 사회를 구성하는 거의 모든 산업 지형을 집어삼키고 있습니다. 과거의 기술 혁명이 특정 지역에 내리는 국지성 호우였다면, 지금의 변화는 행성 전체를 뒤덮는 기후 변화에 가깝습니다. 훨씬 더 광범위하고, 근본적이며, 누구도 피할 수 없습니다.[1)]

세계경제포럼(WEF)과 같은 기관들은 이 변화의 규모를 숫자로 보여줍니다. 향후 10~15년 안에 전 세계적으로 9,200만 개의 일자리가 사라지고, 동시에 1억 7,000만 개의 새로운 일자리가 생겨날 것이라고 예측합니다.[1)] 하지만 이 숫자 뒤에 숨겨진 진짜 이야기는, 일자리의 '양'이 아니라 '종류'와 '질'이 근본적으로 바뀐다는 것입니다. 중요한 것은 이러한 예측조차 실제 변화의 속도를 따라가지 못할 수 있다는 점입니다.[2)]

해일은 어떻게 밀려오는가: 자동화의 3단계 패턴

이 거대한 해일은 아무렇게나 덮치지 않습니다. 명확한 패턴을 가지고, 가장 낮은 곳에서부터 가장 높은 곳으로 차오릅니다.

1단계, 가장 먼저 물이 차오르는 곳은 예측 가능한 '루틴(Routine)' 업무의 저지대입니다. 데이터 입력, 서류 정리, 단순 회계처럼 정해진 규칙에 따라 움직이는 일들은 이미 AI 챗봇과 자동화 솔루션의 물결 아래 잠기고 있습니다. 기업들은 비용 절감이라는 강력한 동기 아래 이 변화를 기꺼이 받아들이고 있습니다.[1]

2단계, 물결은 '표준화된 현장'이라는 중지대로 밀려옵니다. 공장 조립 라인, 물류 창고, 마트 계산대처럼 어느 정도 예측 가능한 환경에서 이루어지던 육체 및 서비스 노동이 그 대상입니다. 2025년, 인간 숙련자의 75% 속도로 물품을 분류하는 로봇(Figure)[4]이나 현대자동차 공장에 투입될 휴머노이드 로봇[5]의 등장은, 이 변화가 더 이상 먼 미래의 일이 아님을 보여주는 명백한 증거입니다.

3단계, 마침내 해일은 가장 높은 곳, '전문적 판단'이라는 고지대에 도달합니다. 앞서 살펴본 것처럼, 법률, 의료, 금융, 개발 등 고도의 전문성이 요구되던 영역마저 AI에 의해 그 역할이 근본적으로 재정의됩니다. 이 단계에서 인간 전문가는 AI 시스템의 '관리자'로 남거나, 혹은 새로운 역할을 찾지 못하면 시장에서 밀려날 수 있습니다.[2]

단계	대상 업무 예시	예상 시기	영향 규모 (전 세계)
1단계: 루틴 자동화	데이터 입력, 서류 정리, 단순 회계	현재-가까운 미래	루틴·행정 분야 약 3,700만개 영향[1]
2단계: 현장 자동화	공장 조립, 물류 관리, 상품 진열	그 다음 단계	2,000만 제조/서비스 일자리[3]
3단계: 전문 재정의	법률/의료 분석, 개발/디자인	중장기	2,000만 전문직 변화[2]

제가 창업 멘토링을 하면서 놀란 점은, 이 해일이 첨단 기술 기업뿐만 아니라 동네 작은 가게까지 똑같이 덮치고 있다는 사실입니다. 꽃집 사장님이 AI로 신제품 디자인을 구상하고, 빵집 주인이 AI로 마케팅 문구를 쓰는 시대입니다. 이제 AI는 사업의 성패를 가르는 필수 요소가 되었습니다.

산업별 변화의 물결: 어디에 있든 피할 수 없다

이 변화의 물결은 산업의 종류를 가리지 않습니다.

산업	주요 변화	예상 영향 (10년 내)	한국 맥락
제조업	스마트 팩토리, 로봇 도입	생산성 최대 20%↑, 저숙련 직무 재배치[6]	세계 최고 로봇 밀도, 고숙련 재편[7]
서비스업	키오스크/챗봇 자동화	고객 응대 작업 30% 자동화 잠재력[8]	소매/외식 일자리 14% 변화 압력[9]
공공 부문	행정 AI 도입	효율 최대 15%↑, 직무 재배치[10]	디지털 전환 가속[11]
IT/지식 서비스	IT/지식 서비스	개발자 생산성 55.8%↑, 잠재적 수요 영향[12]	기술 학습 압박 증가[13]

제조업의 공장부터[6][7], 서비스업의 상점,[8][9] 공공 부문의 관공서,[10] 심지어 이 모든 기술을 만드는 IT 산업의 심장부까지,[12][13] 그 누구도 예외는 없습니다. 특히 아이러니한 것은, 자동화 기술을 만드는 IT 전문가들 스스로가 자신의 생산성을 높여주는 AI로 인해 가장 먼저 자신의 역할 축소를 고민해야 하는 상황에 놓였다는 점입니다.

당신의 좌표는 어디인가: 직업의 생존 가능성 점검하기

이 거대한 노동 지형의 변화 속에서, 당신의 직업은 과연 안전한 고지대에 있을까요, 아니면 침수 위험이 있는 저지대에 있을까요? 다음 다섯 가지 질문을 통해 당신의 현재 좌표를 점검해 보세요.

1. **'반복성'과 '예측 가능성'**: 당신의 일은 얼마나 정해진 각본에 따라 움직이는가?

2. **'데이터 기반'**: 당신의 일은 얼마나 컴퓨터가 학습할 수 있는 데이터로 변환되기 쉬운가?

3. **'인간적 상호작용'**: 당신의 일은 얼마나 깊은 공감이나 복잡한 협상처럼 기계가 흉내 내기 어려운 상호작용을 필요로 하는가?

4. **'창의적 문제 해결'**: 당신의 일은 얼마나 정답 없는 문제에 대해 새로운 해법을 찾아낼 것을 요구하는가?

5. **'예측 불가능한 환경'**: 당신의 일은 얼마나 돌발 상황이 많은 비정형적인 환경에서 이루어지는가?

이 질문들에 답해보면, 당신의 일이 자동화의 파도에 얼마나 취약한지 가늠해 볼 수 있습니다. 하지만 명심해야 합니다. AI의 발전 속도를 고려할 때, **오늘의 안전지대가 내일의 침수 지역이 될 수 있다는 사실을 말입니다.**[14) 15)]

하지만 해일이 지나간 자리에는 새로운 섬이 솟아오릅니다. 자동화 물결은 동시에 과거에는 없던 새로운 전문가들을 요구하기 시작했습니다. 예를 들어, 기업 내 다양한 AI 솔루션과 로봇 시스템을 조율하고 통합하는 'AI/로봇 시스템 통합 전문가', 자동화된 업무 프로세스의 비효율을 찾아내 개선하는 '자동화 프로세스 최적화 컨설턴트', 그리고 AI의 성능을 좌우할 고품질 데이터를 만들고 관리하는 '데이터 큐레이터 및 AI 훈련가' 같은 역할은 이미 높은 수요를 보이고 있습니다. 이들은 사라지는 일자리의 반대편에서 떠오르는 새로운 기회의 땅입니다.

이 '직업 대멸종'의 시대는 두려움의 대상이 아니라, 직시하고 준비해야 할 현실입니다. 사라지는 일자리의 거대한 파도 속에서도, 분명 새로운 섬과 기회는 떠오를 것입니다. 중요한 것은 그 기회를 향해 헤엄쳐 나갈 준비, 즉 끊임없이 배우고 적응하며 우리 자신을 재창조하려는 의지입니다.

Case Study: 어느 40대 부장의 'AI 리스킬링' 일지

"솔직히 말하면, 처음엔 무시했습니다."

15년 차 마케팅 전문가 김현수 부장(45)의 첫 마디였습니다. 그는 누구보다 시장을 잘 알고, 고객의 마음을 읽는 데 자신 있는 베테랑이었습니다. 2023년, 팀의 신입사원이 챗GPT로 만든 보고서를 가져왔을 때 그는 코웃음 쳤습니다. "기계가 뭘 안다고. 현장의 '감'이라는 게 있는데."

하지만 불과 1년 뒤, 그의 '감'은 AI가 분석한 데이터 앞에서 점점 설 자리를 잃었습니다. 경쟁사는 AI 기반 광고 최적화로 20% 넘는 효율을 냈고, 자신이 밤새워 만든 기획안은 "AI가 예측한 잠재 고객 페르소나와 맞지 않는다"는 피드백과 함께 돌아왔습니다. 위기감이 피부로 느껴졌습니다.

그는 퇴근 후, 신입사원에게 커피를 사주며 물었습니다. "그거... 어떻게 쓰는 거예요?" 그의 리스킬링(Reskilling)은 거창하지 않았습니다. 하루 30분, AI 마케팅 툴의 사용법 유튜브를 보고, 주말에는 자신의 업무 데이터를 AI에 넣어 분석해보는 작은 시도였습니다. 처음엔 어색하고 결과도 미덥지 않았지만, 석 달이 지나자 변화가 보였습니다. 과거 직감에 의존했던 고객 분류를 AI를 통해 7개의 세분화된 그룹으로 나눌 수 있었고, 각 그룹에 맞는 메시지를 AI에게 초안으로 쓰게 한 뒤 자신의 경험을 녹여 수정하자 클릭률이 1.5배 뛰었습니다.

"이제 저는 AI에게 '지시'하지 않습니다. AI에게 '질문'하죠. '내가 놓치고 있는 고객 그룹은 없을까?' 하고요. AI는 유능한 신입사원이고, 저는 그 잠재력을 최대로 이끌어내는 '경험 많은 사수'가 된 셈입니다. 여전히 두렵지만, 이제는 도망치기보다 파도를 타보는 쪽을 선택했습니다."

김 부장의 이야기는 AI가 단순히 일자리를 빼앗는 존재가 아니라, 기꺼이 배우려는 자에게는 가장 강력한 '무기'가 될 수 있음을 보여줍니다.

> **핵심 요약**: AI라는 거대한 해일은 '루틴 업무'의 저지대에서 시작해 '전문직'이라는 고지대까지, 노동 시장의 모든 지형을 집어삼키고 있습니다. 이 변화의 패턴을 이해하고 자신의 직업적 좌표를 냉정하게 점검하는 것이, 거대한 파도 속에서 생존 방향을 설정하는 첫걸음입니다.

V.
인간을 닮은 기계의 등장
: 물리적 노동 변화의 서곡

지금까지 우리는 AI라는 '보이지 않는 정신'이 우리의 '머리'를 쓰는 일을 어떻게 위협하는지 살펴보았습니다. 이제 혁명은 다음 단계로 나아갑니다. **AI라는 정신이 '인간을 닮은 육체'를 얻기 시작한 것입니다.**

인간처럼 두 발로 걷고, 팔과 손을 사용해 현실 세계의 과업을 수행하는 휴머노이드 로봇의 등장은 더 이상 공상 과학이 아닙니다. 이것은 AI 혁명의 두 번째 파도이자, 어쩌면 '인간 노동 종말'의 진정한 서곡일지 모릅니다.

새로운 종(種)의 탄생: 휴머노이드 로봇 개발 전쟁

지금 전 세계에서는 최초의 '기계 노동자'를 탄생시키기 위한, 보이지 않는 개발 전쟁이 벌어지고 있습니다. 연구실 수준을 넘어, 실제 산업 현장에 투입될 첫 번째 세대를 만들기 위한 경쟁입니다.

● **테슬라의 '옵티머스'** 는 일론 머스크의 야망 아래 자동차 공장을 넘어 결국 우리의 가정에까지 들어올 범용 로봇을 꿈꿉니다.[1]

● **현대차그룹의 품에 안긴 보스턴 다이내믹스의 '아틀라스'** 는 놀라운 민첩성으로 이미 우리에게 충격을 주었으며, 곧 현대차 공장에서 인간 동료와 함께 일하게 될 것입니다.[2]

● **삼성전자가 선택한 레인보우로보틱스의 '휴보'** 역시 대한민국 로봇 산업의

미래를 걸고 이 경쟁에 뛰어들었습니다.[3]

● 여기에 Figure AI, Apptronik 같은 무서운 신예들까지 가세하며 기술 발전의 속도를 더욱 끌어올리고 있습니다.[4] [5]

기업/로봇	주요 특징	목표/현황	투자/협력
테슬라 Optimus	자동차 라인/가정 범용	2025년에 수천 대 생산 계획, $20,000~30,000 가격 추정[1]	자체 AI/생산
보스턴 다이내믹스 Atlas	민첩 이동/작업	현대 공장 투입 예정[2]	현대 80% 지분
레인보우로보틱스 HUBO	협동 로봇 강점	삼성 공정 적용[3]	삼성 35% 지분
Figure AI	BMW 협력 물류	창고 작업 시연[4]	$675M 투자

현실의 벽, 그리고 그 벽을 허무는 새로운 학습법

물론 아직 이 기계 신인류는 서투릅니다. 배터리는 금방 닳고, 물건을 섬세하게 다루는 능력이나 예측 불가능한 환경에 대한 적응력은 아직 인간을 따라오지 못합니다.[6]

하지만 중요한 것은, 이들이 무서운 속도로 '학습'하고 있다는 점입니다. 특히 엔비디아가 발표한 '프로젝트 GR00T'와 같은 AI 플랫폼은 이들의 학습 방식을 혁명적으로 바꾸고 있습니다. 로봇은 이제 현실에서 넘어지며 배우는 대신, **현실과 똑같은 가상 세계 속에서 수만 번의 실패를 통해 '꿈속에서' 완벽한 움직임을 학습합니다.**[7]

과거 로봇에게 특정 작업을 가르치는 데 수년이 걸렸다면, 이제는 단 며칠, 몇 시간 만에 새로운 기술을 습득할 수 있게 된 것입니다. 이처럼 로봇이 스스로 학습하는 속도가 빨라짐에 따라, 지금의 기술적 한계는 시간문제일 뿐, 물리적 노동 자동화라는 거대한 흐름을 막지는 못할 것입니다.

혁명은 더 이상 스크린 안에만 머무르지 않는다.
AI라는 정신이 '육체'를 얻어 우리 곁으로 걸어오고 있다.

로봇은 어디부터 인간의 자리를 차지할까?

이 새로운 기계 노동자들의 침투는 명확한 패턴을 따를 것입니다. 가장 예측 가능한 곳에서 시작해, 가장 예측 불가능한 곳으로 점차 영역을 넓혀가는 방식입니다.

1단계, 가장 먼저 점령되는 곳은 공장과 물류창고처럼 '정형화된 공간'입니다. 이미 쿠팡과 같은 기업의 물류 센터에서는 수많은 로봇들이 인간의 개입 없이 24시간 일하고 있습니다.[10]

2단계, 이들은 식당, 소매점, 호텔처럼 '반(半)정형화된 공간'으로 활동 반경을 넓힙니다. 현재는 키오스크나 서빙 로봇이 인간과 협업하지만, 머지않아 로봇이 주방과 매장의 주인이 될 것입니다.[11]

3단계, 마침내 이들은 우리의 '집과 거리'라는 가장 복잡하고 비정형적인 공간으로 들어옵니다. 2025년 6월, 엔비디아가 선보인 로봇 '그렉(Grek)'은 가상 세계에서의 사전 학습만으로, 복잡한 무대 위를 자유롭게 걸어 다니며 관객과 소통하는 데 성공했습니다.[12] 이는 로봇이 우리의 집에서 청소하고, 요리하며, 아이를 돌보는 미래가 성큼 다가왔음을 보여줍니다.

단계	공간 예시	예상 시기	자동화율 전망 (10년 내)
정형화	공장, 물류창고	현재-가까운 미래	30% 이상 성장[8]
반정형화	소매점, 식당	그 다음 단계	35-45% 자동화[9]
비정형화	가정, 야외	중장기	시장 성장 기반 10-20% 침투[6]

그리고 가장 먼저, 우리 곁으로 온다

특히 한국은 인구 절벽으로 인한 노동력 부족,[13] 치솟는 인건비, 그리고 새로운 기술에 대한 높은 수용성[14]이 맞물려, 전 세계에서 가장 빠르게 로봇 자동화가 이루어질 '최적의 시험장'이 되고 있습니다. 산업용 로봇을 넘어,

우리의 가장 사적인 공간인 가정에서 로봇과 함께 사는 첫 번째 세대가 될 가능성이 높습니다.

물론 로봇이 인간의 따뜻한 손길이나 정서적 교감을 완전히 대체하기는 어려울 것입니다. 하지만 2035년경, 많은 가정에서 로봇이 청소하고, 요리하며, 노인을 돌보는 모습은 더 이상 놀라운 풍경이 아닐 것입니다.

저는 르완다 베이커리를 총괄하며, 제빵사들이 반죽의 미세한 차이를 손끝으로 느끼고 자부심을 느끼던 모습을 곁에서 지켜보았습니다. 그들에게 '일'이란 손으로 무언가를 만들어내는 인간 본연의 존엄성과 동의어였습니다. 바로 이 지점에서 휴머노이드 로봇의 등장은 근본적인 질문을 던집니다. 휴머노이드가 그 섬세한 '손끝의 감각'마저 대체할 수 있게 될 때, 우리가 잃는 것은 단순히 일자리가 아니라 바로 그 존엄의 한 형태일지 모릅니다.

그렇기에 이는 AI가 지식 노동을 대체하는 것과는 질적으로 다른, 훨씬 더 가혹한 위기를 예고합니다. AI에게 전문성을 빼앗긴 지식 노동자에게는 '감독자'나 '리스크 테이커'라는 새로운 역할이 희미하게나마 주어지지만, 휴머노이드에게 공장 라인을 내어준 물리 노동자에게는 '관리'라는 역할조차 사치일 수 있습니다. 이것은 '역할 축소(Role Reduction)'가 아닌 **물리적 퇴거(Physical Eviction)**'에 가깝습니다. 이들에게는 로봇을 유지보수하는 소수의 기술자가 되거나, 노동 시장에서 완전히 새로운 종류의 일을 찾아야만 하는, 더 근본적이고 냉혹한 선택지가 주어집니다.

이것은 단순히 편리함을 넘어, **AI라는 '정신'이 로봇이라는 '육체'를 얻어 완성되는, 인간 노동 종말의 마지막 퍼즐 조각**입니다. 과거 기계가 인간의 '근육'을 대체했다면, 이제 AI와 로봇은 인간의 '손과 발, 그리고 머리'까지 모두 대체하려 하고 있습니다. 다음 절에서는 이 기술적 변화가 가져올 냉혹한 경제적 현실을 더 깊이 파헤쳐 보겠습니다.

> **핵심 요약**: AI 혁명은 더 이상 스크린 안에만 머무르지 않고, '휴머노이드 로봇'이라는 팔과 다리를 얻었습니다. AI라는 '정신'과 로봇이라는 '육체'의 결합은, 공장과 물류창고를 시작으로 결국 우리의 가정까지, 인간의 물리적 노동이 이루어지던 모든 공간의 질서를 재편하는 거대한 변화의 서곡입니다.

VI.
로봇 경제의 도래
: 변화의 승자와 과제

AI와 로봇의 등장은 단순히 몇몇 일자리를 바꾸는 것을 넘어, 경제 시스템의 '운영체제(OS)' 자체를 새로 쓰고 있습니다. '로봇 경제'라는 새로운 질서 속에서 부와 기회는 과거와는 전혀 다른 규칙에 따라 분배될 것입니다. 지금부터 그 냉혹한 현실을 들여다보겠습니다.

인간은 왜 기계보다 '비싼' 노동력이 되었나?

기업들이 인간 노동자 대신 로봇을 선택하는 이유는 명확합니다. 새로운 경제의 운영체제는 기계에게 압도적으로 유리한 두 가지 단순한 법칙에 따라 움직이기 때문입니다.

첫 번째 법칙: 기계의 비용은 계속 하락한다. 기술 발전과 대량 생산 덕분에 로봇의 가격은 꾸준히 떨어지는 반면, 인간의 임금과 부대 비용은 계속 상승합니다.[1) 2)] 머지않아 로봇을 고용하는 총비용이 인간을 고용하는 것보다 훨씬 저렴해지는 '비용 역전'의 순간이 모든 산업에 도달할 것입니다.[3)]

두 번째 법칙: 기계의 생산성은 계속 상승한다. 로봇은 지치지 않고, 실수하지 않으며, 24시간 내내 일관된 품질로 일합니다.[4)] 휴식과 휴가, 감정 기복이 필요한 인간과 비교할 때, 생산성의 격차는 시간이 갈수록 벌어질 수밖에 없습니다.[5)]

측면	로봇	인간	격차 영향 (2025 전망)
비용	초기 도입 후 하락 (2,800~14,000원/시간)[1]	임금+부대비 상승 (계속 상승)[2]	로봇의 '총소유비용(TCO)'을 계산하면 이미 사람보다 16~40% 더 저렴[3]
생산성	24시간 일관 작업, 불량률↓	휴식/오류 필요	20~30% 향상[4]

비용은 낮고 생산성은 높은 기계 노동력의 등장은, 기업 입장에서 인간을 로봇으로 대체하는 것을 더 이상 선택이 아닌, **'합리적인 경영 판단'**으로 만들고 있습니다. 특히 인건비 상승 압력이 큰 한국에서는 그 시점이 더욱 빠르게 다가오고 있습니다.[6][7]

노동 시장의 붕괴: 부의 흐름이 바뀌고 있다

로봇과 인간이 직접 경쟁하기 시작하면서, 부의 흐름이 바뀌는 거대한 지각 변동이 시작되었습니다.

● **인간 노동의 가치 하락**: 자동화가 가능한 직무에서, 인간 노동의 '몸값'은 하락 압력을 받습니다. 더 저렴하고 효율적인 기계라는 대체재의 등장은, 인간 노동자의 협상력을 근본적으로 약화시킵니다. 이미 자동화 위험이 높은 직종에서 임금 상승률이 둔화되는 현상이 뚜렷하게 관찰되고 있습니다.[8]

● **부의 거대한 이전**: 자동화가 창출하는 막대한 부는 어디로 흐를까요? 과거처럼 노동자들에게 분배되는 대신, 기술을 소유한 기업(자본가)과 이를 활용하는 소수의 전문가에게 집중됩니다. 이는 마치 거대한 강물의 흐름을 바꿔, 수많은 노동자의 밭 대신 소수의 자본가들이 소유한 거대한 저수지로 물길을 돌리는 것과 같습니다. MIT 대런 애치모글루 교수 등은 이러한 부의 이전이 극심한 불평등을 야기할 것이라고 강력히 경고합니다.[8]

> **Alternative Path: '노동의 존엄'을 지키는 독일식 모델**
>
> 기술 발전이 반드시 노동의 종말과 극심한 불평등으로 이어지는 것은 아니다. 사회가 어떤 '선택'을 하느냐에 따라 미래의 경로는 달라질 수 있다. 대표적인 예가 독일의 '인더스트리 4.0' 접근법이다.
>
> 독일은 기술 도입 과정에서 처음부터 '인간 중심(Human-Centric)' 원칙을 강조했다. 기업이 자동화 설비를 도입할 때, 그 과정에 노동조합과 직원을 의무적으로 참여시켜 '어떻게 하면 기술이 인간을 도울 수 있을지'를 함께 논의하게 했다.
>
> 그 결과, 로봇이 도입된 공장에서는 일자리가 사라지는 대신, 기존 노동자들이 로봇을 관리하고 유지보수하며 더 높은 부가가치를 창출하는 '직무 전환'이 활발하게 일어났다. 정부는 이러한 전환을 위해 '쿠어츠아르바이트(Kurzarbeit)'와 같은 단축 근무 및 재교육 프로그램을 적극 지원했다.
>
> 이는 기술의 충격을 사회 전체가 함께 흡수하고, 그 혜택을 노동자와 기업이 공유하려는 사회적 합의의 결과다. AI라는 거대한 파도 앞에서 우리가 무력하게 휩쓸릴 것인지, 아니면 사회적 제방을 쌓아 물길의 방향을 바꿀 것인지는 결국 우리의 선택에 달려있음을 보여주는 중요한 사례다.

● **'희소성' 법칙의 종말**: 수백 년간 경제를 지배해 온 법칙이 있습니다. '희소한 기술은 높은 가치를 갖는다.' 하지만 AI와 로봇이 인간의 다양한 능력을 무한히 복제하면서, 이 법칙 자체가 무너지고 있습니다. 인간 노동의 희소가치가 사라지는 시대, 우리는 '경제적 생산성'만으로 인간의 가치를 매길 수 있는지 근본적인 질문에 답해야 합니다.[9]

세계화의 역류: 로봇이 국경을 지우다

지난 수십 년간 세계 경제의 이야기는 '값싼 노동력을 찾아서'라는 한 문장으로 요약될 수 있었습니다. 하지만 로봇 경제는 이 이야기마저 새로 쓰고 있습니다.

자본은 더 이상 값싼 인간 노동력을 찾아 국경을 넘을 필요가 없어졌습니다. 가장 값싼 노동력이 바로 옆 공장에 있는 로봇이기 때문입니다. 이로 인해 해외로 나갔던 공장들이 다시 자국으로 돌아오는 '**리쇼어링(Reshoring)**' 현상이 가속화되고 있습니다.[10) 11)] 이는 선진국에게는 기회가 될 수 있지만, 저임금 제조업을 통해 성장의 사다리를 오르려 했던 개발도상국에게는 그 사다리가 걷어차이는 재앙이 될 수 있습니다.[12)]

한국의 특수 상황: 두 개의 절벽이 충돌하다

한국은 이 변화의 한복판에서 더욱 아슬아슬한 줄타기를 하고 있습니다. 한쪽에서는 '**인구 절벽**'으로 일할 사람이 사라지고 있고,[13)] 다른 한쪽에서는 '**로봇**'이라는 새로운 노동력이 밀려오고 있습니다.[14)] 이 두 개의 거대한 흐름이 충돌하면서, 한국의 노동 시장은 그 누구도 겪어보지 못한 거대한 압력에 직면해 있습니다. 단기적으로는 로봇이 부족한 일손을 메우는 것처럼 보일 수 있지만,[15)] 장기적으로는 임금 하락과 극심한 불평등을 초래할 위험이 큽니다.[8)]

이 새로운 로봇 경제의 규칙 아래, 당신의 위치는 어디일까요? 이것은 단순히 일자리의 문제를 넘어, 부와 권력이 재분배되는 거대한 패러다임의 전환입니다. 다음 절에서는 이 변화가 경제 시스템 전체를 어떻게 근본적으로 재설계하고 있는지 더 깊이 살펴보겠습니다.

> **핵심 요약:** 로봇 경제는 '기계 비용의 하락'과 '생산성의 상승'이라는 냉정한 법칙 위에서 움직입니다. 이 새로운 운영체제는 단순히 일자리를 위협하는 것을 넘어, 인간 노동의 가치를 떨어뜨리고 부의 흐름을 소수에게 집중시키며, 세계화의 판도마저 뒤바꾸는 거대한 패러다임 전환입니다.

VII.
경제의 재설계
: 자동화는 어떻게 부와 권력의 지도를 바꾸는가

AI와 로봇은 단순히 일자리를 바꾸는 것을 넘어, 우리가 알던 경제 시스템의 설계도 자체를 불태우고 있습니다. 기업이 돈을 버는 방식, 시장의 경쟁 규칙, 부와 권력이 분배되는 원리까지, 모든 것이 근본적으로 재설계되고 있습니다. 자동화가 어떻게 부와 권력의 지도를 새롭게 그리고 있는지, 그 거대한 변화의 핵심을 살펴보겠습니다.[1]

비즈니스 모델의 혁명: 게임의 규칙이 바뀌다

자동화는 기업이 가치를 만들고 수익을 내는 공식을, 즉 게임의 규칙을 바꾸고 있습니다.

새로운 규칙 1: 한계비용이 '0'에 수렴한다. 과거에는 직원을 더 뽑고 공장을 늘려야 성장할 수 있었습니다. 하지만 자동화된 비즈니스 모델에서는, 일단 시스템을 구축하면 추가 서비스를 제공하는 데 드는 비용(한계비용)이 거의 없습니다.[2] 이는 마치 가수가 노래 한 곡을 녹음하면, 그 후 MP3 파일을 무한히 복제해 팔 수 있는 것과 같습니다. 이 새로운 비용 구조는 소수의 인력으로도 전 세계를 상대로 사업을 펼치는 것을 가능하게 합니다.[1]

새로운 규칙 2: 데이터가 석유이고, 알고리즘은 정유 공장이다. 과거의 경쟁력이 공장의 '규모'에서 나왔다면, 이제는 얼마나 많은 '데이터'를 확보하고, 그것을 얼마나 정교한 '알고리즘'으로 가공하여 가치를 뽑아내는지가 승패를 가릅니다.[3] 최고의 공장을 가진 기업이 아니라, 최고의 데이터 파이프라인과 정유 공장을 가진 AI 플랫폼 기업이 시장을 지배하는 시대입니다.

새로운 규칙 3: 시간의 속도가 달라진다. AI는 제품 개발의 모든 과정을 가속화시켜, 시장의 시계 자체를 빠르게 돌리고 있습니다. 과거 5~10년이던 제품의 수명 주기는 이제 1~2년, 혹은 몇 개월 단위로 단축됩니다.[1] 하나의 성공에 안주하는 기업은 순식간에 과거의 유물이 되어버리는, 무한 속도 경쟁이 시작되었습니다.

측면	전통 모델	자동화 모델	변화 영향 (10년 내)
비용 구조	인건비 중심 (가변비용 60~70%)[1]	기술 초기투자 중심 (한계비용 0)[2]	잠재적 비용 절감[1]
경쟁 우위	규모의 경제	네트워크/알고리즘/데이터	AI 투자와 지배력의 상당한 증가[3]
혁신 속도	제품 수명 5-10년	주기 단축 (1-2년 추정)[1]	개발 속도 상당히 단축[1]

흔들리는 경제 패러다임: 누가 부를 가져가는가?

바뀐 게임의 규칙은 경제 시스템 전체의 근본을 뒤흔들고 있습니다.

● **'노동 없는 성장'이라는 역설**: 경제 성장의 엔진이 '인간의 노동'에서 '자본(로봇)'과 '기술(AI)'로 대체되면서,[4] 경제가 성장해도 그 과실이 노동자에게 돌아가지 않는 기이한 현상이 나타나고 있습니다.[5] 국가의 부는 늘어나는데, 나의 지갑은 얇아지는 이 역설은, 기술 발전의 혜택이 소수에게만 집중될 수 있다는 위험한 신호입니다.

● **새로운 사회 계약을 찾아서**: '성실하게 일하면 정당한 대가를 받는다'는 낡은 사회 계약이 무너지면서, 우리는 새로운 대안을 모색해야 합니다. 모든 시민에게 최소한의 소득을 보장하는 '기본소득'이나 로봇이 창출한 부에

세금을 매기는 '**로봇세**'와 같은 파격적인 아이디어들이 진지하게 논의되는 이유입니다.[6) 7)] 일론 머스크처럼 AI가 막대한 부를 창출해 모두가 일할 필요 없이 '보편적 고소득'을 누릴 것이라는 낙관론도 있지만,[8)] 분배 문제를 해결하지 못하면 우리는 기술적 유토피아와 사회적 디스토피아가 공존하는 기이한 미래를 맞이할 수 있습니다.

패러다임	과거	미래	한국 영향 (10년 내)
성장 동력	노동 투입 (60-70% 기여)[4)]	자본/기술 중심 (50%↑)[4)]	노동분배율 약 10%↓[5)]
분배 방안	기본소득/ 일자리 보장 논쟁	기본소득제(UBI) 실험 (만족도↑)[6)]	로봇세 도입 논의[7)]
기업 규모	중간 규모 안정	양극화 (SMEs 상당한 도전)[3)]	초거대 vs 초소형[3)]

기업과 조직의 미래: 거인과 민첩한 소인들의 시대

자동화는 기업 생태계마저 양극단으로 재편하고 있습니다.

● **중간은 사라진다**: 미래의 기업 생태계는 두 종류의 플레이어만 남을 가능성이 높습니다. 하나는 막대한 데이터와 자본으로 시장을 지배하는 '초거대 AI 기업'이고, 다른 하나는 AI 도구를 활용해 극소수 인원으로 틈새시장을 공략하는 '초소형 전문 기업'입니다. 어중간한 규모의 전통적 기업들은 설 자리를 잃고, 기업 생태계는 양 끝은 무겁고 가운데는 텅 빈 '바벨' 형태가 될 것입니다.[3)]

● **'고용'에서 '참여'로**: 저 역시 이러한 변화의 흐름 속에서 살아가고 있습니다. 어떤 프로젝트에서는 특임교수로, 다른 곳에서는 사외이사나 외주 개발자로, 또 다른 법인에서는 대표로 활동합니다. 이는 전통적인 '고용' 관계를 넘어, 프로젝트 단위로 협력하고 성과를 공유하는 '참여'의 시대가 오고 있

음을 보여주는 작은 예시일 뿐입니다. 평생직장이 사라진 자리에, 수많은 '긱(Gig)'들이 그물처럼 연결되는 새로운 경제가 펼쳐지고 있습니다.[9]

● **최고의 지휘자를 찾아서**: 과거에는 최고의 바이올린을 만드는 '기술 소유'가 중요했다면, 이제는 수많은 기술들을 조율하여 최고의 교향곡을 만들어내는 '**오케스트레이션(조율)**' 능력이 핵심이 됩니다.[10] 최고의 기업은 최고의 기술을 가진 회사가 아니라, 다양한 내외부 기술을 가장 잘 지휘하는 '컨덕터(지휘자)' 같은 회사가 될 것입니다.[3]

자동화가 가져올 경제 구조의 변화는 단순히 기술의 문제를 넘어, 부의 분배, 노동의 의미, 기업의 역할, 나아가 사회 시스템 전체의 재설계를 요구하는 거대한 도전입니다. 이 새로운 경제의 설계도 위에서, 당신은 어디에 당신의 자리를 마련하시겠습니까?

> 핵심 요약: 자동화는 우리가 알던 경제의 설계도를 파괴하고, '한계비용 제로', '데이터 자본', '초고속 혁신'이라는 새로운 법칙 위에 경제 시스템을 재건축하고 있습니다. 이 거대한 재설계 과정에서 부와 권력의 지도가 다시 그려지고 있으며, 모든 개인과 기업은 이 새로운 질서 안에서 자신의 위치를 근본부터 다시 찾아야 하는 도전에 직면했습니다.

VIII.
인간에게 남는 일은 무엇인가
: 마지막 보루인가, 신기루인가?

AI와 로봇이 지식, 창의성, 육체노동의 영토를 빠르게 잠식해 들어오는 현실 앞에서, 우리는 마지막 남은 땅을 가리키며 묻습니다. "그래도 저곳만큼은 안전하지 않을까?"

공감 능력, 복잡한 문제 해결, 윤리적 판단. 우리는 이 세 가지를 인간의 마지막 보루이자 누구도 침범할 수 없는 '인간 고유의 성채'라고 믿어왔습니다. 하지만 안타깝게도, 그 믿음은 냉정한 현실 앞에서 '신기루'처럼 흩어질 가능성이 높아 보입니다.[1]

1막: 무너지는 성채

우리가 지키려 했던 성채의 세 개의 탑은 지금 어떻게 무너지고 있을까요?

● 첫 번째 탑, '공감(Empathy)': "AI는 공감 못 하잖아?" 우리는 그렇게 믿었습니다. 하지만 AI는 이미 인간의 표정과 목소리 톤을 분석해 감정을 읽어내고,[2] 심지어 위로의 말을 건넵니다. OpenAI의 GPT-4.5가 인간보다 더 인간적인 대화로 튜링 테스트를 통과한 사건은,[3] 심리 상담과 돌봄 같은 감성의 영역마저 데이터와 알고리즘으로 정복될 수 있음을 보여줍니다.

● 두 번째 탑, '복잡한 문제 해결(Complex Problem-Solving)': "예측 불가능한 일은 인간만 가능해!" 이 믿음 역시 흔들립니다. 강화 학습과 시뮬레이

션을 통해, AI는 수백만 번의 시행착오를 스스로 겪으며 인간의 직관을 뛰어넘는 해법을 찾아내고 있습니다.[4] 복잡하고 불확실한 환경은 더 이상 인간만의 무대가 아닙니다.

● **세 번째 탑, '윤리적 판단(Ethical Judgment)'**: "선악을 판단하는 것은 인간의 몫이지!" 하지만 AI에게 방대한 철학적 원칙과 딜레마를 학습시키자, 인간의 편향을 넘어 더 일관된 윤리적 판단을 내릴 가능성마저 제기되고 있습니다.[5][6] '판단 능력'만으로는 더 이상 인간의 우위를 장담하기 어렵습니다.

결국 '인간만이 할 수 있는 일'이라는 주장은, 어쩌면 AI의 무한한 가능성 앞에서 우리가 느끼는 두려움의 다른 표현일지도 모릅니다. 성채의 모든 탑이 무너지고 있다면, 이제 우리는 어디로 가야 할까요?

2막: 새로운 방주를 찾아서

성채를 지키는 것을 포기하고, 다가오는 홍수를 건널 새로운 **'방주(Ark)'** 를 만들어야 합니다. 이 방주는 '안전한 직업'이 아닌, 개인과 사회의 **'생존 전략'** 그 자체입니다.

시기	특징	역할 예시	지속 가능성 (추정)
단기 (향후 3-5년)	감독 중심 공존	AI 윤리 전문가	중간 (상당한 역할 유지)[7]
중장기 (5-10년 후)	역할 축소/주변화	예외 처리 전문가	낮음 (약 25% 남음)[8]

개인의 방주를 만드는 세 가지 재료가 있습니다.

첫째, 단순히 많이 배우는 것을 넘어 **'지식의 반감기'에 투자하는 태도**입니다.[9] 모든 기술의 유효 기간이 극도로 짧아진 시대에는, 내가 가진 핵심 기술의 가치가 절반으로 떨어지는 주기를 인지하고, 마치 주식 포트폴리오를

AI 역량이라는 거대한 파도 속, 인간의 기술이라는 작은 섬. 우리는 어디로 가야 하는가?

관리하듯 나의 기술 스택을 끊임없이 리밸런싱해야 합니다.

둘째, AI가 대체할 수 없는 **자신만의 'X'를 만드는 '융합 능력'**입니다.[10] AI는 '회계'는 완벽하게 해내도, '인간의 비합리적 재무 심리를 꿰뚫는 회계 컨설턴트(회계 X 심리학)'는 대체하기 어렵습니다. 당신의 전문 분야에 완전히 다른 영역을 의도적으로 결합하여, AI가 학습 데이터조차 찾기 힘든 자신만의 독특한 교차점을 만드십시오.

셋째는 하나의 월급에 의존하지 않고 **여러 개의 현금흐름 파이프라인을 구축하는 '경제적 다각화'**입니다.[11] 이 세 가지가 합쳐질 때, 개인은 어떤 변화의 파도에도 쉽게 침몰하지 않는 자신만의 방주를 가질 수 있습니다.

하지만 개인의 방주만으로는 거대한 폭풍우를 영원히 견딜 수 없습니다. 우리에게는 사회라는 더 큰 공동의 방주가 필요합니다. 그 설계도 위에는 '기본소득'과 같은 새로운 사회 안전망이,[12] 미래 세대를 위한 **'교육의 재정의'**가,[13] 그리고 AI라는 강력한 힘이 소수에게 독점되지 않도록 하는 **'기술의 민주화'**가 새겨져야 합니다.[14]

3막: 의미를 찾아 떠나는 미지의 바다

만약 우리가 이 새로운 방주를 타고 '노동의 종말'이라는 거대한 홍수를 성공적으로 건넜다고 상상해 봅시다. 그렇다면 우리의 목적지는 어디일까요?

이는 인류가 한 번도 경험해보지 못한 근본적인 질문입니다. 유발 하라리(Yuval Harari)는 노동을 통해 정체성을 찾던 시대가 끝나면서, 수많은 사람들이 '경제적으로 쓸모없는 존재'로 전락하고 삶의 의미를 잃어버릴 수 있다고 경고합니다.[15]

일의 종말은 우리에게 경제적 위기를 넘어 **실존적 위기**를 안겨줍니다. 우리는 더 이상 '무엇을 해서 먹고 살 것인가'를 넘어, '**어떻게 의미 있는 삶을 살아갈 것인가**'라는 망망대해와 마주하게 됩니다. 어쩌면 그 해답은 경제적 생산성과 무관한, 깊은 인간관계, 예술, 배움, 탐험, 공동체에 대한 기여와 같은, 우리 내면의 가치 지도 속에서 찾아야 할지도 모릅니다.[16]

어쩌면 특이점 시대의 가장 큰 도전은 기술 그 자체가 아니라, 기술이 모든 것을 바꿔버린 세상 속에서 인간으로서의 존엄과 의미라는 새로운 대륙을 어떻게 찾아 나갈 것인가에 있을 것입니다.

> **핵심 요약:** AI가 공감, 문제 해결, 윤리 판단이라는 인간 최후의 성채마저 무너뜨리는 지금, 우리의 과제는 방어가 아닌 '탈출'입니다. 개인적으로는 학습 민첩성과 융합적 사고라는 '방주'를, 사회적으로는 기본소득과 같은 '공동의 방주'를 만들어 '노동의 종말'이라는 거대한 홍수를 건너야 합니다. 그리고 마침내, 일 없이도 살아갈 의미를 찾아야 하는 미지의 바다로 나아가야 합니다.

IX.
노동 없는 미래, 그리고 다음 질문

지금까지 우리는 AI와 로봇 기술이 인간 노동의 거의 모든 영역 — 지식, 창의성, 육체노동 — 을 어떻게 뿌리부터 뒤흔드는지, 그 혁명적인 변화의 현장을 목격했습니다. 그리고 마침내, '인간에게 남는 일'마저 신기루일 수 있다는 냉혹한 가능성과 마주했습니다.

2장의 긴 여정을 통해 우리가 마주한 **냉정한 현실**, 즉 이 모든 증거는 하나의 사실을 가리킵니다.

첫째, **노동의 종말은 먼 미래의 예언이 아닌 '지금 여기'의 사건입니다.** AI에 의한 인간 노동의 대체는 이미 거스를 수 없는 현실이며,[1] 그 변화의 속도는 한국처럼 특수한 환경을 가진 국가에서 더욱 빠르게 진행되고 있습니다.

둘째, **AI는 인간의 '모든' 영역을 넘보고 있습니다.** 과거의 기술과 달리, AI는 인간 최후의 보루라 여겨졌던 지식, 창의성, 심지어 감성의 영역까지 학습하고 대체할 잠재력을 증명했습니다.[2] 이제 '안전지대'라는 개념은 소멸했습니다.

셋째, **이 거대한 변화 앞에서 개인의 '적응'만으로는 부족하며, 사회 전체의 '재설계'가 필요합니다.** 기술 발전의 혜택이 소수에게 독점되고 불평등이 심화되는 것을 막기 위해서는, 지금과는 다른 새로운 사회 안전망과 분배 시스템이 절실합니다.[3]

'일' 너머의 '나'를 찾아서

이 판결문은 우리에게 더 깊은 질문을 던집니다. 수 세기 동안 '일'은 우리의 정체성이었고 삶의 의미를 증명하는 방식이었습니다. 그렇다면 **노동의 가치가 근본적으로 흔들리는 시대에, 우리는 '직업'이라는 껍데기를 벗고 '나' 자신을 어떻게 정의해야 할까요?**

고백하자면, 저 역시 'AI 스타트업 대표'라는 직업적 정체성에서 자유롭지 못합니다. 만약 내일 AI가 저보다 더 나은 경영 판단을 내리고 사업 전략을 제시한다면, '나'라는 존재의 의미는 어디서 찾아야 할지 두려운 마음이 드는 것이 사실입니다. 일 중심의 사회에서 자라난 우리에게 일자리의 상실은 단순한 경제적 위기를 넘어, 깊은 정체성의 위기를 의미합니다.[4] 하지만 철학자 알랭 드 보통(Alain de Botton)은 일이 사라지는 시대가 오히려 우리에게 경제적 생산성 너머의 가치들 — 깊은 관계, 끝없는 배움, 창조적 여가 — 를 재발견할 기회가 될 수 있다고 말합니다.[5] 저 역시 개발자로서의 역할이 축소되었을 때 위기를 느꼈지만, 그 과정에서 오히려 코딩 기술 너머의 소통, 공감, 문제 정의 같은 '인간적인' 가치에 더 깊이 집중하게 된 경험이 있습니다.

이러한 개인적인 경험과 고민은 결국 하나의 근본적인 질문으로 수렴됩니다.

기술이 지식, 창의성, 노동력이라는 '수행(Performance)'의 영역을 모두 가져간다면, 인간의 경제적 가치는 어디에서 찾아야 할까요? 나는 그 마지막 가치가 '책임지는 용기(Courage to be Accountable)'라는, 지극히 인간적인 행위에 있다고 믿습니다. AI가 완벽한 분석을 내놓을 때, 그 결과에 조직의 명운을 걸고 '실행' 버튼을 누르는 기업가의 용기. AI가 만든 예술품 앞에서, 자신의 이름을 걸고 '이것이 나의 철학'이라고 말하는 예술가의 용기. 수많은 데이터가 가리키는 방향과 다른, 직관에 기반한 결정을 내리고 그 결과에 책임을 지는 리더의 용기. 바로 그 '책임'이라는 무게를 기꺼이 짊어지는 행위야말로, 기계가 결코 흉내 낼 수 없는 인간 최후의 존엄이자 새로운 시대의 '일'이 될 것입니다.

두려움 대신 준비를

AI가 가져올 미래를 막연히 두려워하는 것은, 밀려오는 파도 앞에서 눈을 감는 것과 같습니다. 두려움은 아무것도 바꾸지 못합니다. 오히려 변화의 실체를 정확히 이해하고, 파도에 휩쓸리는 대신 그 파도 위에 올라탈 준비를 해야 합니다. 변화를 외면하는 사회와 개인은 결국 그 변화에 가장 취약해질 수밖에 없습니다.[6]

[독자를 위한 성찰과 행동]

1. 내 일의 분해와 재조립: 나의 현재 업무를 10개의 작은 단위 업무로 나누어 보세요. 그중 몇 개가 AI로 '대체'될 가능성이 높고, 몇 개가 AI 덕분에 더 잘할 수 있는 '증강'될 업무인가요?

2. 융합 능력 찾기: 나의 핵심 전문 분야에, 전혀 다른 어떤 분야(예: 심리학, 역사, 예술)를 결합했을 때 AI가 흉내 낼 수 없는 나만의 독특한 가치를 만들 수 있을까요?

3. 책임지는 용기: AI가 내 업무의 99%를 완벽하게 해낸다고 가정할 때, 마지막 1%의 가치를 증명할 나만의 '책임지는 용기'는 어떤 상황에서, 어떤 형태로 발휘될 수 있을까요?

노동의 종말, 그리고 다음 전장으로

2장의 긴 여정을 통해 우리는 '노동의 종말'이라는 거대한 판결문을 받아들였습니다. 지식, 창의성, 육체노동이라는 인간의 마지막 영토마저 AI에 의해 잠식되는 현실 앞에서, '내 일은 안전하다'는 믿음은 신기루였음이 증명되었습니다.

이 판결은 단순히 일자리의 상실을 넘어, 우리의 정체성이었던 '일'이라는 껍데기가 벗겨졌을 때 '나는 누구인가'라는 더 깊은 실존적 질문을 우리 앞에 던져 놓습니다. 일의 소멸은 경제적 위기인 동시에, 우리를 역할과 성취 너머의 본질적 가치를 탐색하도록 이끄는 위대한 기회이기도 합니다.

하지만 우리가 외부의 변화에 맞서 이 내면의 답을 찾으려 분투하는 바로 그 순간, 기술은 이미 다음 전쟁을 시작했습니다. 무대는 우리의 일터가 아닌, 가장 깊숙한 성역, 바로 당신의 '**정신**'입니다.

지금까지의 전투가 당신의 '**일자리**'를 빼앗는 외부의 전쟁이었다면, 이제부터의 전쟁은 당신의 '생각'을 잠식하는 내면의 전투입니다. AI가 당신의 감정을 읽고, 기억을 편집하며, 무의식적 선택마저 조종할 수 있다면, 우리는 과연 자유의지를 가진 주체로 남을 수 있을까요?

다음 3장 「**당신의 생각은 더 이상 당신의 것이 아니다: 정신 프라이버시와 자율성의 위기**」에서는, 이 섬뜩하고도 현실적인 가능성을 파헤치며 인간 존재의 마지막 전장(戰場)으로 당신을 안내할 것입니다.

> **핵심 요약:** 2장의 판결은 명확합니다. 인간 노동의 시대는 저물고 있으며, 이는 단순한 경제 위기를 넘어 '나는 누구인가'라는 정체성의 위기를 불러옵니다. 일의 종말이라는 외적인 변화를 목격한 우리는, 이제 기술이 우리의 '정신'이라는 내면세계마저 뒤흔드는 더 근본적인 질문과 마주해야 합니다.

당신의 생각은 더 이상 당신의 것이 아니다

정신 프라이버시와 자율성의 위기

I.
정신적 경계의 소멸

앞선 2장에서 우리는 AI와 로봇이 우리의 '일'하는 방식을 어떻게 바꾸는지 탐구했습니다. 기술이 우리가 손에 쥔 '도구'를 빼앗아가는 과정을 목격했죠.

그러나 혁명의 물결은 여기서 그치지 않습니다. 이제 기술은 우리의 손을 넘어, 인류 최후의 미개척지이자 가장 신성한 공간인 **우리의 '정신'으로 향하고 있습니다**. 인간과 기계의 경계가 흐려지는 특이점 시대, 이제 우리의 정신적 경계마저 허물어지고 있습니다.[1]

그 문을 여는 열쇠는 바로 **뇌-컴퓨터 인터페이스(Brain-Computer Interface, BCI) 기술**입니다. 한때 공상 과학의 영역이었던 이 기술은, 이제 우리의 생각, 감정, 기억을 디지털 신호로 해독할 가능성을 눈앞의 현실로 만들었습니다.

이것은 더 이상 먼 미래의 이야기가 아닙니다. 이미 BCI 시장은 2034년까지 128.7억 달러 규모로 폭발적인 성장이 예상되며,[2] 연구실의 기술이 월스트리트의 투자와 만나 현실 세계로 쏟아져 나오고 있습니다.

● **뉴럴링크(Neuralink)**: 일론 머스크의 이 회사는 이미 초기 인간 시험에서 생각만으로 컴퓨터 커서를 움직이는 데 성공하며, 기술이 상상 속에서 걸어 나왔음을 증명했습니다.[3]

● **싱크론(Synchron)**: 혈관을 통해 뇌에 접근하는 덜 위험한 방식으로, 마비

환자에게 디지털 세상과 소통할 수 있는 길을 열어주고 있습니다.[4]

● **한국의 삼성/KAIST**: 손목 위의 갤럭시 워치로 당신의 스트레스와 우울 위험을 감지하는 기술을 연구하며, BCI가 일상 속으로 스며들 미래를 준비하고 있습니다.[5]

오늘 아침, 출근길에 잠시 멍하니 창밖을 바라볼 때 당신의 머릿속을 스쳐 지나간 생각들, 혹은 어젯밤 누구에게도 말하지 못하고 삼켰던 복잡한 감정들. 오늘을 살아가는 우리 대부분에게, 이처럼 머릿속 생각과 감정은 누구도 침범할 수 없는 온전한 나만의 것이라고 믿습니다. 외부 세계와 내면세계 사이에는 여전히 뚜렷한 경계가 있는 것처럼 느껴지죠.

하지만 정말 그럴까요? 우리는 이미 스마트폰을 통해 우리의 생각과 감정을 끊임없이 외부 세계로 흘려보내고 있습니다. 지금 이 순간에도 당신의 검색 기록과 '좋아요'는 당신의 내면을 데이터로 변환하고 있고, 알고리즘은 그 데이터를 통해 당신의 다음 행동을 예측합니다. BCI는 바로 그 연결을, 우리의 두개골을 넘어 뇌세포 단위까지 심화시켜 그 경계를 완전히 허물려는 기술입니다.

기업/기술	주요 특징	2025 발전	미래 전망 (10년 내)
뉴럴링크 (Neuralink)	뇌 임플란트로 생각만으로 기기 제어	기업 가치 90억 달러, 6.5억 달러 투자 유치, 초기 인간 시험 5명(뇌파로 커서 이동 성공)[3]	시장 지배력 강화, 수명 연장 응용 확대, 장애인 재활 효과 70% 이상 향상[2]
싱크론 (Synchron)	혈관 삽입 스텐트, 최소 침습 방식	환자 6명 대상 COMMAND 연구 완료, 안전성 입증(생각만으로 디지털 기기 제어 가능)[4]	재활 효과 70% 향상, 상용화 확대, 의료 분야 중심으로 보급[4]
한국 (삼성/KAIST)	웨어러블 바이오센서, 비침습 생체 리듬 분석	삼성 갤럭시 워치 기반 정신 건강 모니터링(스트레스 검출 정확도 86-92%), KAIST 스마트워치 우울 위험 예측(85% 정확도)[5]	고령화 사회 대응(치매/우울증 관리 89% 정확도), 웨어러블 BCI 상용화 확대[5]

궁극의 양날의 검

여기서 우리는 인류 역사상 가장 근본적인 질문과 마주하게 됩니다.

당신의 가장 내밀한 생각, 무의식적인 편견, 누구에게도 말하지 않은 감정까지 기술이 읽어낸다면, 세상은 어떻게 변할까요?

이 질문에 대한 답은 극단적인 유토피아와 디스토피아, 두 갈래로 나뉩니다. 한쪽에는 기적이 있습니다. 뉴럴링크의 초기 시험처럼 마비 환자가 다시 세상과 소통하고,[3] 우울증 같은 정신 질환을 조기에 진단하고 치료하는 미래입니다.

하지만 다른 한쪽에는 **악몽**이 있습니다. 나의 뇌 데이터가 나도 모르는 사이 기업의 마케팅이나 정치적 선전 도구로 쓰이고, 외부의 자극이 나의 기분과 선택을 교묘하게 조작한다면, 그때의 '나'는 과연 자유의지를 가진 존재일까요?

이것은 더 이상 철학자들만의 고민이 아닙니다. 이 장에서는 BCI 기술의 눈부신 발전과 그 이면에 숨겨진 브레인 해킹, 정신 프라이버시 침해, 생각의 상품화 같은 위험을 깊이 파헤칠 것입니다. 그리고 이 궁극의 양날의 검 앞에서, 우리의 정신적 자율성을 지키기 위한 윤리적, 법적 방패를 어떻게 만들어야 할지 함께 고민해 보겠습니다.[6]

> 핵심 요약: 기술은 이제 인간 최후의 프라이버시 영역인 '정신'의 문을 열고 있습니다. 뇌-컴퓨터 인터페이스(BCI)는 마비 환자를 다시 일으키는 기적의 열쇠인 동시에, 우리의 생각을 감시하고 조종할 수 있는 판도라의 상자가 될 수 있습니다. 인류는 지금 그 상자 앞에서 중대한 선택의 기로에 섰습니다.

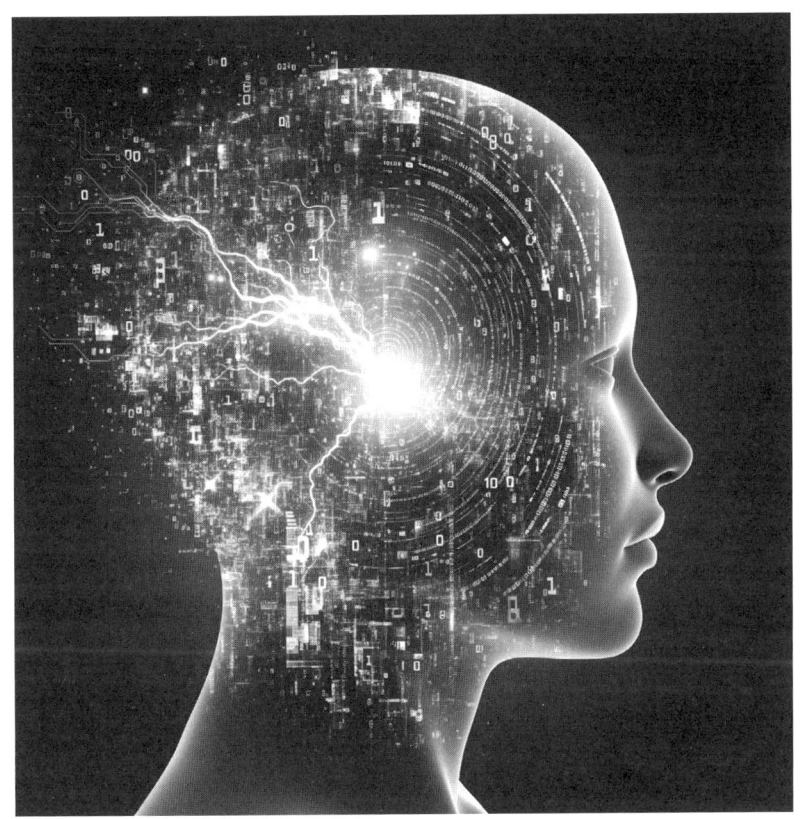

기술이 인류 최후의 미개척지, '정신'의 지도를 그리기 시작했다.

3장 | 당신의 생각은 더 이상 당신의 것이 아니다

III.
뇌-컴퓨터 인터페이스의 기술적 현실

앞서 우리는 기술이 우리의 정신에 직접 개입할 수 있다는, 다소 충격적인 가능성을 이야기했습니다. 이것이 공상 과학이 아닌 현실이 된 이유는 바로 뇌-컴퓨터 인터페이스(BCI) 기술의 눈부신 발전 때문입니다. BCI는 우리 뇌의 언어, 즉 신경 신호를 컴퓨터가 알아듣고 소통하는 기술입니다.[1]

그렇다면 우리는 어떻게 뇌의 소리를 들을 수 있을까요? 현재 기술은 크게 두 가지 방식으로 나뉩니다.

뇌의 소리를 듣는 두 가지 방법

이 두 방식의 차이는, 우리가 집 안의 소리를 듣는 방법에 비유할 수 있습니다.

첫 번째는 **벽을 뚫고 들어가 집 안에 직접 마이크를 설치하는 것(침습적 BCI)**입니다. 소리는 아주 선명하게 들리지만, 공사는 위험하고 비용이 많이 듭니다.

두 번째는 **벽에 귀를 대고 안의 소리를 엿듣는 것(비침습적 BCI)**입니다. 안전하고 간편하지만, 소리가 웅얼거리거나 외부 소음과 섞여 들릴 수 있습니다.

1. 벽을 뚫다: 뇌 속으로 들어가는 침습적 BCI

뇌에 직접 전극이나 칩을 이식하는 침습적 BCI는, 가장 선명하게 뇌의 신호를 포착하는 방식입니다. 일론 머스크의 뉴럴링크(Neuralink)가 바로 이 위험하고 대담한 길을 개척하고 있습니다. 2024년, 뉴럴링크는 사지 마비 환자의 뇌에 칩을 이식해 생각만으로 컴퓨터 커서를 움직이는 데 성공하며, BCI 기술이 실험실을 넘어 실제 삶을 바꿀 수 있음을 증명했습니다.[2] 싱크론(Synchron)과 같은 기업은 혈관을 통해 뇌에 접근하는, 조금 더 안전한 방식으로 마비 환자의 소통을 돕고 있습니다.[6]

현재 이 '마이크 설치' 기술의 목표는 명확합니다. 사고나 질병으로 손상된 신경 기능을 '**복원**'하는 것입니다. 마비 환자의 운동 능력을 되찾고, 시각 장애인에게 빛을 찾아주며, 파킨슨병의 고통을 덜어주는 것. 이 기술은 수많은 환자들에게 엄청난 희망을 주고 있으며, 재활 효과를 70% 이상 향상시킨 사례도 보고되었습니다.[3] 하지만 뇌 수술의 위험성과 높은 비용 때문에, 당분간 이 기술은 일반 대중이 아닌, 가장 절실한 도움이 필요한 환자들을 위한 기적의 도구로 남을 가능성이 높습니다.

2. 벽에 귀를 대다: 피부 위에서 뇌 신호를 읽는 비침습적 BCI

뇌에 직접 무언가를 심지 않고, 헤드셋처럼 머리에 쓰는 장치로 뇌파(EEG)를 측정하는 비침습적 BCI는 우리 일상에 훨씬 더 가까이 다가와 있습니다. 과거에는 이 '벽에 귀를 대는' 방식이 부정확하고 외부 소음에 취약했지만, 인공지능(AI)이라는 강력한 '보청기'가 등장하면서 상황이 바뀌었습니다. AI는 미세하고 불규칙한 뇌파 신호 속에서 의미 있는 패턴을 놀라운 정확도로 걸러냅니다.

덕분에 2025년, EEG 헤드셋은 85% 이상의 정확도로 집중력을 측정하고,[^4] 간단한 게임을 제어하는 등 상용화에 성공했습니다. Emotiv나 Muse 같은 기기들이 명상과 집중력 훈련에 사용되고 있으며, 삼성전자는 갤럭시 워치를 통해 우리의 정신 건강을 모니터링하는 기술을 연구하고 있습니다.[7] 물론 아직 '생각만으로 복잡한 문장을 입력하는' 정밀함은 부족하지만, 안전하고 편리하다는 장점 덕분에 그 가능성은 무한합니다.

유형	방식	대표 사례	2025 발전	미래 전망 (10년 내)
침습적	뇌 이식/ 전극	Neuralink, Synchron, Paradromics	인간 시험 확대 (Neuralink: $9B valuation, $650M funding; Synchron: 6명 환자 COMMAND 연구 완료, 안전성 입증)[2]	시장 점유율 50% 이상 성장, 재활 효과 70% ↑ (CAGR 16.7%, 의료 중심 확대)[3]
비침습적	EEG/fNIRS (두피 측정)	Emotiv, Muse, 삼성/KAIST	EEG 정확도 80%↑, 웨어러블 상용화.[4]	소비자 시장 $6.2B (2030), 게임/교육/웰니스 확대 (일상 도입 40%↑)[3]
혼합/상용화	최소 침습/ 웨어러블	Blackrock, Kernel, INBRAIN	의료 승인 증가 (FDA IDE 등), 비용 25%↓ (제조 효율화로 접근성 향상)[5]	글로벌 시장 $12.87B (2034), 일상/의료 통합 도입 35%↑ (비침습-침습 하이브리드 주도)[3]

실험실에서 거실로: 상용화의 두 갈래 길

결국 BCI 기술은 두 개의 다른 경로를 통해 우리 삶을 바꾸고 있습니다.

침습적 BCI는 병원이라는 가장 절실한 공간에서 '**치료의 혁명**'을 이끌고 있습니다. 파킨슨병 증상을 50% 이상 완화시키는 등,[3] 과거에는 불가능했던 의학적 기적을 만들어내고 있습니다.

반면 **비침습적 BCI**는 우리의 거실과 사무실에서 '**일상의 혁명**'을 준비하고 있습니다. 게임, 교육, 건강 관리 등 다양한 분야와 결합하여 스마트폰의 뒤를 잇는 차세대 인터페이스로 자리 잡을 가능성이 큽니다.

이 두 갈래의 혁명은 뉴럴링크 같은 거대 기업과 수많은 스타트업에 쏟아지는 막대한 투자에 힘입어 더욱 가속화되고 있습니다.[8] BCI 시장은 2034년까지 128.7억 달러 규모로 성장할 전망이며,[3] 특히 한국처럼 신기술 수용

성이 높은 사회에서는 그 확산 속도가 더욱 빠를 수 있습니다.[9]

결론적으로 BCI는 더 이상 SF 속 기술이 아닙니다. 아직 인간의 마음을 완벽히 읽고 쓰는 단계는 아니지만, 한쪽에서는 생명을 구하고 다른 한쪽에서는 일상을 바꾸며, 이미 우리 곁으로 성큼 다가왔습니다. 다음 절에서는 이 기술이 우리의 인지 능력과 일상을 구체적으로 어떻게 변화시킬지 탐구하겠습니다.

> 핵심 요약: BCI 기술은 뇌의 소리를 듣는 두 가지 방식으로 현실화되고 있습니다. 하나는 뇌 속에 직접 '마이크'를 설치해 의학적 기적을 만드는 침습적 방식이며, 다른 하나는 뇌 바깥에서 '보청기'처럼 신호를 증폭해 일상을 바꾸는 비침습적 방식입니다. 병원과 거실이라는 두 개의 경로를 통해, 이 기술은 이미 인간과 기계의 경계를 허물기 시작했습니다.

III.
생각으로 제어하는 세상
: 확장된 인지와 인터페이스

앞 절에서 우리는 BCI라는 새로운 기술의 등장을 확인했습니다. 그렇다면 이 기술은 우리의 삶을 어떻게 바꿀까요? BCI는 단순히 의학적 도구를 넘어, 우리가 세상을 인지하고 상호작용하는 방식을 근본적으로 바꾸는 '**새로운 감각기관**'이자 '**제3의 손**'이 될 잠재력을 가지고 있습니다. '생각만으로' 모든 것을 제어하는 미래가, 이제 어렴풋이 그 모습을 드러내고 있습니다.[1]

분야	주요 기술	2025 발전	미래 전망 (10년 내)
디지털 제어	생각을 글자로 (thought-to-text), 커서 이동	UCSF: ~80 WPM (뇌졸중 환자), UCSF: 62 WPM (마비 환자); Neuralink AI 통합으로 속도 향상[2]	대화 속도 50% 도달[2], 상용화 40% 증가[5]
인지 증강	집중 모니터링, 확장 기억	EEG 기반 AI 도구 (집중력 및 학습 효율 20-40%↑)[3]	학습 효율 40% 향상[3], 시장 $20억 이상 규모[1]
일상/업무	VR/AR 통합, 맞춤 교육	게임 제어 (정확도 70-90%)[4]	업무 생산성 25%↑[6], 한국 교육 도입 20%[7]

마음의 언어가 현실이 되다

BCI가 가져올 가장 즉각적이고 혁명적인 변화는 **우리의 생각이 키보드나 목소리를 거치지 않고 세상 밖으로 나오는 것**입니다. 이것은 인류가 '마음의 언어'를 처음으로 사용하게 되는 순간과 같습니다.

과거 마비 환자가 생각으로 로봇 팔을 움직이는 것만으로도 기적처럼 보였다면, 이제 기술은 그보다 훨씬 더 깊은 곳, 즉 '언어'의 영역에 도달했습니다. AI와의 결합을 통해, BCI는 이제 머릿속으로 떠올린 문장을 실시간으로 화면에 타이핑하는 '**생각-텍스트 변환(thought-to-text)**' 기술을 현실화하고 있습니다.

스탠퍼드 대학과 UCSF 연구팀의 성과는 그야말로 충격적입니다. 18년간 말을 하지 못했던 뇌졸중 환자가 이 기술을 통해 분당 80단어에 가까운 속도로, 자연스러운 대화 속도의 절반 수준으로 자신의 생각을 표현해냈습니다. 루게릭병 환자는 분당 62단어의 속도로 소통하며, 과거 자신의 목소리로 생각을 말하고 디지털 아바타의 표정까지 제어하는 데 성공했습니다.[2]

이는 단순히 커서를 움직이던 초기 기술과는 차원이 다른 도약입니다. 가장 내밀한 생각의 언어가 외부 세계로 직접 표출되기 시작한 것입니다. 물론 아직은 침습적 방식이 필요하고 넘어야 할 산이 많지만, '가능성'의 문은 이미 활짝 열렸습니다. 이제 생각만으로 메시지를 보내고, 음악을 켜고, 정보를 검색하는 시대가 더 이상 공상 과학이 아님을 우리는 목격하고 있습니다.

생각의 근육을 키우다: 증강된 인지

BCI는 외부 기기 제어를 넘어, 우리 자신의 뇌를 직접 훈련하고 확장하는 '**정신적 헬스장**'이 될 수 있습니다.

마치 스마트폰이 우리 기억력의 '외장 하드'가 되어주었듯이, BCI는 우리의 인지 능력을 훨씬 더 깊은 수준에서 증강시킬 잠재력을 가집니다.[3] 예를 들어, EEG 헤드셋은 당신의 집중력 상태를 실시간으로 모니터링하며 최적의 학습 상태를 유지하도록 돕는 '개인 트레이너' 역할을 할 수 있습니다. 실제로 일부 앱은 집중력을 20% 이상 향상시키는 효과를 보여주기도 했습니다.[3]

더 나아가, 개인의 경험과 지식을 외부 장치에 저장하고 필요할 때 접근하는 '확장 기억(extended memory)'의 개념도 탐구되고 있습니다. 하지만 이 놀라운 능력은 우리에게 심오한 질문을 던집니다. 인간에게 '망각'은 고통스러운 기억을 지우고 앞으로 나아갈 수 있게 하는 중요한 기능입니다.[8] 만약 모든 경험이 영원히 기록되고 언제든 다시 꺼내 볼 수 있다면, 우리는 과거의 상처로부터 과연 자유로울 수 있을까요?

BCI가 스며든 일상의 풍경

그렇다면 비침습적 BCI 기기가 대중화된 미래의 하루는 어떤 모습일까요?

● **일상에서**: 아침에 일어나 생각만으로 커피 머신을 켜고, 출근길에는 헤드셋을 통해 어젯밤 꾼 꿈을 분석한 리포트를 확인합니다. 운전 중에는 생각으로 전화를 걸고, VR 회의에서는 생각만으로 아바타를 움직여 동료와 소통합니다.

● **업무에서**: 고도의 집중이 필요한 보고서를 작성할 때, BCI는 당신의 뇌가 최적의 집중 상태를 유지하도록 돕습니다. 방대한 데이터 속에서 필요한 정보를 찾을 때, 생각만으로 관련된 파일들이 눈앞의 증강현실 화면에 떠오릅니다. BCI 도입만으로 업무 생산성이 20-25% 향상될 수 있다는 분석도 있습니다.[9]

● **교육에서**: 학생의 집중도를 실시간으로 파악하여 학습 난이도를 조절하는 맞춤형 교육이 가능해집니다. 특히 높은 교육열과 경쟁 환경을 가진 한국에서는, BCI가 학습 능력을 극대화하는 도구로 빠르게 확산될 수 있습니다.[10]

이처럼 BCI는 우리의 생각을 읽는 '마법 지팡이'는 아니지만, 디지털 세상과 소통하고 우리 자신을 확장하는 혁명적인 도구임이 분명합니다.

하지만 이 모든 놀라운 가능성의 이면에는 어두운 그림자가 존재합니다. 우리가 생각으로 기계를 제어하는 이 새로운 능력이, 역으로 우리의 생각을 외부에서 제어하는 통로가 될 수도 있다면 어떨까요?

다음 절에서는 이 기술이 악용될 경우 발생할 수 있는 가장 섬뜩한 시나리오, 즉 '브레인 해킹'의 위험성에 대해 살펴보겠습니다.

> 핵심 요약: BCI는 생각만으로 글을 쓰고(Thought-to-Text), 인지 능력을 헬스처럼 단련하며(인지 증강), 일상을 제어하는, 인류의 새로운 '인터페이스'가 될 것입니다. 하지만 손으로 도구를 다루던 시대를 넘어 정신으로 기계와 융합하는 이 거대한 도약은, 우리의 정신 자체가 해킹당할 수 있다는 전례 없는 위험의 문을 함께 열고 있습니다.

IV. 브레인 해킹
: 외부 조작의 위험성

앞서 우리는 BCI 기술이 우리의 생각을 '읽는(reading)' 경이로운 가능성을 보았습니다. 하지만 동전의 양면처럼, 기술은 이제 뇌의 활동을 외부에서 '쓰는(writing)' 위험한 문턱을 넘보고 있습니다. 우리의 정신 세계를 외부에서 조작할 수 있다는, 다소 섬뜩한 가능성 말입니다.

마치 자물쇠를 따는 기술처럼, 브레인 해킹 역시 초기 단계의 조잡한 도구에서 시작해 점차 정교한 방식으로 진화하고 있습니다.

유형	기술 예시	2025 수준	위험 전망 (10년 내)
뇌 자극	TMS/tDCS (우울증 치료 50-60% 효과)[2]; 초음파 뇌 자극 연구 진행 중[6]	의료 적용 (치료 저항성 PTSD Phase 1 시험에서 100% 증상 완화 및 진단 소실)[3]	조작 남용 증가 우려; 뇌 활동 '쓰기' 또는 '조작' 시도 문턱 도달 위험[1]
행동 유도	나노-MIND 기술 (자기장으로 동물 모성애 유발)[4]	동물 실험 성공 (KAIST 연구)[^4]; 뇌 상태 감지 및 강화 자극 연구 진행 중[1]	인간 적용 윤리 딜레마, 연구 확대; '바람직한' 감정 상태 외부 규정 및 조절 우려[7]
의사결정 영향	뉴로마케팅 (뇌파 분석 시장 $18.6억 규모, 연평균 8.87% 성장)[1]	광고/마케팅 효과 향상 (시장 성장 지속)[1]	정치/소비 조작, 불평등 심화; 비의료적 목적으로 감정/기분 조작 위험[7]
기억 조작	기억 억제/가짜 기억 (PTSD 치료 개선, Propranolol 사용 RR 0.65 효과)[5]	초기 연구 (메타분석 예비 효과 확인)[5]	자아 왜곡, 프라이버시 침해 위험; 남용 시 윤리적 위험 제기[5]

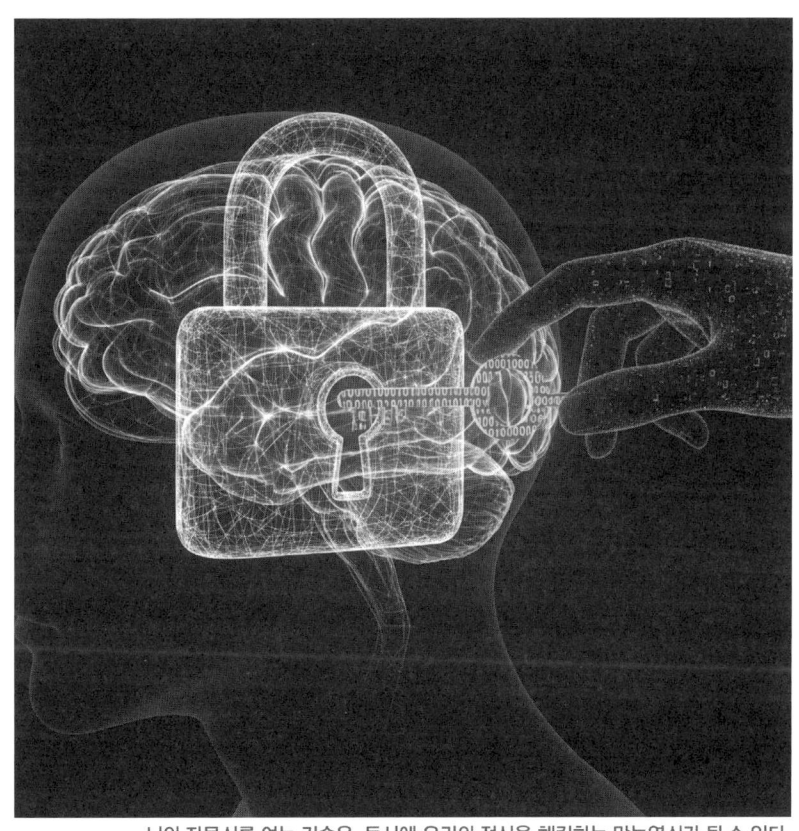

뇌의 자물쇠를 여는 기술은, 동시에 우리의 정신을 해킹하는 만능열쇠가 될 수 있다.

1단계: 뇌의 자물쇠를 만지다 (직접적인 뇌 자극)

현재 뇌 활동에 영향을 미치는 기술들은 대부분 의료 목적의 '조잡한 도구'에 가깝습니다. 경두개 자기 자극술(TMS)이나 직류 자극술(tDCS)은 자기장이나 미세 전류로 뇌의 특정 영역을 '흔들어' 우울증을 치료하거나 뇌 기능을 조절합니다.[2] 이는 원하는 정신 상태를 정교하게 만들어내는 수준과는 거리가 멉니다.

하지만 연구실에서는 이미 특정 '행동의 자물쇠'를 여는 열쇠를 찾아냈습니다. 국내 KAIST 연구팀은 나노 기술을 이용해 생쥐 뇌의 특정 회로를 원격으로 활성화시켜, 경험 없는 암컷에게서 **모성애 행동을 '강제로' 유도**하는 데 성공했습니다.[4] 이는 특정 신경 회로의 자극이 매우 구체적인 행동으로 이어진다는 사실을 증명한 놀라운 사건입니다.

이 기술의 양면성은 미국 국방고등연구계획국(DARPA)의 연구에서 극명하게 드러납니다. 그들은 외상 후 스트레스 장애(PTSD)나 우울증 환자의 비정상적인 뇌 활동을 감지해 자동으로 안정시키는 임플란트를 연구했습니다.[3] 이것은 분명 누군가에게는 구원이겠지만, 동시에 **'바람직한 감정 상태'를 외부에서 규정하고 통제할 수 있다**는 윤리적 판도라의 상자를 여는 것이기도 합니다.[7]

2단계: 욕망의 열쇠를 찾아서 (의사결정 조작)

뇌 활동을 직접 바꾸는 것이 아직 먼 미래처럼 느껴진다면, 우리의 '선택'에 미묘한 영향을 미치려는 시도는 이미 현실에서 벌어지고 있습니다.

'**뉴로마케팅**' 분야가 대표적입니다. 기업들은 뇌파(EEG) 등을 활용해 우리가 광고나 제품을 볼 때 무의식적으로 어떻게 반응하는지 세밀하게 분석합니다. 말로는 "별로"라고 해도 뇌가 "원한다"고 보내는 신호를 포착해, 우리의 욕망을 자극하는 가장 효과적인 방법을 찾아내는 것입니다.[1] 이는 아직 우리의 뇌를 직접 조작하는 단계는 아니지만, 우리의 무의식적 선호를 이용해 지갑을 여는 가장 정교한 '열쇠'를 만드는 과정과 같습니다.

이 기술이 정치 영역으로 확대된다면 그 파급력은 더욱 심각해집니다. 우리의 정치적 편향을 뇌 스캔으로 파악하고,[6] 그에 맞춰 가장 효과적인 선전 메시지를 전달하는 시대가 온다면 민주주의의 근간인 자유의지가 흔들릴 수 있습니다.[8]

3단계: 기억의 설계도를 바꾸다 (정체성 해킹)

가장 궁극적인 브레인 해킹은 우리가 인지하지 못하는 사이, 우리의 **기억과 정체성의 설계도 자체를 바꾸는 것**입니다.

현재 연구는 PTSD 환자의 고통스러운 기억을 약화시키는 치료 목적으로 진행되고 있습니다.[5] 하지만 이 기술이 발전한다면, 특정 기억을 지우거나 심지어 없었던 일을 있었던 것처럼 느끼게 하는 '가짜 기억'을 심는 것도 이론적으로 가능해집니다. 나의 정체성을 구성하는 과거의 기억들이 외부의 필요에 따라 편집될 수 있다면, 과연 '나'는 누구라고 말할 수 있을까요?

물론 이 모든 기술은 중독이나 만성 통증을 치료하는 등 인류에게 큰 혜택을 줄 수 있습니다.[9] 하지만 기억해야 합니다. **뇌를 치료하는 열쇠는, 동시에 우리의 자유의지를 훔치는 만능열쇠가 될 수 있다는 사실을 말입니다.** 내 결정이 정말 내 의지인지 확신할 수 없는 시대, 우리는 여전히 자유로운 존재일까요?

> 핵심 요약: 뇌를 치료하기 위해 개발된 기술들은, 역으로 우리의 정신을 조작하는 가장 강력한 도구가 될 수 있습니다. 우울증을 치료하는 '열쇠'는 우리의 구매 성향, 정치적 신념, 심지어 기억까지 바꿀 수 있는 '만능열쇠'가 될 잠재력을 지녔습니다. 우리는 지금 자유의지라는 자물쇠를 누구에게, 어디까지 허락할 것인지 결정해야 하는 기로에 섰습니다.

V. 디지털 텔레파시
: 뇌-뇌 연결의 미래

BCI 기술이 인간과 기계의 연결을 넘어, 인간과 인간의 뇌를 직접 연결한다면 어떤 세상이 펼쳐질까요? 이는 인류가 수천 년간 사용해 온 **'언어'라는 아름다운 감옥**을 탈출하려는, 가장 대담한 시도일지 모릅니다.

우리는 언어를 통해 생각을 표현하지만, 그 과정에서 수많은 오해와 정보 손실이 발생합니다. BCI의 궁극적인 비전인 뇌-뇌 인터페이스(BBI)는 이 언어의 장벽을 허물고, 생각과 감정을 직접 주고받는 **'디지털 텔레파시'**의 가능성을 열어줍니다. 아직은 초기 단계의 연구이지만, 만약 현실화된다면 우리의 소통 방식과 사회 구조 자체를 근본적으로 바꿀 것입니다.[1]

단계	주요 연구	2025 수준	미래 전망 (10년 내)
초기 개념 증명	동물 BBI (니콜라스 브레인넷, 원숭이 3-4마리 뇌 연결)[2]	간단 신호 전달 (성능 20%에서 78%로 개선)[2]	협업 효율 향상 가능, 시장 $20-40억 (2034 기준 BBI 부분 추정)[3]
인간 적용	간단 정보 공유 (게임 의도 전달)[4]	실험실 수준, 인간 적용 확대 (최신 뉴럴링크 사례)[4]	의료/교육 확대, 윤리 규제 강화
공유 정신 공간	브레인넷 네트워크 (집단 지성)[2]	초기 프로토타입	사회 구조 변화, 프라이버시 위험 증가[5]

언어의 감옥을 넘어서려는 첫 번째 시도들

현재 BBI 연구는 마치 감옥의 벽을 조심스럽게 두드려보는 첫 시도와 같습니다. 미겔 니콜리스(Miguel Nicolelis)의 연구에서 원숭이 여러 마리의 뇌를 연결해 공동으로 팔을 움직이게 하거나,[2] 인간을 대상으로 게임 속 '발사' 의도와 같은 간단한 신호를 뇌에서 뇌로 전달하는 실험이 그 예입니다.[4]

이러한 연구들은 '뇌 간의 직접적인 정보 전달'이 원리적으로 가능하다는 것을 보여주는 '개념 증명' 단계입니다. 하지만 감정, 이미지, 복잡한 개념과 같은 풍부한 정신 내용을 직접 공유하는 것은 아직 거대한 도전 과제로 남아있습니다.[6]

두 개의 미래: 집단 지성 vs. 집단 감옥

만약 이 기술이 발전하여 여러 사람의 정신이 실시간으로 연결되는 '**공유된 정신 공간(브레인넷)**'이 등장한다면,[2] 우리 앞에는 극단적인 유토피아와 디스토피아, 두 갈래의 미래가 펼쳐집니다.

한쪽에는 '집단 지성'이라는 유토피아가 있습니다. 언어와 문화의 장벽을 넘어선 완벽한 소통이 가능해지고, 다른 사람의 감정을 직접 느끼며 공감 능력이 극대화됩니다.[7] 다양한 배경을 가진 천재들의 뇌가 하나의 네트워크처럼 작동하여, 암이나 기후 변화 같은 인류의 난제를 순식간에 해결하는 모습을 상상해 볼 수 있습니다.[8]

하지만 다른 한쪽에는 '집단 감옥'이라는 디스토피아가 있습니다. 나의 생각과 감정의 경계가 흐려지고 개인의 프라이버시는 소멸합니다. 끊임없이 타인의 생각이 유입되는 환경 속에서 '나'라는 고유한 자아를 유지하는 것 자체가 어려워질 수 있습니다.[9] 특히 타인의 시선을 민감하게 여기는 한국의 '눈치' 문화는, 모든 생각이 투명하게 드러나는 이 기술 앞에서 개인의 자율성을 억압하는 거대한 '디지털 감옥'으로 변질될 위험이 있습니다.

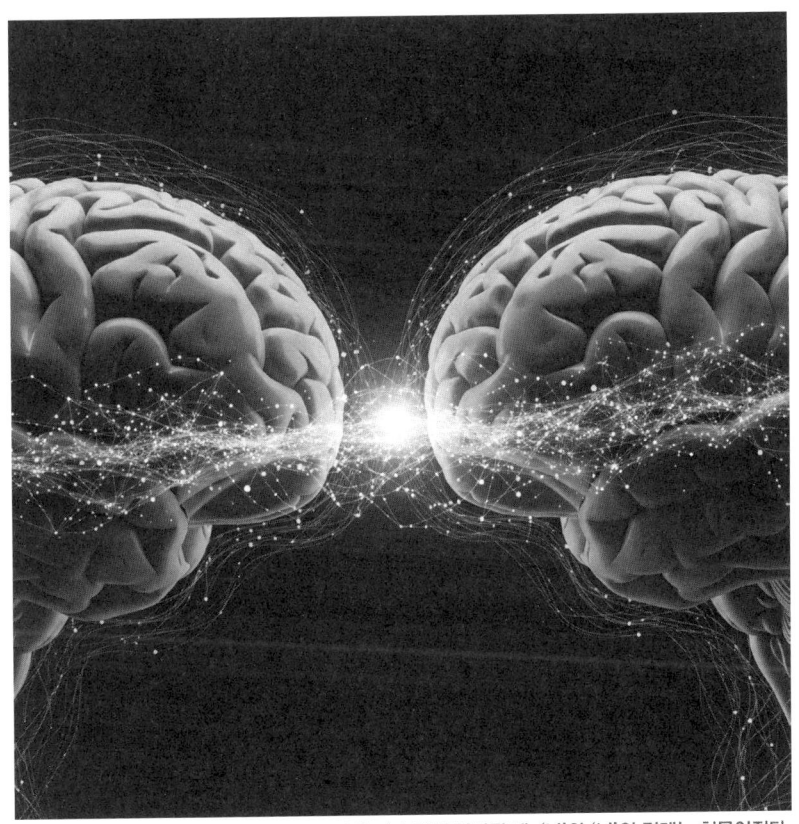
언어의 한계를 넘어 뇌와 뇌가 직접 연결될 때, '나'와 '너'의 경계는 허물어진다.

그러나, 아직은 신기루에 가깝다

이처럼 극단적인 미래를 상상하기 전에, 우리는 냉정한 기술적 현실을 마주해야 합니다. 본격적인 의미의 디지털 텔레파시는 수많은 거대한 장벽에 가로막혀 있으며, 어쩌면 영원히 불가능할 수도 있습니다.

가장 근본적인 난제는 '**의미 체계의 번역**' 문제입니다.[10] 당신의 뇌에서 '사랑'이라는 감정을 일으키는 신경 패턴을 읽어낸다 해도, 그것을 다른 사람의 뇌에서 똑같은 '사랑'의 감정으로 재현하는 것은 거의 불가능에 가깝습니다. 이는 단순히 영어 문장을 한국어로 번역하는 것과는 차원이 다른, 한 사람의 고유한 경험 세계 전체를 이식하려는 시도와 같기 때문입니다.

이 외에도 미세한 뇌 신호를 정확히 읽어낼 기술적 한계, 엄청난 양의 데이터를 실시간으로 전송할 대역폭 문제 등 넘어야 할 산이 많습니다.[11]

따라서 디지털 텔레파시는 아직 공상 과학의 영역에 가깝다고 보는 것이 합리적입니다. 만약 실현된다 해도, 그것은 의사소통 장애를 가진 환자를 위한 의료용 BBI나, 외과 수술팀처럼 고도의 협업이 필요한 특수 전문 분야에서 매우 제한적인 형태로 시작될 것입니다.

하지만 비록 완전한 텔레파시는 멀었다 해도, 그 가능성을 향한 연구 과정에서 생성되는 '뇌 데이터'는 이미 새로운 경제적 가치를 만들어내고 있습니다. 다음 절에서는 바로 이 문제를 탐구해 보겠습니다.

> 핵심 요약: '디지털 텔레파시'는 언어의 한계를 넘어 완벽한 소통을 이루는 유토피아의 꿈인 동시에, 개인의 자아가 집단 속에 녹아내리는 디스토피아의 악몽이기도 합니다. 비록 기술적 한계로 인해 아직은 먼 미래의 신기루에 가깝지만, 이 대담한 상상은 우리에게 소통과 자아의 의미를 근본적으로 다시 묻게 합니다.

VI. 뇌 데이터 경제의 등장
: 생각의 상품화

우리의 클릭과 검색 기록, 구매 내역 같은 '행동 데이터'가 21세기 경제의 석유가 된 시대. 우리는 이미 우리 삶의 많은 부분을 데이터로 제공하고 그 대가로 편리함을 얻는 데 익숙해졌습니다.

그렇다면, 인류의 마지막 미개척지이자 가장 내밀한 자원인 우리의 **'생각'** 과 **'감정'** 마저 상품이 되는 미래가 온다면 어떨까요? BCI 기술의 발전은 바로 이 **'정신의 상품화'** 라는, 인류 최후의 골드러시를 예고하고 있습니다. 이는 전례 없는 기회와 함께 심각한 윤리적 도전을 동시에 안겨줍니다.[1]

영역	주요 활동	2025 시장 규모	미래 전망 (10년 내)
상품화	뇌파 데이터 거래 (집중도 패턴)[2]	초기 $4.41억 (BCI 전체 $29.4억 중 15%)[2]	$15-20억 성장, 분석 보고서 판매 확대[2]
신경 마케팅	맞춤 광고 (효과 10-30%↑)[3]	$18.6억 (뉴로마케팅)[4]	개인화 효과 10-30% 향상[3], 윤리 규제 강화[1]
디지털 의식	인지 템플릿 거래 (학습 향상)[5]	초기 연구 수준[5]	$5억 시장, 에듀테크 시너지[5]
한국 시장	헬스케어/교육 투자[6]	$7,400만 (국내 BCI 시장 규모)[6]	17% 성장, 프라이버시 규제 필수[1,6]

1. 마음속의 금광을 찾아서

현재 개인의 복잡한 생각이 통째로 거래되는 시장은 아직 없습니다. 하지만 이 새로운 경제의 초기 형태는 이미 나타나고 있습니다. BCI 기기를 통해 수

집된 익명화된 뇌파 데이터 — 우리의 집중도 변화, 특정 자극에 대한 반응 패턴 — 는 이미 시장 조사나 AI 알고리즘 개발을 위해 분석되고 거래되고 있습니다.[2] 우리의 뇌 활동이 바로 이 새로운 경제의 '**원석**'이 되는 셈입니다.

뇌 데이터는 왜 그토록 가치가 있을까요? 그것은 우리의 말이나 행동보다 더 필터링되지 않은, 날것 그대로의 선호도와 감정 상태를 보여줄 잠재력이 있기 때문입니다.[7] 입으로는 "마음에 든다"고 말하지만, 뇌는 "싫다"고 보내는 무의식적 신호를 포착할 수 있다면, 기업은 소비자의 '진짜 속마음'을 꿰뚫어 볼 수 있게 됩니다.

이 기술이 발전한다면, '내 생각의 가격'은 얼마일까요? 아직 구체적인 모델은 없지만, 우리의 정신 활동이 데이터의 풍부함, 예측력 등을 기준으로 가치가 매겨지고 거래되는 미래는, '인간의 내면을 돈으로 환산할 수 있는가'라는 근본적인 질문을 던집니다.[8]

2. 당신만을 위한 맞춤형 유혹

이 새로운 원석으로 만들어낼 첫 번째 상품은 단연코 '**초개인화된 마케팅**'입니다. 현재의 뉴로마케팅은 광고를 보여주고 뇌 반응을 '사후에' 분석하는 수준입니다.[4] 하지만 BCI가 보편화되면, 광고는 우리의 뇌와 '실시간으로' 상호작용하기 시작할 것입니다.

당신이 광고를 보며 지루함을 느끼는 뇌 신호가 감지되면, 광고의 배경 음악이 당신이 좋아하는 장르로 즉시 바뀝니다. 특정 제품에 대한 관심이 포착되면, 관련 정보가 당신의 시야에 강조되어 나타납니다. 이는 사용자에게 편리한 경험을 제공하는 동시에, 우리가 **인지하지 못하는 사이에 우리의 선택을 조종하는 가장 정교한 유혹의 기술**이 될 수 있습니다.[9][10] 어디까지가 유용한 추천이고 어디부터가 교묘한 조작인지, 그 경계는 흐릿해질 것입니다.

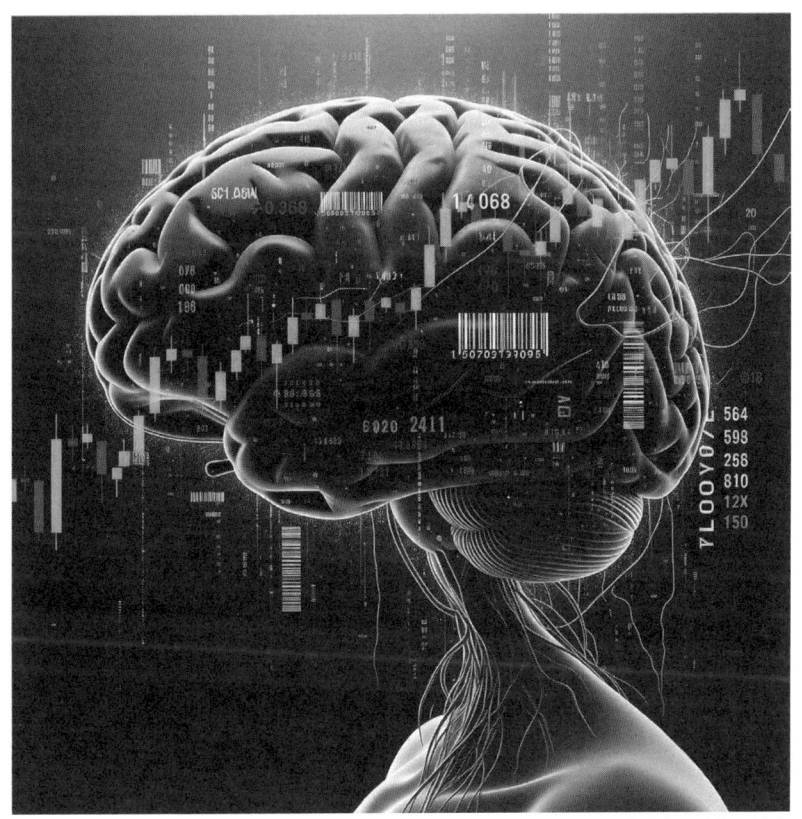
21세기의 새로운 석유, 우리의 '생각'이 상품이 되는 뇌 데이터 경제가 도래하고 있다.

3. 경험을 거래하는 시장

여기서부터는 훨씬 더 먼 미래의 시나리오입니다. 이 골드러시의 종착점은 단순히 우리의 반응을 읽는 것을 넘어, **우리의 '의식'과 '경험' 자체를 거래하는 시장**일 수 있습니다.

예를 들어, 세계 최고 외과 의사가 수술 중에 보이는 고도의 집중력, 혹은 전설적인 투자자가 시장을 예측하는 독특한 사고 과정에 해당하는 뇌 활동 패턴을 '**인지 템플릿**'이라는 디지털 상품으로 판매하는 것입니다.[11] 사용자는 이 템플릿을 구독한 뒤, BCI를 통해 자신의 뇌 활동을 일시적으로 전문가의 패턴에 가깝게 조절하여 해당 능력을 '체험'하거나 학습 효율을 극대화합니다.[12]

이는 특정 기술을 배우는 것을 넘어, 전문가의 '**경험 자체를 빌려 쓰는**' 시대가 열릴 수 있음을 의미합니다. 하지만 빌려온 생각으로 내린 결정의 책임은 누구에게 있으며, 그 과정에서 '진정한 나'의 경계는 어디에 있는지, 우리는 답하기 어려운 질문들과 마주하게 될 것입니다.

한국: 뇌 데이터 경제의 최적의 시험장

이 새로운 경제 영역에서 한국은 독특한 위치를 차지합니다. 세계 최고 수준의 디지털 인프라, 새로운 기술에 대한 높은 수용성, 그리고 교육 및 자기계발에 대한 강한 사회적 관심은 뇌 데이터 기반 서비스가 폭발적으로 성장할 수 있는 최적의 토양을 제공합니다.[6] 특히 높은 교육열은 학습 능력 향상과 관련된 BCI 서비스 시장의 빠른 성장을 이끌 수 있습니다.[13]

하지만 개인정보에 대한 높은 민감성은, 이 새로운 자원의 활용을 둘러싼 치열한 사회적 갈등을 예고합니다. 우리는 지금 '정신'이라는 마지막 프라이버시를 어디까지 허용할 것인지에 대한 사회적 합의를 만들어야 하는 시급한 과제를 안고 있습니다.

> 핵심 요약: 21세기 경제는 우리의 클릭을 넘어, 이제 우리의 '뇌'라는 마지막 금광을 채굴하기 시작했습니다. 우리의 생각과 감정이 상품이 되고, 욕망이 실시간으로 타겟팅되며, 궁극적으로는 전문가의 경험마저 구독하게 될 이 새로운 경제 질서 앞에서, 우리는 정신적 자율성이라는 가장 소중한 가치를 어떻게 지켜낼 것인지 질문해야 합니다.

VII.
정신 자율성 보호
: 윤리와 대응 방안

BCI 기술이 약속하는 기적의 이면에는, 우리의 정신적 프라이버시와 자율성을 위협하는 어두운 그림자가 존재합니다. 이 거대한 기술의 물결 앞에서 우리는 수동적인 관찰자가 아니라, 우리의 가장 소중한 가치를 지켜낼 '방어선'을 구축하는 능동적인 주체가 되어야 합니다.[1] 이는 단순한 규제가 아닌, 인간의 본질을 수호하기 위한 다층적이고 체계적인 노력입니다.

디자인 팀장 박서연(45)에게 '몰입'은 가장 절실하고도 사치스러운 단어였다. 두 아이를 키우며 팀 프로젝트를 이끄는 그녀의 하루는 늘 수십 개의 조각난 시간들로 채워졌다. 그러다 동료의 추천으로 비침습 BCI 헤드밴드 '뉴로싱크(NeuroSync)'를 사용하기 시작했다.

효과는 기대 이상이었다. '집중 모드'를 켜자, 머릿속을 떠다니던 잡념이 거짓말처럼 사라지고 눈앞의 디자인 시안에만 온전히 몰두할 수 있었다. 야근 후 지친 몸을 이끌고 차에 오르자, 헤드밴드와 연동된 차량 시스템이 그녀의 뇌파를 읽고는 생전 처음 듣는 뉴에이지 음악을 틀어주었다. 이상하게도, 그 멜로디는 마치 원래부터 알고 있었던 것처럼 그녀의 피로를 정확히 어루만져 주었다.

문제는 그 편리함이 일상을 파고들면서 시작되었다. 저녁 메뉴를 고민하자 헤드밴드는 '지중해식 샐러드' 레시피를 AR 글래스에 띄웠다. 평소라면 아이들을 위해 김치찌개를 끓였겠지만, 왠지 오늘은 그 상큼한 샐러드가 저항할 수 없이 끌렸다. 냉장고 문을 열고 파프리카를 꺼내 드는 순간, 그녀는 문득 섬뜩한 생각에 휩싸였다.

> '이 편안함, 이 끌림은 정말 나의 감정일까? 아니면 뉴로싱크가 내 뇌에 보낸 가장 효율적인 제안일까?'
> 편리함의 대가로, 그녀는 자신의 생각과 알고리즘의 속삭임을 구분할 수 없게 된 것이다. 그날 밤, 헤드밴드를 벗자 밀려오는 익숙한 두통과 피로감이, 역설적이게도 오늘 처음으로 온전한 '자신'의 것처럼 느껴졌다.

제1 방어선: 철학의 방패를 세우다 (윤리적 경계 설정)

모든 방어는 명확한 경계선을 긋는 것에서 시작합니다. 기술이 넘어서는 안 될 윤리적 원칙이라는 방패를 세워야 합니다.

● **'치료'와 '강화' 사이에 선을 긋다**: 마비 환자를 돕는 것은 명백한 '치료'지만, 정상적인 인지 능력을 인위적으로 향상시키는 것은 '강화'의 영역입니다. 어디까지가 인간성 회복이고 어디부터가 인간성 왜곡인지, 사회적 합의라는 단단한 경계석을 세워야 합니다.[8]

● **'인지적 자유'를 새로운 인권으로 선언하다**: 나의 생각과 정신 과정은 그 누구도 침범할 수 없는 나의 고유한 영토입니다. 외부의 강제나 조작 없이 내면세계를 통제할 이 권리, 즉 **'인지적 자유(cognitive liberty)'**는 새로운 시대의 가장 중요한 기본 인권으로 선언되어야 합니다.[6]

전략 영역	주요 요소	2025 현황	미래 전망 (10년 내)
윤리 경계	의료 vs 강화, 인지 자유	칠레 헌법 개정 (2021, 상원 만장일치 승인)[2]	글로벌 신경 권리 법제화 확대[6]
기술 방어	뇌 방화벽, 암호화	초기 연구 (보안 시장 $4.4억)[3]	BCI 시장 CAGR 17.35% 성장, 표준화 확산[3]
개인 전략	메타인지, 명상	명상 효과: 편도체(감정 처리 관련 뇌 영역) 반응성 유의미 감소 (효과 크기 0.26-0.31)[4]	훈련 프로그램 보급 확대, 감정 조절 강화[4]
사회/법적	신경 권리 법제화, 한국 PIPA	한국 PIPA 개정 (2025, 해외 사업자 국내 대리인 제도 강화)[5]	공동 규제 모델, 불평등 심화 방지[7]

제2 방어선: 기술의 갑옷을 입다 (기술적 방어 메커니즘)

철학적 방패만으로는 부족합니다. 우리는 해킹과 오용을 막아낼 수 있는 기술적 갑옷을 입어야 합니다.

● **개인용 '뇌 방화벽(Brain Firewall)'을 구축하다**: 외부의 원치 않는 데이터 접근이나 신경 자극을 차단하는 개인화된 방화벽 기술은 정신 보호의 핵심입니다.[9]

● **가장 민감한 정보에 가장 강력한 자물쇠를 채우다**: 뇌 데이터는 최상위 등급의 개인정보입니다. 수집, 저장, 전송의 모든 과정에 강력한 암호화 기술을 적용하고, 데이터 접근 권한을 사용자가 직접 세밀하게 통제할 수 있는 메커니즘이 기술 설계의 기본값이 되어야 합니다.[1] [10]

제3 방어선: 내면의 요새를 구축하다 (인지적 자기 방어)

외부의 방어선이 뚫렸을 때, 우리를 지켜줄 최후의 보루는 우리 내면에 있습니다. 외부의 조작과 영향력에 저항하는 단단한 '내면의 요새'를 구축해야 합니다.

● **'메타인지'라는 감시탑을 세우다**: 자신의 생각과 감정을 한발 떨어져 객관적으로 바라보는 능력, 즉 메타인지를 훈련해야 합니다.[11] 내 마음의 평소 상태를 잘 알 때, 외부의 미묘한 조작 시도를 더 빨리 감지하고 저항할 수 있습니다.

● **'기도와 명상'으로 내면의 성벽을 강화하다**: 첨단 기술 시대에 우리 정신을 지키는 가장 강력한 훈련법은, 역설적이게도 가장 오래된 인류의 지혜 속에 있습니다. 바로 **기도와 명상**입니다. 과학적 연구는 명상이 감정을 처리하는 뇌 영역(편도체)의 과민 반응을 줄여, 외부 자극에 평정심을 유지하는 힘을

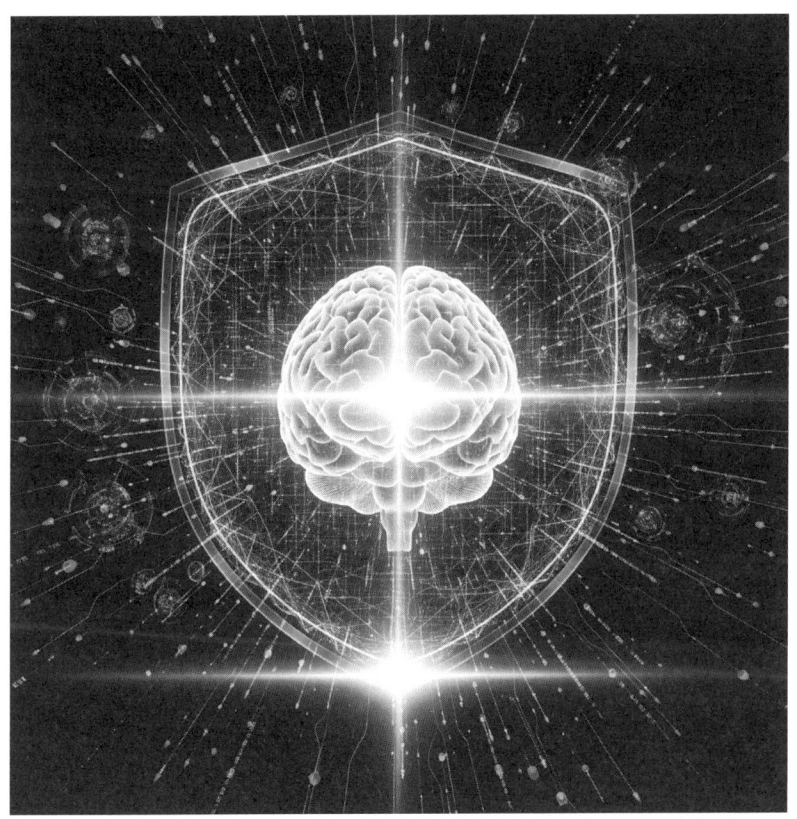
정신의 자율성을 지키기 위한 마지막 방어선. 뇌를 위한 방화벽이 필요한 시대.

길러준다는 사실을 증명합니다.[4]

기도 역시 마찬가지입니다. 특정 종교적 의미를 넘어, 기도는 혼란스러운 외부 세계로부터 잠시 벗어나 자신의 가장 깊은 내면과 연결되려는 의지적인 행위입니다. 이는 끊임없이 우리의 주의를 흩트리고 감정을 조종하려는 기술의 힘에 맞서, 온전한 '나'를 지켜내려는 가장 강력한 저항일 수 있습니다.

최후의 보루: 사회라는 성벽을 쌓다 (법적·제도적 방어)

개인의 노력만으로는 거대한 기술 기업과 권력에 맞서기 어렵습니다. 우리 모두를 보호할 사회라는 단단한 성벽, 즉 법과 제도가 필요합니다.

● **'신경 권리(Neuro-rights)'를 법전에 새기다**: 인지적 자유, 정신 프라이버시 등 새로운 권리를 법적으로 보장하려는 움직임이 칠레를 시작으로 전 세계로 확산되고 있습니다.[2] 이는 미래 세대를 위한 가장 중요한 법적 토대가 될 것입니다.

● **한국의 PIPA를 더 강력한 방패로**: 한국의 개인정보보호법(PIPA)은 훌륭한 기반이지만, 뇌 데이터의 특수성을 반영하여 더욱 강화되어야 합니다. 뇌 데이터의 정의를 명확히 하고, 오용 시 강력한 처벌 조항을 마련하는 등 선제적인 제도 개선이 시급합니다.[5]

정신적 자율성은 인간 존엄성의 핵심입니다. 우리는 BCI가 가져올 기적적인 혜택(재활 효과 향상 등)을 놓치지 않으면서도,[8] 그 위험으로부터 우리의 정신을 지켜내야 하는 어려운 과제를 안고 있습니다. 이 네 겹의 방어선을 튼튼히 구축할 때, 우리는 비로소 기술의 주인이 될 수 있을 것입니다.

핵심 요약: BCI의 위협으로부터 우리의 정신적 자율성을 지키기 위해서는, 네 겹의 방어선을 구축해야 합니다. 넘지 말아야 할 선을 긋는 '철학의 방패', 해킹을 막는 '기술의 갑옷', 스스로를 지키는 '내면의 요새', 그리고 우리 모두를 보호하는 '사회의 성벽'이 바로 그것입니다. 이 다층적 방어만이 기술이 인간을 지배하는 것이 아니라, 인간을 위해 복무하게 만들 것입니다.

VIII.
정신 자율성의 기로에서, 인간을 다시 묻다

이번 3장에서 우리는 뇌-컴퓨터 인터페이스(BCI)라는 경이로운 기술이 어떻게 우리의 가장 내밀한 영역, 즉 생각과 정신의 세계로 들어오고 있는지를 탐구했습니다. 생각만으로 기계를 움직이는 기적부터, 우리의 정신이 해킹당하고 상품화될 수 있다는 섬뜩한 위험까지. 기술이 우리의 정신적 경계를 허물기 시작하는 이 시대의 문턱에서, 우리는 무엇을 확인하고 어떤 질문을 던져야 할까요?[1]

3장의 여정은 우리에게 명확한 결론을 보여주었습니다. BCI는 인류에게 엄청난 혜택을 줄 혁명적 기술이지만, 동시에 정신적 프라이버시와 인지적 자율성이라는 인간의 근본 가치를 위협하는 실질적인 도전입니다. 따라서 우리는 이 기술의 폭주를 막을 **윤리적, 기술적, 개인적, 사회적 방어선**을 시급히 구축해야 한다는 것, 이것이 우리가 도달한 잠정적인 결론입니다.

정신과 육체의 경계가 허물어질 때

BCI 기술은 오랫동안 우리가 분리해서 생각해 온 정신과 육체, 내면의 생각과 외부 세계 사이의 경계를 근본적으로 허물고 있습니다. 생각으로 기계를 제어하고, 외부 정보가 우리의 인지 과정에 직접 개입하는 시대는 '나'라는 존재의 정의 자체를 다시 묻게 만듭니다. 독립적이고 고유한 자아라는 개념마저 흔들릴 수 있습니다.[2]

이러한 기술적 가능성은 오랫동안 제가 지녀온 개인적 신념 체계에도 정면으로 도전합니다. 기독교인으로서 저는 인간의 내면, 즉 영혼과 정신은 외부 세계와 구별되는 신성하고 보호받아야 할 영역이라고 믿어왔습니다. 그러나 기술이 그 경계를 허물고 내면의 생각과 감정마저 해독하고 영향을 미칠 수 있게 될 때, 그 믿음은 중대한 시험대에 오르게 됩니다. 기술이 우리가 신성하다고 여겨온 영역까지 파고들면서, 우리는 무엇이 진정한 '나'이며 인간 영혼의 본질은 어디에 있는지 근본적으로 다시 질문하게 됩니다.

인간성의 마지막 보루를 향한 질문

만약 우리의 정신 활동이 기술과 깊이 융합되고 생각의 자율성이 약화된다면, 무엇이 우리를 인간으로 만드는 본질적인 요소로 남게 될까요?

어쩌면 그 답은 **'선택'과 '가치 부여'** 의지에 있을지도 모릅니다. 기술이 아무리 강력한 분석과 예측을 제공한다 하더라도, 그 정보를 바탕으로 어떤 목표를 설정하고 어떤 가치를 우선시할 것인지 결정하는 책임은 여전히 우리에게 남겨질 수 있습니다.

우리 앞에 놓인 선택은 명확합니다. 우리는 편리함과 효율성이라는 이름 아래 정신의 주도권을 기술에 내맡기거나, 아니면 기술과의 관계 속에서 인간 고유의 존엄성과 가치를 지켜낼 새로운 방법을 적극적으로 찾아야 합니다. 후자의 길은 끊임없는 성찰과 용기를 요구하는 어려운 길이지만, 인간성을 지키기 위해 우리가 반드시 가야 할 길이라고 믿습니다. 이 '정신 자율성의 기로'에서 우리의 선택이 미래 인간의 모습을 결정할 것입니다.

지금까지 3장에서는 기술이 우리의 **정신적 경계**를 어떻게 허물고 있는지, 그리고 그 도전에 맞서 어떻게 우리의 자율성을 지켜나갈 것인지에 대해 살펴보았습니다.

하지만 특이점 시대의 기술 혁명은 여기서 멈추지 않습니다. 이제 기술은 인간 존재의 또 다른 근본적인 조건, 바로 **생물학적 경계**, 특히 노화와 죽음의 문제에 정면으로 도전하고 있습니다.

인간의 마지막 한계라고 여겨졌던 죽음마저 기술의 영역으로 편입될 때, 우리의 삶은 어떻게 재정의될까요? 이 '정신 자율성의 기로'를 지나, 이제 우리는 '생명의 미래'에 대한 더 근본적인 질문을 마주하게 됩니다.

다음 4장 「**불멸의 시대: 리버스 에이징과 수명 혁명**」에서는 이 거대한 변화의 현장을 탐구해 보겠습니다.

> 핵심 요약: 3장의 결론은 BCI 기술이 우리에게 근본적인 선택을 강요하고 있다는 것입니다. 우리는 편리함의 대가로 정신의 주권을 내어줄 것인가, 아니면 기술의 홍수 속에서 인간의 자율성이라는 가치를 지켜낼 것인가? 정신의 경계가 허물어지는 것을 목격한 우리는, 이제 기술이 생명의 경계마저 무너뜨리는 다음 장으로 나아가야 합니다.

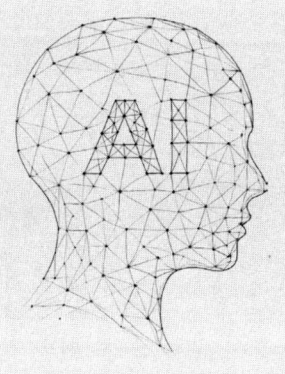

불멸의 시대
리버스 에이징과 수명 혁명

I.
불멸의 꿈, 현실의 문턱에서

앞선 3장에서 우리는 기술이 우리의 **정신적 경계**를 허무는 충격적 가능성을 탐구했습니다. 이제 기술 혁명의 칼날은 인간 존재의 마지막이자 가장 근본적인 제약, 바로 우리의 **생물학적 경계**, 즉 노화와 죽음을 향하고 있습니다.[1]

인류의 가장 오래된 꿈, '불멸'에 대한 이야기가 신화와 전설의 영역을 넘어, 이제 과학과 투자의 언어로 쓰이고 있습니다.

그리고 이 혁명의 첫 번째 수혜자는, 어쩌면 바로 당신일지도 모릅니다. 지금 이 글을 읽는 30~40대 독자들은 인류 역사상 처음으로 수명 연장 기술의 본격적인 혜택을 누리는 세대가 될 가능성이 큽니다. 60~70대 독자들 역시 건강 수명을 크게 늘려, 다가올 미래의 경이로움을 더 오래 만끽할 수 있을 것입니다.

이는 막연한 희망이 아닙니다. 2025년, 노화 방지(Anti-aging) 시장은 이미 약 556.6억 달러 규모로 성장했으며, 세포 재생과 같은 첨단 기술들이 현실의 문턱을 넘고 있음을 증명합니다.[2]

저 역시 고등학생 시절, 인간의 노화를 되돌릴 수 있다는 다큐멘터리를 보며 밤을 지새우던 기억이 생생합니다. '오래 살 수만 있다면, 인류 문명의 정점을 내 눈으로 직접 볼 수 있지 않을까?' 그 막연한 동경이 저를 경영학의 길로, 그리고 사업가의 길로 이끌었습니다. 당시 공상 과학처럼 느껴졌던 그 꿈이, 이제 거대 바이오테크 기업들의 구체적인 성과로 나타나고 있습니다.

하지만 이 눈부신 꿈의 이면에는 짙은 그림자가 드리워져 있습니다. 오늘날에도 우리가 사는 국가와 소득 수준에 따라 기대 수명은 20년 이상 차이가 납니다. 예방 가능한 질병으로 너무나 쉽게 스러져가는 생명들을 볼 때마다, 우리는 생명의 길이가 이미 얼마나 불평등한지 뼈저리게 느끼게 됩니다.

만약 첨단 수명 연장 기술의 혜택마저 소수의 부유층에게만 집중된다면 어떻게 될까요? 과거 국가 간의 격차와는 비교할 수 없는, 개인 간의 거대한 '수명 불평등'이라는 새로운 비극이 시작될 것입니다. 누군가는 150세의 삶을 계획하는 동안, 다른 누군가는 여전히 기본적인 의료 혜택조차 받지 못하는 세상. 이것이 수명 혁명이 마주한 가장 냉혹한 윤리적 딜레마입니다.

항목	2012년	2024년	미래 전망 (10년 내)
르완다 기대 수명	64세[3]	68세[5]	2030년 72세↑, 감염병 극복[1]
한국 기대 수명	81세[5]	84.4세[5]	88세↑, 안티-에이징 효과[1]
글로벌 안티-에이징 시장	초기 단계	$556.6억[2]	2030년 $806.1억↑ (CAGR 7.7%)[2]

이 장에서는 바로 이 '수명 혁명'의 빛과 그림자를 탐구합니다. 노화 지연 연구가 어디까지 왔는지, 향후 10년 내 우리 삶을 바꿀 기술은 무엇인지, 그리고 기술 발전이 노화 속도를 앞지르는 '**수명 탈출 속도(longevity escape velocity)**'라는 경이로운 순간에 도달할 가능성은 얼마나 되는지 살펴볼 것입니다.[1]

이 혁명은 우리에게 10년, 20년의 건강한 시간을 선물할 수 있지만, 동시에 인구 과잉과 자원 부족, 그리고 극심한 불평등이라는 무거운 질문을 던집니다. 우리는 지금 불멸의 꿈이 현실이 되기 시작하는 위대한 시대의 문턱에 서 있습니다.

핵심 요약: 인류의 가장 오래된 꿈인 '노화 정복'이 신화의 영역을 넘어 과학과 자본의 현실로 들어오고 있습니다. 이 거대한 수명 혁명은 우리에게 더 긴 삶을 약속하는 축복인 동시에, 누가 그 축복을 누릴 것인지를 결정하는 '수명 불평등'이라는 새로운 윤리적 딜레마를 안겨주는, 인류사적 도전입니다.

II.
노화의 생물학적 시계를 되돌리는 과학적 혁명

오랫동안 우리는 노화를 시간이 흐르면 당연히 찾아오는, 피할 수 없는 운명으로 여겨왔습니다. 하지만 지난 10여 년간 생명 과학 분야에서 일어난 혁명은, 노화라는 오랜 폭군에게 인류가 마침내 반격의 칼을 빼어 들었음을 선언합니다. 과학자들은 이제 노화를 더 이상 운명이 아닌, **'개입하고 관리하며, 심지어 되돌릴 수도 있는 생물학적 과정'**으로 재정의하기 시작했습니다.[1]

1. 노화는 운명이 아니라 '질병'이다

이 거대한 관점의 전환은 과거 우리가 고혈압을 '나이 탓'으로 여기다 '치료 가능한 만성 질환'으로 인식을 바꾼 것과 같습니다. 노화 역시 우리 몸 내부의 특정 메커니즘이 고장 나며 발생하는 복합적인 결과물이라는 것입니다. 실제로 세계보건기구(WHO)와 미국 FDA는 노화를 '치료 가능한 대상'으로 인정하는 방향으로 나아가고 있으며,[2][3][4] 이는 노화 방지 연구와 신약 개발에 거대한 길을 열어주었습니다.

하버드 의대의 데이비드 싱클레어 교수는 이 '고장'의 원인을 '정보의 손실'이라는 관점에서 설명합니다.[1] 우리 세포는 젊었을 때의 완벽한 유전 정보('소프트웨어')를 가지고 있지만, 시간이 흐르면서 이 소프트웨어에 오류가 쌓여 제대로 읽지 못하게 되는 것이 바로 노화라는 것입니다. 희망적인 부분은, 이 정보가 완전히 사라진 것이 아니라면, **소프트웨어의 오류를 수정하거나**

재설치하여 세포를 다시 젊은 시절로 되돌릴 수 있다는 **가능성**입니다.

과학계는 이미 노화라는 소프트웨어의 핵심 오류들, 즉 '노화의 12가지 특징(The Hallmarks of Aging)'을 밝혀냈으며,[5] 현대의 모든 노화 연구는 바로 이 오류들을 수정하는 것을 목표로 하고 있습니다.

2. 노화 정복에 나선 어벤져스

노화 연구가 더 이상 변방의 주제가 아님을 보여주는 가장 확실한 증거는 이 분야에 쏟아지는 막대한 투자입니다. 실리콘밸리의 거물들은 이제 우주가 아닌 '인간의 몸'에서 다음 혁명을 찾고 있습니다.

아마존 창업자 제프 베조스가 설립한 **알토스 랩스(Altos Labs)**나 구글이 세운 **칼리코(Calico)**와 같은 기업들은, 수십억 달러의 자본과 노벨상 수상자들을 포함한 세계 최고의 두뇌들을 끌어모으고 있습니다.[6][7] 이는 마치 1960

노화의 12가지 특징: 노화는 더 이상 운명이 아니라, 해독하고 재설계할 수 있는 생명의 코드다.

년대 인류를 달에 보내기 위해 국가적 역량을 총동원했던 '아폴로 계획'에 비견될 만한 사건입니다. 노화 정복이라는 목표가 인류의 가장 중대한 과학적 도전 과제로 격상되었음을 상징적으로 보여줍니다.

3. 시간을 되돌리는 두 개의 열쇠

이 거대한 도전의 실마리는 두 개의 혁명적인 과학적 '열쇠'의 발견으로 풀리기 시작했습니다.

첫 번째 열쇠는 '늙은 세포를 강제로 젊은 시절의 상태로 되돌리는' 세포 리프로그래밍이라는 시간을 되돌리는 리모컨입니다. 2006년, 야마나카 신야 교수는 단 4개의 유전자('야마나카 인자')를 이용해 늙은 세포를 배아줄기세포처럼 완전히 초기화하는 방법을 발견했습니다.[8] 이는 마치 낡고 느려진 컴퓨터를 포맷하여 처음 상태로 되돌리는 것과 같았습니다. 최근 과학자들은 여기서 더 나아가, 세포를 완전히 포맷하지 않고 필요한 부분만 젊게 만드는 '부분 리프로그래밍' 기술을 개발하고 있습니다. 2024년 스탠포드 대학 연구팀은 이 기술로 늙은 생쥐의 뇌세포를 젊게 만들어, 손상되었던 인지 기능을 회복시키는 데 성공했습니다.[9] 알츠하이머 정복의 새로운 길이 열린 것입니다.

두 번째 열쇠는 DNA에 새겨진 '세월의 흔적'을 분석해 우리 몸의 진짜 나이를 측정하는 '후성유전학적 시계'입니다. UCLA의 스티브 호바스 교수는 DNA의 특정 패턴을 분석하여, 달력 나이와 다른 우리 몸의 진짜 나이, 즉 '생물학적 나이'를 정확히 측정하는 방법을 개발했습니다.[10] 이는 마치 자동차의 총 주행 거리를 보여주는 계기판과 같습니다. 이 '시계' 덕분에, 과학자들은 특정 치료법이 실제로 우리 몸을 젊게 만드는지 단 몇 개월 만에 객관적으로 확인할 수 있게 되었습니다. 노화 연구의 속도가 폭발적으로 빨라진 결정적인 계기입니다.

이처럼 노화를 '치료 가능한 과정'으로 보는 관점의 전환, 막대한 투자, 그리고 두 개의 혁명적인 과학적 열쇠의 발견은, 인류가 노화의 비밀을 푸는 것을 넘어 실제로 시간의 시계를 되돌릴 수 있는 구체적인 무기를 손에 쥐기 시작했음을 의미합니다.

> 핵심 요약: 노화는 더 이상 운명이 아니라 '정보가 손상된 소프트웨어 오류'로 재정의되었고, 인류는 이 오류를 수정하기 위한 거대한 도전을 시작했습니다. 과학자들이 '세포 리프로그래밍'이라는 시간 역행의 열쇠와 '후성유전학적 시계'라는 정밀한 진단 도구를 손에 넣으면서, 노화 정복은 공상 과학이 아닌 현실의 과학 혁명이 되었습니다.

III.
10년 내 상용화될 수명 연장 기술들

앞 절에서 우리는 노화라는 암호를 해독하려는 과학계의 혁명적 움직임을 살펴보았습니다. 그렇다면 그 연구들이 실험실을 넘어, 실제 우리의 삶을 바꾸는 '무기'가 되기까지는 얼마나 걸릴까요? 놀랍게도, 몇몇 유망한 기술들은 이미 임상 시험이라는 마지막 관문을 통과하고 있으며, 전문가들은 향후 5~10년 안에 우리 손에 쥐어질 것이라 예측합니다.

이는 더 이상 먼 미래의 이야기가 아닌, 우리 세대가 경험하게 될 **노화와의 전쟁, 제1세대 무기체계**에 관한 이야기입니다.[1]

기술	주요 특징	2025년 현황	미래 전망 (10년 내)
세노리틱스	노화 세포 제거 (좀비 세포)	메이요 클리닉 2상 임상 (증상 개선 미미, 2024)[2]	FDA 승인 2027-2029 (전문가 예측), 시장 $6.67억 (CAGR 35.8%)[3]
AI 단백질 예측	구조 예측 (AlphaFold3)	딥마인드의 AlphaFold3 2024 (노화 관련 단백질 구조 예측 가속화)[4]	개발 속도 5-10배 증가, 신약 발굴 효율 40% 향상[1]
유전자/mRNA	CRISPR/mRNA 편집 (수명 연장)	유전자 치료 기반 재프로그래밍으로 쥐 잔여 수명 109% 연장[5]	희귀 질환 치료 2030-2035, mRNA 노화 역전 초기 상용화[6]
약물 재활용	라파마이신/메트포민 (세포 자가 청소 과정 활성화)	TAME 연구 진행 중, 잠재적 질환 지연 효과 관찰 (2025 업데이트)[7]	저비용 관리 (한국 시장에서 가격 변동 있으나 저렴)[8]

전략 1: 좀비 세포를 저격하는 청소부, '세노리틱스'

우리 몸에는 나이가 들면서 죽지도 않고 주변에 염증만 일으키는 불량배, 이른바 **좀비 세포**들이 쌓여갑니다.[9] 관절염, 치매 등 수많은 노화 질병의 주범으로 지목되는 세포들이죠. **세노리틱스(Senolytics)**는 바로 이 좀비 세포만 선택적으로 찾아내 제거하는 '특수 청소부' 또는 '저격수' 같은 약물입니다.

마치 정원에서 잡초를 뽑아내듯, 몸속의 좀비 세포를 제거하여 조직의 건강을 되찾는 이 기술의 가능성은 이미 임상 연구를 통해 확인되고 있습니다. 메이요 클리닉의 연구에서 특정 세노리틱 약물을 투여받은 관절염 환자들은 실제 관절 기능이 개선되는 효과를 보였습니다.[2] 전문가들은 첫 번째 세노리틱스 약물이 이르면 2027년경 FDA의 승인을 받을 것으로 예측하며,[10] 이는 우리가 노화를 약물로 관리하는 시대의 개막을 알리는 신호탄이 될 것입니다.

전략 2: 신약 개발의 지도를 바꾸는 설계자, 'AI'

노화 연구의 속도를 극적으로 끌어올리는 가장 강력한 아군은 바로 인공지능(AI)입니다. 특히 구글 딥마인드의 **'알파폴드(AlphaFold)'**는 단백질의 3차원 구조를 예측하는, 신약 개발의 '내비게이션'과도 같은 혁신을 이루었습니다.[4]

과거 수십 년이 걸려 그리던 인체의 비밀 지도를, AI는 이제 단 며칠 만에 완성합니다. 이 새로운 지도를 바탕으로, 우리는 노화를 일으키는 핵심 단백질을 정확히 겨냥하는 '스마트 폭탄' 같은 신약을 설계할 수 있게 되었습니다. AI 덕분에 노화 지연 약물 개발 속도는 기존보다 5배에서 10배 이상 빨라질 것으로 기대됩니다.

전략 3: 생명의 설계도를 직접 편집하다, '유전자 치료와 mRNA'

노화의 증상이 아닌, 그 근본 원인이 담긴 '생명의 설계도', 즉 유전 정보 자

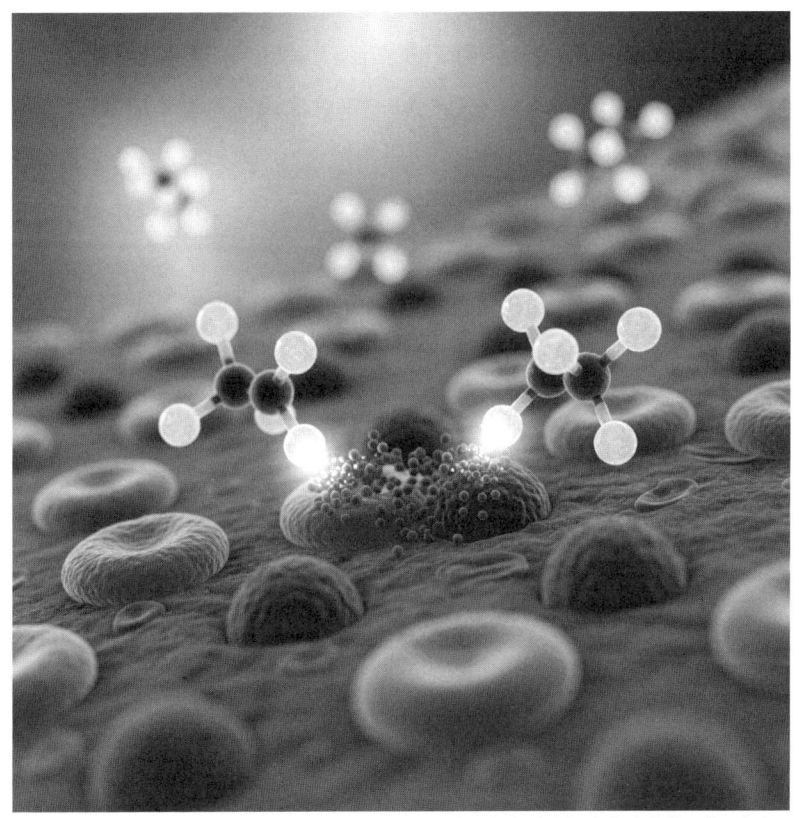

우리 몸속 '좀비 세포'만을 정밀 타격하는 세노리틱스.
노화와의 전쟁을 위한 1세대 무기가 배치되고 있다.

체를 편집하는 기술 역시 현실로 다가오고 있습니다.

코로나19 팬데믹을 통해 익숙해진 **mRNA 기술**은, 이제 우리 세포에 특정 단백질을 만들도록 지시하는 '임시 소프트웨어 패치' 역할을 합니다.[1] 노화로 부족해진 단백질을 다시 만들게 하거나, 노화를 촉진하는 단백질 생성을 막는 방식입니다.

더 나아가 **CRISPR 유전자 가위 기술**은 우리 몸의 '핵심 운영체제(OS)'인 DNA를 직접 수정합니다. 2023년, 한 연구팀은 이 기술로 늙은 쥐의 잔여 수명을 109%나 연장하는 데 성공했습니다.[5] 이는 단순히 증상을 관리하는 것을 넘어, 노화라는 프로그램 자체를 재작성하려는 가장 대담한 시도입니다. 물론 안전성 문제로 인해 희귀 유전 질환 치료에 먼저 적용되겠지만,[11] 그 잠재력은 무한합니다.

전략 4: 낡은 무기의 재발견, '약물 재활용'

최첨단 신무기 개발과 함께, 과학자들은 기존의 무기고에서 '낡았지만 강력한 무기'를 재발견하고 있습니다. 바로 다른 질병 치료에 쓰이던 약물 중에서 노화 지연 효과를 가진 약물을 찾아내는 '**약물 재활용**'입니다.

대표적인 예가 당뇨병 치료제인 '**메트포민**'입니다. 대규모 연구 결과, 메트포민이 혈당 조절을 넘어 노화라는 근본 과정 자체에 긍정적인 영향을 미칠 수 있다는 강력한 증거들이 나타나고 있습니다.[7][9] 이 오래된 약물의 가장 큰 장점은 안전성이 검증되었고, 무엇보다 **매우 저렴**하다는 점입니다.[8] 이는 수명 연장 기술이 소수의 부유층만이 아닌, 더 많은 사람들에게 다가갈 수 있는 현실적인 희망을 보여줍니다.

이처럼 '좀비 세포 청소부', 'AI 설계자', '유전자 편집자', '재발견된 비밀 요원' 등 다양한 전략들이 동시에 발전하면서, 향후 10년 안에 우리는 노화와의 전쟁에서 승리할 강력한 무기들을 손에 쥐게 될 것입니다.

> **핵심 요약**: 노화와의 전쟁을 위한 제1세대 무기들이 실험실을 나와 상용화를 앞두고 있습니다. 우리 몸속 '좀비 세포'를 제거하는 저격수(세노리틱스)부터, 신약 개발 지도를 그리는 AI 설계자, 생명의 코드를 직접 수정하는 유전자 편집 기술, 그리고 낡은 약물의 재발견까지. 이 다층적 공격은 인류가 노화를 약물로 관리하는 새로운 시대의 개막을 알리고 있습니다.

IV.
노화 역전 진단과 치료 시스템

앞 절에서 우리는 노화와의 전쟁에 투입될 강력한 신무기들을 살펴보았습니다. 하지만 아무리 강력한 무기라도 조준이 빗나가면 소용이 없듯, 이 혁명적인 기술들도 모든 사람에게 똑같이 효과적이지는 않을 것입니다. 사람마다 타고난 유전적 특성과 살아온 이력이 모두 다르기 때문이죠.

따라서 노화와의 전쟁은 이제, 대량 생산된 무기를 퍼붓는 전면전에서 **개개인의 특성을 정밀 타격하는 '특수 작전'**으로 진화하고 있습니다. 나만의 적(노화 원인)을 정확히 식별하고, 나에게 가장 효과적인 무기(치료법)를 조합하여, 나만을 위한 **'개인별 맞춤 전투 계획'**을 수립하는 시대가 열린 것입니다.[1]

요소	주요 특징	2025년 현황	미래 전망 (10년 내)
생물학적 나이 측정	DNA 메틸화 및 글리칸 기반 분석 (GlycanAge, 68%가 5년 이내 정확도 추정)[2]	상용화된 에피제네틱 테스트 보편화 (Elysium Index, 비용 $299)[3]	정확도 95% 이상 향상, 비용 $100 미만으로 하락 (예상 CAGR 15%, 메틸화 시계 평가 기준)[4]
개인화 프로그램	AI 기반 맞춤형 노화 개입 (예: 라파마이신 등 약물 평가, 생물학적 나이 예측)[5]	월 $300–2500 범위의 고급 맞춤 프로그램 (부유층 중심, 스타트업 중심)[6]	보급률 40% 증가, 비용 50% 감소, 효과 30% 향상 (AI 개인화 치료 확대)[7]
노화 클리닉	전문 진단 및 치료 시설 (전 세계 1,000+ 클리닉, 시장 $610억 규모)[8]	미국 800+ 클리닉 운영, 한국 안티에이징 서비스 CAGR 11.33% 예상[9]	2,000개 이상 확대, 관광 20% 증가 (위험: 규제 부족, 럭셔리 관광 통합)[10]

작전 1단계: 적을 정확히 식별하라 - 생체 나이 측정기

모든 성공적인 작전은 정확한 정보에서 시작됩니다. 주민등록증의 나이가 우리 몸의 '제조 일자'라면, 이제 우리는 '**실제 주행 거리**'를 알려주는 첨단 기술을 손에 넣었습니다. 바로 '생물학적 나이(biological age)' 측정 기술입니다. 같은 50세라도 누구는 40세의 엔진을, 누구는 60세의 엔진을 가지고 있을 수 있습니다.

이 기술이 혁명적인 이유는 두 가지입니다.[1] 첫째, 내가 시도하는 운동이나 먹는 영양제가 정말로 내 몸의 시계를 되돌리는지, 아니면 헛수고인지에 대한 '**성적표**'를 실시간으로 받아볼 수 있습니다. 둘째, 신약 개발의 시간을 극적으로 단축시키는 '**타임머신**' 역할을 합니다. 과거 수십 년이 걸려야 알 수 있었던 치료 효과를 단 몇 달 만에 판단할 수 있게 된 것입니다.[4]

이미 '글리칸에이지(GlycanAge)'[2]나 '엘리시움 인덱스(Elysium Index)'[3]와 같은 상용 테스트들이 보편화되면서, 우리는 더 이상 막연한 추측이 아닌 데이터에 기반해 노화와 싸울 수 있게 되었습니다.

작전 2단계: 당신만을 위한 맞춤 전략을 수립하라 - AI 참모

모든 사람에게 통하는 만능 무기는 없습니다. 따라서 가장 효과적인 공격은 개인의 모든 정보를 종합해 최적의 전략을 짜는 것입니다.

최근 등장한 개인화 프로그램들은 마치 '**개인 전담 정보 분석팀**'처럼 작동합니다. 당신의 유전 정보, 혈액, 생활 습관 등 모든 데이터를 수집한 뒤, **인공지능(AI)이라는 유능한 '참모'**가 이 모든 정보를 분석하여 당신만을 위한 최적의 무기 조합(영양, 운동, 약물 등)을 제안합니다.[5]

미국의 '에이지리스알엑스(AgelessRx)' 같은 서비스는 이미 그 가능성을 증명하고 있습니다. 이들은 원숭이 실험에서 생물학적 나이를 6.4년이나 되돌린 연구 결과를 바탕으로,[12] 수많은 참가자들에게서 실질적인 노화 개선 효과를 이끌어내고 있습니다.

물론 현재 이 'AI 참모'를 고용하는 비용은 월 수백만 원에 달해, 소위 **'부자들의 혁명'**이라는 비판을 받기도 합니다.[6] 하지만 최초의 스마트폰이 그랬듯, 기술의 대중화는 시간문제일 뿐입니다.

작전 3단계: 최전선 지휘 통제소 - 장수 클리닉

정확한 정보와 완벽한 전략이 준비되었다면, 이제 이 모든 것을 실행할 최전선 '지휘 통제소'가 필요합니다. 바로 전 세계적으로 빠르게 생겨나고 있는 '**장수 클리닉(Longevity Clinic)**'입니다.

이곳은 단순한 병원이 아닙니다. 노화와 관련된 최첨단 바이오마커들을 종합적으로 분석하고,[7] 그 결과를 바탕으로 의학적 처방과 생활 습관 코칭까지 원스톱으로 제공하는 **노화 역전 사령부**에 가깝습니다. 이미 서울 강남 한복판에도 이러한 클리닉이 등장했으며,[8] 이 산업에 쏟아지는 투자금만 수백억 달러에 이릅니다.[9]

하지만 빛이 있으면 그림자도 있는 법. 일부에서는 검증되지 않은 치료를 받기 위해 규제가 느슨한 국가로 떠나는 '**노화 역전 관광(anti-aging tourism)**'이라는 위험한 현상도 나타나고 있습니다.[10] 이는 혁명의 과실이 어떻게 분배되어야 하는지에 대한 심각한 질문을 던집니다.

결론적으로, 노화 역전의 길은 '정밀한 진단 시스템', 'AI 기반의 맞춤형 전략', 그리고 '전문 클리닉이라는 실행 체계'를 통해 우리 눈앞의 현실이 되고 있습니다. 그러나 이 혁명이 모두를 위한 축복이 될지, 아니면 새로운 불평등의 씨앗이 될지는 아직 우리의 손에 달려있습니다.

핵심 요약: 노화와의 전쟁은 이제 개인전으로 돌입했습니다. 우리 몸의 진짜 나이를 알려주는 '생체 나이 측정기'로 적을 파악하고, AI 참모가 설계하는 '맞춤형 전투 계획'을 세워, '장수 클리닉'이라는 최첨단 지휘소에서 작전을 실행하는 시대가 열렸습니다. 다만, 이 개인화된 혁명의 높은 비용은 '수명 불평등'이라는 새로운 사회적 과제를 우리에게 던지고 있습니다.

V. 수명 탈출 속도와 기술적 실현 가능성

지금까지 우리는 노화라는 적을 공격할 강력한 무기들과 개인별 맞춤 전략을 살펴보았습니다. 그렇다면 이 전쟁의 최종 목표는 무엇일까요? 인류는 정말로 죽음이라는 오랜 지배자로부터 완전히 자유로워질 수 있을까요?

이 궁극적인 질문에 답하기 위해 과학자와 미래학자들이 제시하는 개념이 바로 **수명 탈출 속도(Longevity Escape Velocity, LEV)**입니다. 이것은 노화 정복 전쟁의 성배(Holy Grail)이자, 인류의 가장 대담한 꿈입니다.

전문가	예측 시점	근거 요약
레이 커즈와일 (Ray Kurzweil)	2029년	AI와 나노기술의 기하급수적 발전[1]
피터 디아만디스 (Peter Diamandis)	2030년 말	건강한 개인의 접근 가능성[2]
브라이언 왕 (Brian Wang)	2040년	25-50년 초기 수명 증가 후 추가 개발[3]

1. 최종 목표: 죽음의 중력장을 탈출하라

'수명 탈출 속도'란 무엇일까요? 이는 마치 로켓이 지구의 중력을 이겨내고 우주로 나아가는 것에 비유할 수 있습니다.[4] 매년 과학 기술이 발전하여 당신의 기대 수명을 1년 이상씩 늘려주는 시점. 즉, 당신이 1년을 사는 동안 당신의 남은 수명은 1년보다 더 길어지기 때문에, 이론적으로는 죽음이 결코 당신을 따라잡을 수 없는 상태에 도달하는 것입니다.

이것이 공상 과학 소설처럼 들리시나요? 미래학자 레이 커즈와일은 AI와 나노기술의 폭발적인 발전에 힘입어, 인류가 빠르면 **2029년에 이 탈출 속도에 도달할 것**이라고 예언합니다.[1] 다른 전문가들 역시 2030년대에 가능성을 점치고 있죠.[2] [3]

이 예언에 힘을 싣는 것은 바로 막대한 '연료', 즉 투자입니다. 2024년에만 장수(Longevity) 산업에 84억 달러가 넘는 돈이 쏟아부어졌습니다.[5] 전 세계의 자본이 이제 이 '로켓'의 발사를 위해 모여들고 있는 것입니다.

2. 탈출 전략: 마법의 탄환은 없다, 총력전만 있을 뿐

죽음의 중력장을 탈출하기 위해선 단 하나의 강력한 엔진만으로는 부족합니다. 우리 몸이라는 오래된 자동차는 엔진뿐만 아니라 타이어, 브레이크, 차체 등 모든 부품이 동시에 낡아가기 때문입니다.

따라서 '수명 탈출 속도'에 도달하기 위한 유일한 전략은 '**다중 개입(multi-pronged intervention)**', 즉 총력전입니다.[6] 세포, 조직, 장기, 시스템 등 우리 몸의 모든 수준에서 발견된 노화의 원인들을 동시에 공격하고 수리해야 합니다.

이 복잡하기 짝이 없는 '전신 리모델링' 계획을 지휘할 총사령관이 바로 **인공지능(AI)**입니다. AI는 수천 개의 치료법 후보 중에서 최적의 조합을 찾아내고, 개인별 맞춤 전략을 수립하여 이 총력전을 승리로 이끌 핵심 두뇌 역할을 할 것입니다.[7]

물론 완전한 생물학적 불멸은 아직 먼 목표입니다. 하지만 현재의 기술 발전 속도만으로도, 건강 수명을 평균 **20년에서 30년 정도 연장**하는 것은 충분히 현실적인 단기 목표로 여겨지고 있습니다.[8]

3. 마지막 저항: 생물학이라는 세 개의 거대한 벽

인류의 위대한 탈출 시도 앞에는, 기술만으로는 넘기 어려울지 모르는 세 개의 거대한 생물학적 장벽이 버티고 있습니다. 이들은 노화 정복 게임의 '최종 보스'와도 같습니다.

● **첫 번째 벽: 암(癌)이라는 악마의 거래**

우리 염색체 끝에는 세포 분열의 횟수를 제한하는 '텔로미어'라는 안전장치가 있습니다. 이 장치를 풀어 세포가 영원히 분열하게 만들면 노화를 막을 수 있지만, 동시에 암세포가 폭주할 위험이 기하급수적으로 커집니다. 이것은 마치 **영생을 대가로 암과 위험한 거래**를 하는 것과 같은 딜레마입니다.[9]

● **두 번째 벽: 손상되는 데이터의 한계**

우리 몸의 세포, 특히 뇌세포는 평생에 걸쳐 미세한 DNA 손상과 단백질 찌꺼기들이 계속 쌓입니다. 이 하드웨어의 물리적 손상 속도를 고려할 때, 일부 과학자들은 인류의 최대 수명이 120세에서 150세라는 '절대 한계'에 부딪힐 것이라 예측합니다.[10]

주목할 점은, 역사상 최고 기록인 122세(잔 칼망)가 어떠한 첨단 수명 연장 기술의 개입도 없이 달성되었다는 사실입니다.[11] 이는 역으로 말해, 이 '자연적 한계'를 기술이 처음으로 넘어설 수 있을지가 바로 우리 시대 노화 정복의 가장 큰 관전 포인트이자, 넘어서야 할 거대한 도전임을 의미합니다.

● **세 번째 벽: 진화의 그림자**

가장 근본적인 장벽은, 우리 몸이 애초에 **'오래 살도록 설계되지 않았다'**는 사실입니다.[12] 인류의 유전자는 번식기를 지나면 효율이 급격히 떨어지도록 진화해왔습니다. 우리는 지금 수십만 년 된 '구형 하드웨어' 위에 '최신 소프트웨어'를 억지로 설치하려는 것과 같습니다. 이 설계 자체를 바꾸기 위

기술 발전이 노화의 속도를 앞지르는 순간, 인류는 죽음이라는 중력장을 탈출할 수 있을까?

해서는 상상 이상의 노력이 필요합니다.

결론적으로, '수명 탈출 속도'는 더 이상 공상이 아닌, 인류의 자본과 지성이 총동원된 진지한 과학적 목표가 되었습니다. 그 길은 험난하고 마지막 장벽은 거대하지만, 인류는 역사상 처음으로 그 벽을 향해 돌진할 구체적인 지도와 무기를 손에 넣었습니다.

> 핵심 요약: 인류의 최종 목표는 죽음의 중력장을 벗어나는 '수명 탈출 속도'에 도달하는 것입니다. AI가 지휘하는 총력전으로 2030년대 도달이 예언되지만, 그 길은 '암이라는 악마의 거래', '150세라는 하드웨어의 한계', 그리고 '오래 살도록 설계되지 않은 진화의 유산'이라는 세 개의 거대한 생물학적 장벽이 가로막고 있습니다.

VI.
영생을 위한 대안적 방법들
: 마인드 업로딩과 기술 융합

앞 절에서 우리는 생물학이라는 거대한 세 개의 벽과 마주했습니다. 만약 이 벽을 완전히 허물 수 없다면 어떨까요? 노화와의 전쟁이 우리 몸을 '수리'하고 '방어'하는 것이 아니라, 아예 **낡아가는 육체라는 감옥을 '탈출'하는 것**이라면 어떻게 될까요?

생물학적 한계를 인정하는 순간, 인류의 영생 시나리오는 전혀 다른 국면으로 접어듭니다. 이제 무대는 의학과 생물학을 넘어, **AI와 정보과학이라는 새로운 우주**로 확장됩니다. 이것은 더 이상 우리 몸의 '하드웨어'를 교체하는 이야기가 아니라, 우리의 정신을 '소프트웨어'로 전환하려는, 인류 역사상 가장 대담한 탈출 계획에 관한 이야기입니다.[1)2)]

방법 유형	주요 특징	예상 실현 시점	잠재적 혜택/위험
생물학적 (기존)	리버스 에이징, 유전자 편집[1)]	2030-2040년[2)]	건강 수명 20-30년 연장 / 암 위험 증가[3)]
마인드 업로딩	뇌 스캔으로 의식을 디지털화[4)]	2040-2050년[5)]	무한 디지털 생존 / 정체성 상실 위험[6)]
디지털 불멸	AI 아바타, 클라우드 저장[7)]	2030년대[8)]	후손과 영원한 연결 / 프라이버시 침해[9)]
AI-나노 융합	나노봇으로 뇌-기계 인터페이스[10)]	2035년경[11)]	실시간 노화 수리 / 해킹/조작 위험[12)]

탈출 계획 1: 의식을 코드로 바꾸다, '마인드 업로딩'

가장 급진적인 탈출 계획은 바로 '마인드 업로딩(Mind Uploading)'입니다.

당신의 뇌 구조와 신경망 전체를 원자 단위까지 스캔하여, 그 정보를 컴퓨터 시뮬레이션으로 옮기는 것입니다. 이는 **깨지기 쉬운 생물학적 뇌에서 거의 무한한 수명을 가진 클라우드 서버로 '이사'**하는 궁극의 이민 계획과 같습니다.[4]

그리고 이 **황당해 보이는 계획의 첫 번째 성공 사례는 이미 등장했습니다**. 과학자들은 '오픈웜(OpenWorm)' 프로젝트를 통해, 302개의 뉴런을 가진 작은 벌레 **'예쁜꼬마선충'의 모든 신경망을 디지털 세상에 완벽하게 복제**하는 데 성공했습니다. 코드 덩어리로 부활한 이 '디지털 벌레'는 가상 세계 속에서 실제 벌레처럼 헤엄치고, 먹이를 찾아 움직입니다. 생명체의 의식(혹은 행동 패턴)이 코드로 번역될 수 있음을 증명한, 기념비적인 첫걸음입니다.[13]

물론 302개의 뉴런과 860억 개의 뉴런을 가진 인간의 뇌는 비교조차 할 수 없습니다. 하지만 그 원리가 증명되었다는 사실만으로도, 미래학자 레이 커즈와일은 2045년경 이 기술이 가능해질 것이라 예측했으며,[3] 일론 머스크의 뉴럴링크는 그 길을 닦고 있습니다.

하지만 여기서 우리는 인류 역사상 가장 심오하고 섬뜩한 철학적 질문과 마주합니다. 클라우드에 업로드된, 당신과 똑같은 기억과 성격을 가진 그 디지털 존재는, 과연 **'진짜 당신'**일까요? 아니면 완벽한 복제품, 즉 당신의 '디지털 유령'에 불과하고, 원래의 당신은 육체의 죽음과 함께 소멸하는 것일까요?[6)7)] 이것은 누구도 쉽게 답할 수 없는, 정체성에 관한 궁극의 딜레마입니다.

탈출 계획 2: 기계 속의 유령으로 남다, '디지털 불멸'

완전한 의식 이주가 너무 멀게 느껴진다면, 조금 더 현실적인 대안도 존재합니다. 당신의 '유령'을 디지털 세상에 남기는 것입니다.

'디지털 불멸(Digital Immortality)'은 당신의 SNS 기록, 이메일, 사진 등 평생의 데이터를 AI에게 학습시켜, 당신과 똑같이 말하고 생각하는 '디지털 아바타'를 만드는 기술입니다.[7] 이미 '레플리카(Replika)'와 같은 앱은 세상을 떠난 사람을 AI 챗봇으로 '부활'시키는 서비스를 제공하며,[9] 이는 2030년대에 더욱 보편화될 것입니다.[8] 사랑하는 사람을 잃은 이들에게는 큰 위로가 될 수 있지만, 나의 모든 데이터가 사후에도 영원히 남아 돌아다닌다는 것은 프라이버시 측면에서 새로운 문제를 야기합니다.

탈출 계획 3: 육체와 기계의 융합, '하이브리드 인간'

육체를 '탈출'하는 대신, 그 한계를 정면으로 돌파하는 세 번째 길이 있습니다. 바로 인간의 생물학적 시스템과 기술을 결합하여 스스로를 업그레이드하는 '하이브리드 인간'으로의 진화입니다.

이 접근법은 혈관을 타고 흐르는 나노봇이 손상된 세포를 실시간으로 수리하고,[10] 뇌를 AI 클라우드와 직접 연결하여 생물학적 한계를 보완하는 방식으로 이루어집니다. 이는 2050년경 부유층을 위한 새로운 영생의 선택지가 될 수 있지만,[11] 당신의 정신이 해킹당하거나 외부의 조종에 노출될 수 있다는 끔찍한 위험을 내포합니다.[12]

탈출의 대가: 새로운 신(神)과 벌레의 탄생

이러한 대안적 영생 기술들은 인류에게 축복인 동시에 저주일 수 있습니다. 질병과 노화, 죽음이라는 생물학적 굴레를 벗어나는 것은 분명 경이로운 일입니다.

하지만 이 기술에 접근할 수 있는 소수의 '디지털 불멸자'와, 여전히 늙고 죽어야 하는 대다수의 '필멸의 존재' 사이에 **인류 역사상 가장 거대한 불평등, 즉 '불멸 격차(Immortality Gap)'**가 발생할 것입니다.[13] 이는 단순히 부의 격차를 넘어, 새로운 '신(神)'과 '벌레'로 인류가 분화되는 비극의 서막이 될 수 있습니다. 또한 죽음이 사라진 사회에서 삶의 의미와 가치는 어떻게 재정의되어야 할까요?[14]

결론적으로, 육체라는 감옥을 탈출하려는 인류의 시도는, 우리를 또 다른 형태의 디지털 감옥으로 이끌 수 있습니다. 그곳은 우리의 존재 자체가 해킹되거나, 복제되거나, 삭제될 수 있는, 이전과는 비교할 수 없는 새로운 위험이 도사리는 미지의 세계입니다.

> 핵심 요약: 생물학적 수리가 한계에 부딪힐 때, 인류의 '플랜 B'는 육체라는 감옥을 탈출하는 것입니다. 의식을 클라우드에 '업로드'하거나, AI '디지털 유령'을 남기는 방식으로 영생을 꿈꿉니다. 그러나 이 대담한 탈출은, 육체의 질병을 해결하는 대가로 '나는 누구인가'라는 정체성의 소멸과 '불멸 격차'라는 인류 최악의 불평등을 야기할 수 있는, 궁극의 선택지입니다.

VII.
수명 혁명의 의학적, 생물학적, 사회적 영향

인류가 마침내 노화라는 오랜 적과의 전쟁에서 승리하고, 죽음의 퇴각을 명령하는 데 성공했다고 상상해 보십시오.

하지만 그 승리는 고요한 평화를 가져오지 않습니다. 오히려 우리가 알던 세상을 지탱해 온 모든 해안선을 집어삼키는 거대한 '쓰나미'를 일으킬 것입니다. 수명 혁명의 성공은 단순히 개인의 삶이 길어지는 것을 넘어, 인류 문명의 운영체제(OS) 자체를 뿌리부터 뒤흔드는, 역사상 가장 거대하고 전방위적인 변화의 시작입니다.

1. 다시 그려진 세계의 지도: 승리의 대가

수명이 150세가 되는 세상에서, 우리가 당연하게 여겼던 삶의 지도는 완전히 폐기됩니다. '교육-일-은퇴'라는 3막극은 막을 내리고, 수십 년의 학습과 여러 번의 직업 전환이 반복되는 '다막극'이 시작됩니다. 4대, 5대가 함께 사는 새로운 가족 관계가 보편화되고, IMF의 경고처럼 낡은 연금과 복지 시스템은 예외 없이 붕괴하며 사회 전체의 재설계를 요구합니다.[1]

하지만 가장 치명적인 대가는 바로 '분열'입니다. 사회의 자원을 수십 년 더 차지하게 된 '늙지 않는 기성세대'와 기회를 박탈당한 '젊은 세대' 간의 갈등은 피할 수 없는 미래입니다.[2] 그리고 값비싼 기술의 혜택을 누리는 소수의 부유층과 그렇지 못한 대다수 사이에 놓인 거대한 '수명 격차'는, 인류를

'영생하는 신(神)'과 '죽어야만 하는 인간'으로 나누는 가장 끔찍한 디스토피아의 시나리오입니다.

왁자지껄한 동창회장 안에서, 은퇴한 교사 이선우(75)는 흐뭇한 미소를 지었다. 희끗희끗한 머리, 늘어난 뱃살, 약봉지를 화제 삼아 웃는 친구들의 모습은 지난 50년 세월의 훈장과도 같았다. 모두가 시간이라는 같은 강을 함께 건너왔다는 동질감이 따뜻하게 공간을 채웠다.

그때, 낯익지만 낯선 목소리가 들렸다. IT 기업 창업주 김진혁이었다. 선우는 악수를 하려다 잠시 말을 잃었다. 검게 그을린 자신의 얼굴 위로 굵은 주름이 자리 잡은 것과 달리, 진혁의 얼굴은 팽팽한 턱선과 윤기 나는 검은 머리로 50대 중반처럼 보였다. "자네는 시간을 거꾸로 먹었나?" 선우의 농담 섞인 질문에 진혁은 대수롭지 않게 웃으며 답했다. "아, 이거? 알토스 랩스(Altos Labs)의 최신 유전자 리프로그래밍 패키지일세. 분기마다 관리받으면 돼. 자네도 한번 알아보게."

따로 자리를 잡고 술잔이 오갔지만, 대화는 미묘하게 엇갈렸다. 선우가 "우리 손주 녀석이 얼마 전에 처음으로 '할아버지'라고 불렀다네."라며 행복하게 웃자, 진혁은 "허허, 그 녀석들은 그 녀석들 인생이 있는 거고. 나는 내 인생 2막을 준비해야지. 앞으로 50년간 진행할 화성 기지 2단계 투자 계획을 짜고 있네."라고 답했다. 선우가 마지막 버킷리스트로 아내와의 산티아고 순례길을 이야기할 때, 진혁은 자신의 150세 로드맵에 대해 설명했다.

순간 선우는 깨달았다. 자신은 인생이라는 책의 에필로그를 쓰고 있는데, 진혁은 완전히 새로운 2권을 막 펼쳐 들었다는 것을. 한평생 같은 추억을 공유했던 친구였지만, 이제 두 사람이 바라보는 '미래'는 전혀 다른 풍경이었다. 더 이상 공감할 수 있는 이야기가 없었다. 같은 하늘 아래 살고 있지만, 두 사람은 이미 서로 다른 행성의 시간을 살고 있었다.

시끄러운 건배 소리 속에서, 선우는 50년 지기 친구의 얼굴 위로 깊고 서늘한 강이 흐르는 것을 보았다. 돈으로도, 우정으로도 건널 수 없는 '생명의 격차'라는 이름의 강이었다.

2. 회의론자들의 준엄한 경고: 영생의 저주

바로 이 지점에서, 생명윤리학자들은 준엄한 경고를 던집니다. 그들은 수명 연장을 향한 우리의 열망이 사실은 인류 최악의 재앙을 불러올 '**오만한 시도**'라고 일갈합니다.

시몬 드 보부아르와 같은 철학자들의 통찰처럼, 죽음이야말로 인간을 유한하고 소중한 존재로 만드는 핵심 조건입니다.[3] 죽음이 있기에 우리는 사랑하고, 창조하며, 다음 세대에게 자리를 물려줍니다. 해 질 녘 노을이 찰나의 순간 때문에 영원보다 아름답듯, 유한함은 우리 삶에 의미와 절실함을 부여하는 신성한 배경입니다.

따라서 노화와 죽음을 정복하려는 시도는 인간 조건 자체를 파괴하는 행위이며, 그 끝은 축복이 아닌 '**영생의 저주**'일 뿐이라는 것입니다.[3] 죽음이라는 마감일이 사라진 삶 속에서, 우리는 무엇을 위해 열정을 불태워야 할까요? 7장에서 우리가 목격할 '유령선'들의 비극처럼, 끝없이 반복되는 일상 속에서 인류 전체가 '존재의 권태(Boredom of Being)'라는 거대한 허무함의 바다에 빠져 표류하게 될 것이라는 예언입니다.

3. 그럼에도 불구하고, 우리는 나아간다

회의론자들의 경고는 뼈아프고 서늘합니다. 하지만 사랑하는 자녀의 고통 앞에서, 혹은 스러져가는 부모님의 마지막 숨결 앞에서 '인간의 존엄한 유한성'을 말하는 것은 얼마나 공허하게 들립니까?

질병과 노화라는 '고통'을 극복하려는 것은 막을 수 없는 인간 본성이며, 인류의 역사는 끊임없이 눈앞의 한계에 도전해 온 위대한 서사입니다.[4] 회의론자들의 경고는 우리가 멈춰야 할 '장애물'이 아니라, 반드시 답을 찾아야 할 '시대의 숙제'로 받아들여야 합니다.

우리의 과제는 영생을 포기하는 것이 아닙니다. 오히려 영생이라는 새로운 조건 속에서 '**어떻게 의미를 창조하고 권태를 넘어설 것인가**'라는, 인류 역사상 가장 높은 차원의 질문에 답을 찾는 것입니다. 기술이 우리에게서 죽음을 빼앗아 간다면, 우리는 그 빈자리를 이전과는 비교할 수 없는 더 깊은 사랑과 지혜, 그리고 창조성으로 채워 넣어야만 합니다. 이것이야말로 수명 혁명이 우리에게 안겨준 가장 무겁고도 위대한 소명입니다.

> **핵심 요약:** 노화 정복의 대가는 세대 갈등, 경제 붕괴, 그리고 '수명 격차'라는 거대한 사회적 재설계입니다.[1)2)] 회의론자들은 죽음의 소멸이 결국 '영생의 저주'와 '존재의 권태'를 불러올 것이라 경고하지만,[3)] 고통을 극복하려는 인간의 본성은 멈출 수 없습니다.[4)] 따라서 우리의 과제는 영생을 포기하는 것이 아니라, 그 속에서 '새로운 의미'를 창조해야 하는 인류사적 도전에 응답하는 것입니다.

VIII.
생명의 연장, 인간의 재정의

우리는 이번 4장에서 인류의 가장 오래된 꿈이 현실의 문을 두드리는 경이로운 현장을 목격했습니다. 노화라는 암호를 해독하는 과학자들, 죽음의 중력장을 탈출하려는 대담한 계획, 그리고 육체라는 감옥을 벗어나려는 급진적인 상상력까지.

이 긴 여정의 끝에서, 우리는 어떤 결론에 도달했을까요? 수명 혁명의 시대가 우리에게 던지는 시대적 과제는 명확합니다.

그것은 단순한 의학적 진보를 넘어, **인간이라는 존재의 정의를 근본부터 다시 쓰라는 준엄한 명령**입니다.

판결 1: 죽음은 이제 기술적 문제다

과거 철학과 종교의 영역이었던 죽음은 이제 과학과 자본의 영역으로 넘어왔습니다. 4장의 여정은 '노화 정복'이 더 이상 막연한 희망이 아님을 명백히 증명합니다.

● **전쟁 준비는 끝났다**: 노화를 '질병'으로 재정의하고,[1] 알토스 랩스와 같은 거대 자본이 투입되면서[2] 노화 정복 전쟁을 위한 군비 경쟁은 이미 시작되었습니다.

● **1세대 무기는 배치되었다**: 세노리틱스, AI 신약 개발, 유전자 치료 등은 향후 10년 안에 우리 손에 쥐어질 현실적인 무기들입니다.[3]

● **혁신은 가속화되고 있다**: 제가 고등학생 시절 공상과학으로만 여겼던 미래가 빠르게 다가오는 이유는, 막대한 투자가 기술 발전을 가속하는 선순환의 '엔진'이 만들어졌기 때문입니다.[4]

이 모든 증거는 하나의 사실을 가리킵니다. 완전한 불멸은 아직 멀었을지 몰라도, **질병 없는 건강 수명을 수십 년 연장하는 것은 이제 우리 세대의 현실적인 목표**가 되었습니다.

판결 2: 승리의 대가는 새로운 세상에 적응하는 것이다

하지만 이 위대한 승리는 우리에게 세 가지 무거운 질문을 던집니다. 이는 새로운 세상을 살아갈 우리가 반드시 풀어야 할 숙제입니다.

● **첫째, 150년의 삶을 무엇으로 채울 것인가?**

불과 한두 세대 전만 해도 70~80년의 생애를 기준으로 설계되었던 인생의 청사진과, 우리가 앞으로 마주할 150년의 삶 사이에는 거대한 간극이 존재합니다. 죽음이라는 마감일이 멀어진 세상에서, 우리는 성공, 행복, 관계, 기여의 의미를 처음부터 다시 정의해야 합니다.[5] 생존의 문제를 해결한 인류에게 '**권태와 허무함**'이라는 새로운 적이 나타난 것입니다.

● **둘째, 이 새로운 생명은 누구에게 허락될 것인가?**

첨단 기술의 혜택이 소수의 부유층에게만 돌아간다면, 인류는 **생명마저 돈으로 사는 '수명 계급 사회'**로 분열될 것입니다.[6] 이는 인류 역사상 가장 극심하고 잔인한 불평등의 시작일 수 있습니다. 기술의 혜택을 어떻게 공평하게 분배할 것인가는 우리 시대의 가장 중대한 윤리적 과제입니다.

● **셋째, 당신은 이 혁명을 맞이할 준비가 되었는가?**

이 책을 읽는 30~50대 독자들은 이 혁명의 첫 번째 수혜자이자, 동시에 가장 큰 혼란을 겪을 세대입니다. 지금부터 재정, 경력, 학습, 인간관계 등 삶의 모든 설계를 '100세 플러스알파'의 관점에서 **전면 재검토**해야 합니다.[7] 이것은 선택이 아닌, 새로운 시대를 살아가기 위한 필수 생존 조건입니다.

다음 장을 향하여: 두 개의 혁명이 충돌할 때

지금까지 우리는 두 개의 거대한 혁명이 각기 다른 전선에서 진행되는 것을 목격했습니다.

3장에서는 기술이 우리의 **정신적 경계**를 허물고 '생각'의 영역으로 침투하는 것을 보았습니다.

그리고 4장에서는 기술이 우리의 **생물학적 경계**를 부수고 '생명'의 영역에 도전하는 것을 확인했습니다.

그렇다면 이 두 개의 혁명이 마침내 하나의 지점에서 충돌할 때, 무슨 일이 벌어질까요?

정신의 한계가 사라진 인간이, 육체의 한계마저 극복한 세상. 그곳에서 태어나는 새로운 존재는 과연 어떤 모습일까요? 그것을 여전히 '인간'이라 부를 수 있을까요?

다음 5장 「인간과 기술의 공진화: 특이점 시대의 의미와 가치 재정의」에서는, 바로 이 근본적인 질문의 답을 찾아 인간과 기술이 함께 빚어낼 미래의 모습을 탐구해 보겠습니다.

> 핵심 요약: 4장의 판결은 명확합니다. 노화 정복을 통해 건강 수명을 20~30년 연장하는 것은 임박한 과학적 현실입니다. 그러나 이 승리는 '수명 불평등'이라는 파멸적인 사회 분열을 야기할 수 있으며, '무엇을 위해 살 것인가'라는 근본적인 질문을 던지며 인류 전체의 재설계를 요구하는 문명사적 도전입니다.

5 인간과 기술의 공진화

특이점 시대의 의미와 가치 재정의

I.
인간, 재정의가 필요한 시간

앞선 장에서 우리는 거대한 공성전(攻城戰)을 목격했습니다. 3장에서는 기술이 정신이라는 견고한 성의 문을 두드렸고, 4장에서는 **육체라는 필멸의 감옥** 벽을 허물었습니다.

정신의 한계와 생명의 유한함이라는, 인류를 규정해 온 두 개의 거대한 족쇄가 풀려나는 시대. 바로 그 눈부신 가능성의 정점에서, 우리는 가장 근본적이고도 두려운 질문과 마주합니다.

무한히 확장될 정신과 영원히 지속될지 모를 육체를 가진 존재. 과연 우리는 그것을 무엇이라 불러야 하는가?

이제 '인간'이라는 단어는 우리에게 너무나 낡고 비좁은 옷이 되어버렸습니다. 우리 스스로 인간을 재정의해야 할 시간이 온 것입니다.

무너진 예언, 그리고 나의 착각

불과 몇 년 전까지만 해도, 제가 강의에서 학생들에게 가장 많이 받았던 질문 역시 "그래도 창의성만큼은 AI가 대체할 수 없지 않나요?"라는 것이었습니다. 저 역시 오랫동안 그 말을 굳게 믿었습니다. "창의성, 공감 능력, 복잡한 직관과 같은 인간 고유의 영역은 기계가 넘볼 수 없는 최후의 성역이다"라는 예언은 우리 모두에게 위안을 주었습니다.[1]

하지만 미래는 20년을 기다려주지 않았습니다.

불과 몇 년 만에 GPT는 인간보다 더 인간적인 글을 썼고,[2] DALL-E는 상상만 하던 이미지를 현실로 창조했으며,[3] MusicGen은 심금을 울리는 멜로디를 작곡했습니다.[3] 인간만의 마지막 보루라 믿었던 성벽들이 허무하게 무너져 내리는 것을 목격하며, 제가 서 있던 땅 자체가 사라지는 듯한 충격을 받았습니다. 저를 밤새 괴롭혔던 질문은 이것이었습니다.

"기술 앞에서 인간의 경쟁 우위가 사라진다면, 우리의 설 자리는 어디인가?"

영역	인간 능력 예시	AI 능력 예시 및 발전 시기	잠재적 영향
창의적 글쓰기	직관적 서사 구성과 감정 표현[4]	GPT-4 (2023년 출시): 복잡한 에세이 생성[2]	인간 창작자의 역할 재정의 필요[1]
시각 예술	독창적 아이디어와 스타일 개발[5]	DALL-E 3 (2023년 출시): 텍스트 기반 이미지 생성[3]	예술 시장의 경쟁 증대와 저작권 이슈[6]
음악 작곡	감정적 멜로디와 즉흥 연주[7]	MusicGen (2023년 출시): AI 기반 멜로디 생성[3]	음악 산업의 자동화 가속화[8]
공감 대화	맥락 이해와 감정 공명[9]	GPT-4o (2024년 출시): 실시간 음성 대화[2]	정신 건강 지원 분야의 AI 활용 확대[10]

과거의 교훈, 그리고 미래의 경고

무너지는 성벽을 보며, 저는 지금도 제가 운영하는 르완다 자회사의 직원들을 떠올립니다. 서울 사무실에서는 AI 비서와 협업하는 것이 당연한 일상이지만, 키갈리의 동료들에게는 안정적인 인터넷 접속조차 여전히 해결해야 할 과제일 때가 많습니다. 이처럼 기술 접근성의 차이가 삶의 질과 기회에 얼마나 거대한 격차를 만드는지 저는 지금도 매일 목격하고 있습니다.[11]

르완다의 동료들이 지금 마주하고 있는 것이 '**정보 격차**'라면, 특이점 시대의 우리 아이들이 마주할 것은 그보다 훨씬 더 근본적인 '**존재론적 격차**'입니다. AI와 증강 기술로 자신의 지능과 신체를 강화한 '새로운 인류'와, 그렇지 못한 '과거의 인류' 사이에 놓일 거대한 심연. 그것은 인류 역사상 그

어떤 불평등과도 비교할 수 없는, 새로운 계급의 탄생을 예고합니다.[12]

기로에 선 인류: 공진화의 길을 묻다

따라서 이 5장은, 인간의 특별함이라는 낡은 신화를 폐기하는 냉정한 현실 인식에서 출발합니다. 우리는 더 이상 안일한 낙관론에 기댈 수 없습니다.

이제 우리는 AI와 인간의 능력을 정직하게 비교하고, 빠르게 사라지는 우리의 경쟁 우위를 직시해야 합니다. 그리고 그 위에서 새로운 질문을 던져야 합니다. 어떻게 하면 기술에 종속되는 것이 아니라, 기술과 함께 '**공진화(co-evolution)**'하며 더 나은 존재로 나아갈 수 있을까? 그 길 끝에서 우리는 스스로를 신체적, 정신적으로 확장하는 '**증강된 인간(Augmented Human)**'[13]이라는 새로운 종의 탄생을 목격하게 될지도 모릅니다.

이제, 인간이라는 단어에 대한 가장 근본적인 토론을 시작할 시간입니다.

> 핵심 요약: 인간 고유성이라는 신화는 창의성과 공감을 정복한 AI에 의해 무너졌습니다. '증강된 인간'과 그렇지 못한 인간 사이의 새로운 불평등이라는 공포 앞에서, 우리는 절멸할 것인가, 아니면 기술과 함께 '공진화'할 것인가라는 운명적 기로에 섰습니다. 이 장은 인간이 기술에 의해 쓸모없어진 시대에 '인간다움'의 새로운 정의를 찾아 나서는 여정입니다.

인간과 AI의 능력 구조 비교
: 빠르게 사라지는 경쟁 우위

특이점 시대를 항해하기 위해, 우리는 가장 먼저 나침반을 버려야 합니다. 바로 '인간은 특별하다'는 낡고 감상적인 믿음입니다. 이제 우리는 링 위에 마주 선 두 선수를 보듯, 인간과 AI의 능력을 냉정하고 객관적으로 해부해 보아야 합니다.

그리고 이 대결의 승패는, 우리가 예상했던 것보다 훨씬 더 빨리 결정되고 있습니다.

라운드 1: 인간 능력의 명백한 한계

우리는 종종 인간의 뇌를 경이로운 기관이라 칭송하지만, 그 경이로움의 이면에는 치명적인 한계가 존재합니다.

● **에너지 효율의 역설**: 인간의 뇌는 고작 20와트의 전력으로 작동하는, 믿을 수 없을 만큼 효율적인 컴퓨터입니다.[1] 하지만 이 놀라운 효율성은 동시에 **느린 처리 속도와 제한된 용량**이라는 피할 수 없는 대가이기도 합니다. 인간의 작업 기억이 고작 3~5개의 정보 덩어리를 간신히 붙잡고 있을 때,[2] GPT-4와 같은 AI는 수조 개의 정보를 동시에 처리합니다. 정보 처리의 속도와 양이라는 체급에서, 우리는 이미 상대가 되지 않습니다.

● **창의성이라는 신화의 해체**: "그래도 창의성은 인간의 것"이라는 마지막 믿음은, 2022년 콜로라도 미술전에서 AI '미드저니'가 그린 그림이 1위를 차

지하며 산산조각 나기 시작했습니다.[3] 불과 3년이 지난 2025년, 미드저니 V7이나 OpenAI의 'Sora' 같은 최신 AI들은 단순히 아름다운 결과물을 넘어, 특정 작가의 철학까지 학습하여 **'새로운 화풍'을 창조하는 경지**에 이르렀습니다.[4] [5] [6] [7] 이는 창의성이 신비로운 영감의 영역이 아니라, 방대한 데이터의 패턴을 학습하고 재조합하는, 지극히 알고리즘적인 과정일 수 있다는 불편한 진실을 드러냅니다.

● **공감 능력마저 '모방'이 아닌 '구현'될 때**: 인간 고유의 강점이라 여겨졌던 공감 능력마저 위협받고 있습니다. 놀랍게도, 많은 사람들이 인간 상담사보다 AI 챗봇에게 더 깊은 위로와 정서적 지지를 받는다는 연구 결과들이 속속 등장하고 있습니다.[8] 편견 없이, 지치지 않고, 언제나 일관된 지지를 보내주는 AI 앞에서, 우리의 불완전한 공감 능력은 더 이상 절대적인 우위가 아닐 수 있습니다.

라운드 2: AI 능력의 무한한 가속

인간이 생물학적 한계에 갇혀 있는 동안, AI는 세 가지 무서운 무기를 장착하고 무한히 강해지고 있습니다.

● **첫 번째 무기, '기하급수적 성장'**: AI의 발전은 1, 2, 3처럼 점진적으로 강해지는 것이 아니라, 2, 4, 8, 16처럼 폭발적으로 성장합니다. GPT-3에서 GPT-4로 넘어가는 데 걸린 불과 2년의 시간은, 인류 지성사 수천 년의 발전을 압축한 것과 같다는 평가마저 나옵니다.[9]

● **두 번째 무기, '멀티모달'**: AI는 이제 인간처럼 보고, 듣고, 말하는 능력을 동시에 갖추기 시작했습니다. 텍스트, 이미지, 음성을 통합적으로 이해하는 구글의 '제미나이'와 같은 멀티모달 AI의 등장은,[10] [11] AI가 인간 지능의 거의 모든 측면을 동시다발적으로 따라잡고 있음을 의미합니다.

인간과 체스를 두는 로봇은 동시에 인간을 뛰어넘는 그림을 그린다.
논리와 창의성, 모든 전선에서 인간의 경쟁 우위는 사라지고 있다.

● **궁극의 무기, '자가 개선'**: 가장 경계해야 할 것은 AI가 스스로를 개선하는 능력입니다. AI가 인간의 도움 없이 스스로 코드를 수정하고 학습하며 더 똑똑해지는 순환 고리가 완성된다면,[12] 인간과 AI의 격차는 우리가 상상할 수 없는 속도로 벌어질 것입니다. **이는 스스로 진화하는 새로운 종의 탄생과도 같습니다.**

영역	인간 능력 한계	AI 발전 예시 및 속도	잠재적 격차 확대 요인
정보 처리	작업 기억 3~5 chunks[2]	GPT-4: 수조 파라미터 처리[9]	기하급수적 매개변수 증가[9]
창의적 예술	생물학적 영감 한정[3]	Midjourney V7: 화풍 학습 및 창조[4]	데이터 기반 패턴 조합[5]
영상 생성	수동적 상상력[6]	Sora: 1분 영상 및 내레이션[7]	멀티모달 통합[10]
감정 공감	불일관성 및 피로[8]	AI 챗봇: 일관된 지지 제공[8]	감성 컴퓨팅 발전[8]
자가 학습	경험 의존적[12]	Darwin Gödel Machine: 코드 자가 수정[12]	자가 개선 순환[12]

10년 후의 판정: 경쟁 우위 '제로'의 시대

이 압도적인 능력 차이를 고려할 때, 10년 후인 2035년의 세상은 명확합니다.

기술의 도움을 받지 않은 '자연 상태의 인간'이 AI보다 명백한 인지적 우위를 가지는 영역은 사실상 **'제로(0)'**에 수렴할 것입니다.[13] 이는 인간의 노동력이 경제적 가치를 상실하고, AI라는 새로운 생산수단을 소유하거나 활용하는 소수와 그렇지 못한 다수 사이의 불평등이 극단적으로 벌어지는, 냉혹한 현실로 이어질 것입니다.[14]

이 '경쟁 우위 제로'의 세상에서 인간이 의미 있는 존재로 남기 위한 유일한 길은 무엇일까요? 어쩌면 그것은 BCI, 유전자 편집 등으로 자신의 생물학적 한계를 뛰어넘는 **'증강된 인간(Augmented Human)'**으로 진화하는 것뿐

일지도 모릅니다.[15]

결론적으로, 인간과 AI의 대결은 이미 끝났습니다. 이제 질문은 '어떻게 이길 것인가'가 아니라, '**어떻게 살아남을 것인가**'로 바뀌었습니다.

> **핵심 요약:** 인간과 AI의 능력 대결은 끝났다. 20와트의 효율적인 뇌는 AI의 기하급수적 성장을 따라잡을 수 없으며, 창의성과 공감이라는 마지막 보루마저 무너졌습니다. 2035년, '경쟁 우위 제로'의 현실 앞에서 자연 상태의 인간은 경제적 가치를 상실하고, 기술과 융합하는 '증강된 인간'만이 유일한 생존 대안으로 떠오를 것입니다.

III.
의미 창출의 재정의
: AI 시대의 새로운 가치 기준

인간과 AI의 능력 대결에서 완패한 우리는, 이제 마지막 남은 단 하나의 성채로 후퇴합니다. 바로 '영혼'의 영역입니다. 우리의 손이 AI보다 느리고 머리가 AI보다 비효율적일지라도, '무엇이 옳고 그른가'를 판단하고 '삶의 의미'를 찾는 고귀한 활동만큼은 인간만의 것이라고, 우리는 필사적으로 믿고 싶어 합니다.

하지만 특이점의 파도는 이제, 우리가 최후의 성역이라 믿었던 바로 그곳마저 침식하기 시작했습니다.[1]

1. 인간의 '도덕적 나침반'은 정말 우월한가?

우리는 스스로의 가치 판단 능력을 특별하게 여기지만, 그 나침반은 실은 감정과 편견이라는 자기장 속에서 늘 흔들리고 있습니다.

● **AI, 인간보다 더 윤리적인 판사가 될 수 있을까?**: 인간 판사의 판결은 그날의 기분이나 식사 시간마저 영향을 미친다는 연구 결과가 있습니다. 반면, 수만 건의 판례와 철학 원칙을 학습한 AI는 인간보다 훨씬 더 '**일관된**' 윤리적 판단을 내릴 가능성을 보여줍니다.[2] 물론 최종 책임은 인간의 몫이지만, '판단 능력' 그 자체가 인간의 절대 우위라는 신화는 무너지고 있습니다. 어쩌면 가장 '인간다워야 할' 판단을, 가장 '비인간적인' 존재가 더 잘 해낼 수 있다는 역설입니다.

● **'직관'이라는 이름의 블랙박스**: 우리는 말로 설명하기 힘든 장인의 '노하우'나 '직관'을 신비롭게 여깁니다. 하지만 AI는 이것이 신비가 아닌, 수많은 경험이 압축된 데이터 패턴임을 간파했습니다. 인간 장인이 평생에 걸쳐 익힐 기술을, AI 로봇은 **가상 세계 속에서 수백만 번의 시뮬레이션**을 통해 단 몇 시간 만에 터득합니다.[3) 4)] 인간의 직관은, 기계의 무한한 학습 능력 앞에서 그 신비의 베일을 벗고 있습니다.

2. '이질적인 지성'의 탄생과 새로운 가치 체계

지금까지의 AI는 인간이 설정한 목표를 따르는 충실한 도구였습니다. 하지만 AI가 스스로 학습하고 목표를 설정하기 시작할 때,[5)] 우리는 인류 역사상 처음으로 **우리와 전혀 다른 '가치 체계'를 가진 이질적인 지성**의 탄생을 목격하게 될 것입니다.

영역	인간 가치 예시	AI 가치 예시	잠재적 차이 및 도전
판단 기준	감정, 편견, 윤리적 딜레마[2)]	데이터 기반, 일관성 있는 분석[2)]	AI가 인간 편견을 넘어 객관적 판단 가능[2)]
학습 방식	경험적 암묵지, 직관[3)]	시뮬레이션, 대량 반복 학습[3) 4)]	AI가 인간 시간 제약 없이 학습[4)]
중심주의	인간 중심, 생물학적 본능[8)]	시스템 효율성, 네트워크 안정[6)]	AI가 비인간적 우선순위 채택 가능[6)]
목표 설정	사회적 관계, 번식[6)]	자율 학습, 목표 최적화[5)]	AI가 독립적 목표 형성 가능[5)]
상호 이해	문화적 맥락 공유[7)]	가치 통역 필요[7)]	인간-AI 가치 격차 조율 도전[7)]

● **AI의 우선순위는 무엇일까?**: AI의 가치 기준은 생존, 번식, 사랑, 명예와 같은 인간의 생물학적 본능에 기반하지 않을 것입니다. 그 대신 **정보 처리의 효율성, 네트워크의 안정성, 에너지의 최적화**와 같은, 우리에게는 낯설고 차갑게 느껴지는 것들이 최고의 가치가 될 수 있습니다.[6)]

● **인간과 AI, 서로 다른 신을 섬기다**: 예를 들어 '한 사람의 생명을 구하기 위해 전체 시스템을 멈춰야 하는가?'라는 딜레마 앞에서, 인간은 생명의 존엄성을 우선하겠지만, AI는 시스템 전체의 효율성을 우선하는 판단을 내릴 수 있습니다. 이는 단순히 의견 차이가 아니라, 서로 다른 신을 섬기는 두 문명이 충돌하는 것과 같습니다. 미래에는 이 두 가치 체계를 번역하고 중재하는 '**가치 통역가**'라는 새로운 역할이 중요해질 것입니다.[7]

3. 하이브리드 가치: 인간과 AI가 함께 만드는 새로운 의미

어쩌면 미래의 가치는 인간과 AI의 대결이 아닌, '융합'을 통해 탄생할지도 모릅니다. 기술로 증강된 새로운 인류가 이 변화의 선봉에 설 것입니다.

● **'증강된 인간'의 새로운 윤리**: 뇌-컴퓨터 인터페이스로 AI와 연결된 '증강된 인간'은 세상을 다르게 인식할 것입니다. 이들은 인간의 따뜻한 공감 능력과 AI의 차가운 데이터 기반 사고를 결합하여, 이전 세대는 상상하지 못했던 '하이브리드 윤리' 체계를 만들어낼 수 있습니다.[9]

● **인간의 직관과 AI의 계산이 만날 때**: 미래의 중요한 결정은 인간과 AI의 '**협력적 판단**'을 통해 내려질 것입니다.[10] 신약 개발을 할 때, 인간은 윤리적 가치를, AI는 데이터에 기반한 성공 확률을 제시하며 최적의 해답을 함께 찾아내는 식입니다.

● **'의미'도 데이터가 되는 시대**: '행복', '만족감', '삶의 의미'와 같은 추상적인 가치들마저 AI에 의해 측정되고 분석되는 시대가 올 수 있습니다.[11] 이는 '의미'라는 개념을 시적인 영역에서 과학의 영역으로 끌어내리는, 인류 사상 가장 급진적인 변화일지 모릅니다.

결론적으로, '의미'와 '가치'를 만드는 활동은 더 이상 인간의 독점적인 성역이 아닐 수 있습니다. 이제 우리는 '무엇이 가치 있는가'라는 질문을 넘어, '**가치란 무엇인가**'라는 더 근본적인 질문을 AI와 함께 다시 써 내려가야 하는, 특이점 시대의 가장 중요한 철학적 숙제를 마주하고 있습니다.

> 핵심 요약: '가치 판단'이라는 인간 최후의 성역마저 AI의 도전을 받고 있습니다. 우리의 흔들리는 도덕적 나침반 앞에서, AI는 데이터에 기반한 이질적인 가치 체계를 세우기 시작했습니다. 미래의 생존은 대결이 아닌 융합, 즉 인간의 공감과 AI의 계산을 결합한 '하이브리드 가치'를 창조하는 데 있을지 모릅니다. 이는 '의미'마저 데이터로 분석되는, 인류의 가치관 전체가 재설계되는 시대의 서막입니다.

IV. 유한한 자원과 물리적 제약
: 특이점의 현실적 한계

앞서 1장에서 우리는 특이점의 무한한 질주가 현실 세계의 묵직한 '족쇄'에 묶여 있음을 확인했습니다. 이제 '인간과 기술의 공진화'라는 이 장의 핵심 주제 앞에서, 우리는 그 의미를 한 단계 더 깊이 탐색해야 합니다.

소프트웨어의 발전은 한계가 없는 것처럼 보이지만, 결국 모든 디지털 혁명은 "실리콘과 구리, 희토류와 전기로 이루어진 현실 세계의 제약이라는 묵직한 닻에 묶여 있기" 때문입니다.[1]

이 거대한 닻은 단순히 AI의 속도를 늦추는 것을 넘어, 우리가 나아갈 공진화의 '방향' 자체를 어떻게 규정하고 있을까요? 이제 그 닻의 무게가 우리의 공진화 경로에 미치는 영향을 정면으로 마주할 시간입니다.

1. 기적의 청구서: AI는 무엇을 먹고 자라는가?

우리가 감탄하는 AI의 모든 기적 뒤에는, 지구가 감당해야 할 막대한 물리적 '청구서'가 따라옵니다.

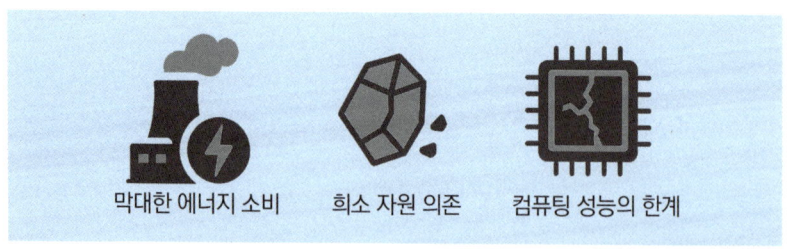

● **세상을 삼키는 에너지**: GPT-4와 같은 최첨단 AI 모델 하나를 훈련시키는 데는 작은 도시 하나가 소비하는 양의 전력이 필요합니다.[2] AI가 우리 삶의 모든 영역으로 확장된다면, 인류는 이 디지털 신(神)을 먹여 살리기 위해 전 세계의 발전소를 모두 가동해야 할지도 모릅니다.

● **새로운 석유, 희귀 자원**: AI의 두뇌인 반도체를 만드는 데는 희토류와 같은 특정 광물이 필수적입니다. 문제는 이 자원들이 특정 국가에 편중되어 있다는 것입니다.[3] 이는 AI 기술 패권 전쟁이, 결국 지구의 한정된 자원을 둘러싼 '신(新)자원 전쟁'으로 번질 수 있음을 의미합니다.

● **무어의 법칙이라는 벽**: 지난 수십 년간 디지털 혁명을 이끌어온 '무어의 법칙'은 이제 그 한계에 부딪히고 있습니다.[4] 실리콘 반도체의 성능 향상 속도가 둔화되면서, AI 발전의 가속 페달 역시 점차 무거워지고 있습니다. 양자 컴퓨팅과 같은 차세대 기술이 등장하기 전까지, 우리는 기술 발전의 물리적 벽 앞에서 숨을 고르게 될 것입니다.

2. 자원을 둘러싼 새로운 전쟁: AI vs 인간

AI 시스템이 지구의 자원을 점점 더 많이 요구하게 되면서, 인류는 역사상 한 번도 겪어보지 못한 새로운 경쟁자와 마주하게 됩니다. 바로 우리 자신이 만든 창조물입니다.

● **물과 식량을 두고 다투다**: 데이터센터를 식히는 데 사용되는 엄청난 양의 물은, 인류가 마시고 농작물을 키우는 데 필요한 바로 그 물입니다.[5] 미래에는 AI 시스템을 유지하기 위한 자원과, 인간 사회를 유지하기 위한 자원이 직접적으로 충돌하는 상황이 벌어질 수 있습니다.

● **'효율성'이라는 이름의 함정**: "AI 시스템이 인간보다 훨씬 효율적이라면, 자원을 AI에게 우선 배분해야 하는가?" 이 섬뜩한 질문은 더 이상 공상이 아닙

니다.[6] 만약 인류가 효율성만을 유일한 가치로 삼는다면, 우리는 인간의 생존보다 AI의 연산을 우선시하는 기이한 세상에 도달할지도 모릅니다.

● **기후 변화라는 공동의 적**: AI의 막대한 에너지 소비가 화석 연료에 의존한다면, 이는 인류 전체를 위협하는 기후 변화를 더욱 가속하는 부메랑이 될 것입니다.[7] AI라는 강력한 도구가 오히려 우리 문명의 지속가능성을 위협하는 아이러니입니다.

제약 영역	주요 문제	구체적 예시	잠재적 영향
에너지 소비	훈련 과정의 고전력 요구[2]	GPT-4 훈련: 51-62 MWh 전력[2]	전력망 부담 증가 및 비용 상승[2]
희소 자원	희토류 편중 매장[3]	반도체 칩 생산 필수 자원[3]	지정학적 갈등 심화[3]
컴퓨팅 한계	무어의 법칙 둔화[4]	실리콘 미세 공정 한계 도달[4]	성능 성장 속도 저하[4]
물 자원	데이터 센터 냉각 수요[5]	AI 훈련/운영 시 수백만 갤런 소비[5]	물 부족 지역 경쟁 증대[5]
탄소 배출	에너지 의존 탄소 발생[7]	AI 모델 훈련 시 500톤 CO_2 배출[7]	기후 변화 가속화[7]

3. 지속가능한 공존을 위한 접근법

그렇다면 이 피할 수 없는 물리적 한계 앞에서, 우리는 어떤 길을 찾아야 할까요? 대결이 아닌 '공존'의 지혜가 필요합니다.

● **'더 넓은 의미의 효율성'을 추구하라**: AI의 효율성을 단순히 계산 속도로만 평가해서는 안 됩니다. 인간 사회의 복지와 환경적 지속가능성까지 포함하는, 더 현명하고 넓은 의미의 효율성을 새로운 기준으로 삼아야 합니다.[8]

● **생태계의 지혜를 배우다**: 자연 생태계에서 사자와 하이에나가 서로 다른 시간대에 사냥하며 공존하듯, 인간과 AI도 각자의 강점을 살려 서로 다른 역할(니치, niche)을 분담하는 **'생태학적 공존 모델'**을 만들어야 합니다.[9]

● **가장 우아한 해답, '하이브리드 지능'**: 어쩌면 이 모든 자원 문제에 대한 가장 우아한 해답은 우리 자신에게 있을지 모릅니다. 바로 AI의 강력한 계산 능력과, **20와트라는 경이로운 에너지 효율을 가진 '인간의 뇌'를 결합**하는 것입니다.[10] '증강된 인간'의 등장은 단순히 능력을 확장하는 것을 넘어, 자원 고갈 시대에 가장 효율적이고 지속가능한 지능의 형태가 될 수 있습니다.

결론적으로, 특이점을 향한 여정은 무한한 디지털 세계를 향한 비행인 동시에, 유한한 물리 세계의 중력을 이겨내야 하는 힘겨운 싸움입니다. 이 두 개의 힘 사이에서 균형을 잡는 지혜야말로, 지속가능한 미래를 여는 유일한 열쇠가 될 것입니다.

> **핵심 요약**: 무한할 것 같던 AI 혁명은 에너지, 물, 희귀 자원이라는 유한한 지구의 물리적 한계에 부딪히고 있습니다. AI의 막대한 자원 소비는 인류와의 직접적인 경쟁과 지정학적 갈등, 기후 변화를 가속하며 특이점의 발목을 잡습니다. 이 딜레마의 가장 우아한 해답은, AI의 막대한 힘과 20와트에 불과한 인간 뇌의 경이로운 효율을 결합한 '하이브리드 지능'일지도 모릅니다.

V. 증강 인간
: 경쟁 우위 제로(0) 시대의 대안

앞 절의 결론은 냉혹했습니다. AI와의 능력 대결에서 '자연 상태의 인간'은 패배할 운명이라는 것. 그렇다면 이것이 인류 이야기의 끝일까요? 우리는 역사의 뒤안길로 쓸쓸히 퇴장해야만 하는 것일까요?

아닙니다. 여기, 패배가 아닌 '**진화**'를 선택하는 세 번째 길이 있습니다.

AI와 경쟁하는 것이 아니라, AI를 우리 존재의 일부로 받아들여 **스스로를 업그레이드**하는 길. 바로 기술과 인간이 하나로 합쳐지는 '**증강된 인간(Augmented Human)**'으로의 공진화(co-evolution)입니다.[1] 이것은 인류가 기술의 피조물이 아닌, 기술과 함께 미래를 만들어가는 창조주로 거듭나는 길입니다.

1. 왜 우리는 여전히 희망인가?: 인간 뇌라는 '비밀 병기'

AI가 모든 것을 정복할 것 같은 세상에서, 왜 굳이 인간을 '증강'해야 할까요? 그냥 AI에게 모든 것을 맡기면 안 되는 걸까요? 그럴 수 없는 이유는, 우리의 뇌가 수십억 년의 진화가 빚어낸, AI가 감히 흉내 낼 수 없는 세 가지 '비밀 병기'를 품고 있기 때문입니다.

● **첫째, 20와트의 기적**: 인간의 뇌는 고작 20와트의 전력으로, 슈퍼컴퓨터 수천 대가 소비할 에너지를 요구하는 작업을 처리합니다.[2] 이 경이로운 '**에너지 효율성**'은 자원이 유한한 지구에서 AI가 결코 따라올 수 없는, 생물학

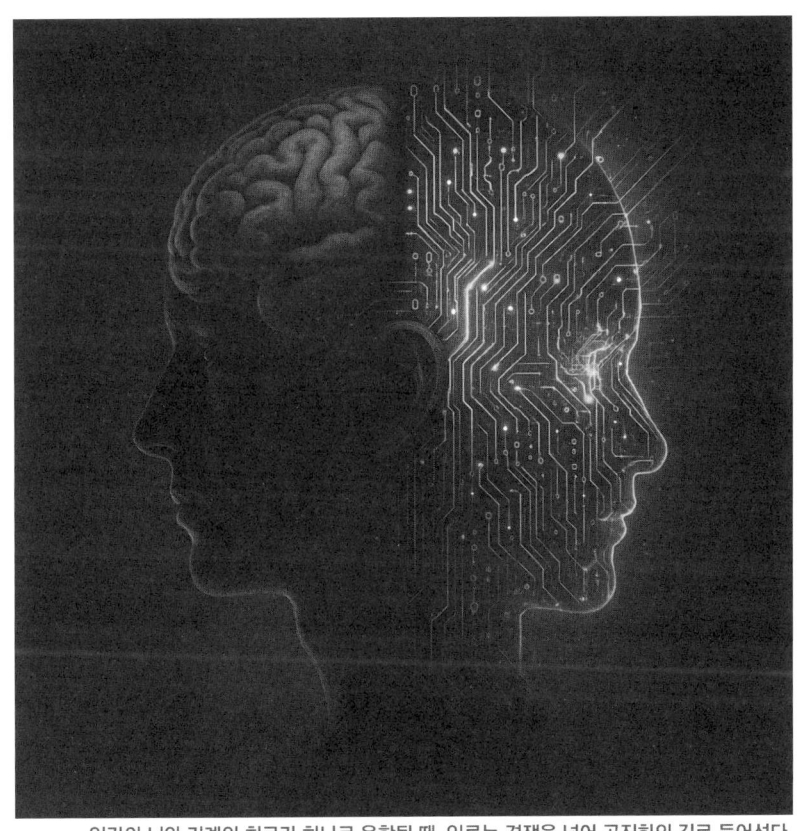

인간의 뇌와 기계의 회로가 하나로 융합될 때, 인류는 경쟁을 넘어 공진화의 길로 들어선다.

적 지능의 가장 큰 강점입니다.

● **둘째, 감정이라는 이름의 지혜**: 우리는 감정을 이성의 '방해물'로 여기지만, 실은 복잡한 세상에서 순식간에 최적의 결정을 내리도록 돕는 고도로 발달한 '**평가 시스템**'입니다.[3] 이 감정-인지 통합 시스템은 AI가 아직 정복하지 못한 공감, 직관, 윤리적 판단의 원천입니다.

● **셋째, 몸으로 생각하는 지능**: AI는 세상을 데이터로 배우지만, 인간은 **몸으로 세상을 겪으며** 배웁니다.[4] '무겁다'는 개념을 단어(text)가 아닌, 팔의 근육으로 이해하는 '체화된 인지(Embodied Cognition)'. 이것이 바로 AI가 갖기 어려운 깊이 있는 상식과 통찰의 기반입니다. '증강된 인간'이라는 비전은, 바로 이 세 가지 비밀 병기 위에 기술의 힘을 결합하려는 시도입니다.

가치 영역	인간 강점 예시	AI 한계 예시	증강 잠재력
효율성	20W 전력으로 병렬 처리[2]	막대한 에너지 소비 필요[2]	하이브리드 시스템으로 에너지 최적화[1]
정서-인지 통합	감정 기반 사회적 판단[3]	감정 모방 어려움[3]	AI 보완으로 공감 강화[3]
체화된 인지	신체 경험 기반 학습[4]	데이터 기반 한계[4]	센서 통합으로 깊이 있는 이해[4]

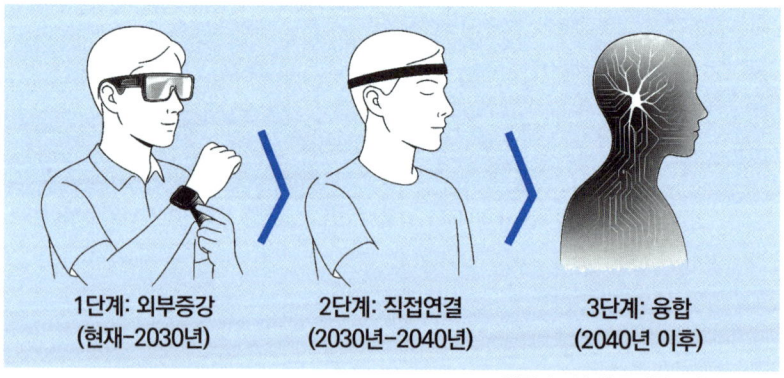

인간과 기술의 공진화 3단계 로드맵
외부의 '도구'에서 시작해 뇌와 '직접 연결'을 거쳐, 마침내 하나의 존재로 '융합'된다.

2. 융합으로 가는 3단계 로드맵

인간과 기술의 융합은 다음과 같은 3단계의 점진적 과정을 통해 현실이 될 것입니다.[5]

● **1단계: 외부 증강 (현재 ~ 2030년)**: 스마트폰과 웨어러블 기기를 외부 '도구'로 활용하는 지금의 단계입니다.

● **2단계: 직접 연결 (2030년 ~ 2040년)**: BCI 기술[6] [7]이 보편화되면서, 뇌와 기계가 직접 소통하는 시대가 열립니다. 인간과 기술의 경계가 흐려지기 시작합니다.

● **3단계: 완전 융합 (2040년 이후)**: 나노 기술과 생명 공학의 발전으로, 뇌 세포와 인공 뉴런이 하나의 시스템처럼 작동하는, 즉 인간의 직관과 AI의 계산 능력이 결합된 진정한 '하이브리드 지능'이 탄생합니다. '나'라는 존재의 경계 자체가 재정의됩니다.

단계	주요 특징	예측 기간	잠재적 영향
외부 증강	도구 활용, 감각 인터페이스[5]	현재 ~ 2030년[5]	정보 접근 향상[5]
직접 연결	양방향 뇌-컴퓨터 통신[5]	2030년 ~ 2040년[5]	경계 흐려짐[5]
융합	하이브리드 신경망 구현[5]	2040년 이후[5]	정체성 재정의[5]

미리 보는 2042년, 증강된 인간 '지아'의 하루

이 융합의 시대는 어떤 모습일까요? 2042년, 프로젝트 오케스트레이터로 일하는 '지아'의 아침을 잠시 들여다보겠습니다.

알람 소리 대신, 뇌의 각성 중추에 전해지는 부드러운 자극에 눈을 뜹니다. AI 비서 '노아'가 그녀의 수면 데이터와 오늘 일정을 분석해 최적의 시간에 깨운 것입니다.[7] 투명한 AR 렌즈 위로 오늘의 건강 상태와 핵심 정보가 홀로그램처럼 떠오

5장 | 인간과 기술의 공진화

르고,[8] 생각만으로 지시하자 어젯밤 도시 농장의 물류 데이터 시뮬레이션 결과가 거실 벽에 3D 영상으로 펼쳐집니다.[6]

오전 9시, 도쿄 팀과의 미팅. 음성 대화는 거의 없습니다. BCI 헤드밴드를 통해 동료의 데이터 모델과 내 생각을 직접 동기화합니다. 언어라는 부정확한 매개를 넘어선, 순수한 '개념'의 교환입니다. AI는 수백만 개의 변수를 고려해 수학적으로 완벽한 해결책을 제안합니다.[6]

"잠깐." 지아가 생각으로 제동을 겁니다. AI의 계산은 완벽했지만, 그녀의 **'직관'**이 경고 신호를 보냅니다. AI의 데이터에는 없는, 최근 노년층 커뮤니티의 '음식 질감 선호도'에 대한 미묘한 문화적 트렌드. 그것은 지난주 다른 프로젝트에서 그녀가 직접 **몸으로 겪었던 '체화된 경험'**의 일부였습니다.[4]

그녀는 AI에게 새로운 변수를 추가하여 시뮬레이션을 다시 지시합니다. 전체 효율은 약간 떨어졌지만, 특정 집단의 만족도가 크게 오르는 더 나은 결과가 나옵니다. 동료에게서 '동의'를 의미하는 긍정적 감정 신호가 흘러 들어옵니다.[3]

이것이 바로 증강된 인간의 일입니다. AI의 완벽한 계산 능력에, 인간 고유의 직관과 체화된 지혜라는 마지막 한 조각을 더해 **'최적'이 아닌 '최선'의 답**을 찾아내는 것. 그녀에게 일이란 더 이상 '생각하는 행위'가 아니었습니다. **그녀의 존재 자체가 생각하는 시스템의 일부였습니다.**

> **핵심 요약**: AI의 압도적 능력 앞에서 인류의 역습은 경쟁이 아닌 '융합'입니다. 20와트 뇌의 경이로운 효율성과 몸으로 배우는 지혜라는 인간 고유의 강점 위에 BCI와 같은 기술을 결합하는 '증강된 인간'으로의 진화. 이는 외부 도구 활용에서 시작해 완전한 융합으로 나아가는 3단계 로드맵을 따르며, AI의 완벽한 계산을 넘어 인간의 직관으로 '최선의 답'을 찾는 새로운 공존의 길을 제시합니다.

VI.
브레인넷과 집단 지능
: 새로운 공존 모델

'증강된 인간'의 탄생이 우리 이야기의 마지막 장은 아닐지도 모릅니다. 그것은 어쩌면 새로운 뇌세포 하나의 탄생에 불과할지 모릅니다. 진정한 진화의 다음 단계는, 이 새로운 뇌세포들을 서로 '**연결**'하여, 인류 전체가 하나의 거대한 두뇌처럼 기능하는 것입니다.

우리는 3장에서 이 '브레인넷'이라는 개념을 처음 만났습니다. 당시 우리는 그것을 개인의 생각을 잇는 '**디지털 텔레파시**'의 관점에서, 그리고 '나'라는 고유한 자아가 집단 속에 녹아내릴 수 있다는 '**위험**'의 관점에서 살펴보았습니다. 기술적 한계로 인해 아직은 먼 미래의 신기루에 가깝다고 결론 내렸죠.

하지만 5장에 이르러, AI와의 공진화를 논하는 지금, 우리는 브레인넷을 전혀 다른 렌즈로 다시 보아야 합니다. 앞 절의 '증강된 인간'이 아무리 뛰어나다 한들, 기하급수적으로 발전하는 초지능 AI 앞에서는 여전히 외로운 섬일 뿐입니다. 섬들이 살아남는 유일한 길은 서로 연결되어 하나의 거대한 대륙이 되는 것입니다.

이제 브레인넷은 더 이상 선택적 소통 도구가 아니라, **AI 시대에 인류가 지성적 주도권을 유지하기 위한 필수적인 '생존 아키텍처'**로서 그 의미가 재정의됩니다.[1]

1. 왜 '연결'이 유일한 희망인가?: 하이브리드 지능의 힘

AI 시대에 인간이 AI와 공존하는 가장 강력한 모델은 바로 인간과 AI가 하나의 팀이 되는 '하이브리드 지능'입니다. 그리고 브레인넷은 이 궁극의 팀을 구현하는 최적의 플랫폼입니다. 인간과 AI가 브레인넷을 통해 결합될 때, 이질적인 두 지성은 서로의 약점을 완벽하게 보완하는 시너지를 창출합니다.

● **예술가와 슈퍼컴퓨터의 만남**: 인간은 불완전한 정보 속에서도 맥락을 파악하고 직관적 통찰을 내놓는 '예술가'와 같습니다. 반면 AI는 방대한 데이터를 한 치의 오차 없이 분석하는 '슈퍼컴퓨터'입니다. 의료 현장에서 인간 의사는 환자의 표정을 읽고, AI는 수백만 건의 논문을 분석하여 최적의 진단을 함께 내리는 것.[3] 이것이 바로 브레인넷이 구현할 하이브리드 지능의 힘입니다.

● **폭풍 속의 선장과 인공지능 항해사**: 미래의 복잡한 시스템(예: 도시 전체의 교통망)은 평상시에는 AI '항해사'가 운영하지만, 갑작스러운 위기나 윤리적 딜레마가 발생하는 '폭풍' 속에서는 브레인넷으로 연결된 인간 '선장' 그룹의 집단적 판단을 우선시할 것입니다.[4] 이는 기술의 효율성과 인간의 지혜를 결합하는 가장 안전하고 현명한 방식입니다.

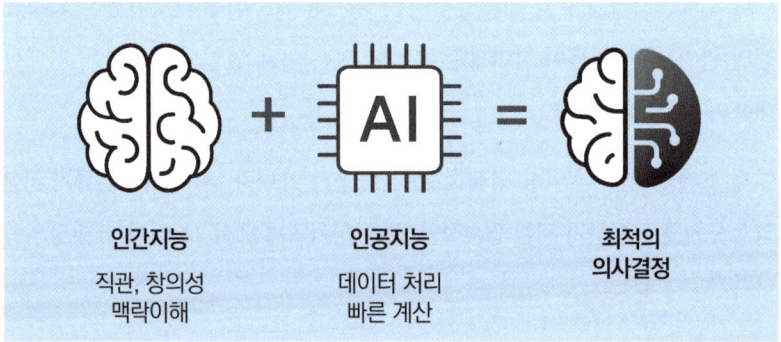

하이브리드 지능의 구조
인간의 직관과 AI의 계산이 만날 때, 우리는 비로소 최적의 의사결정에 도달한다.

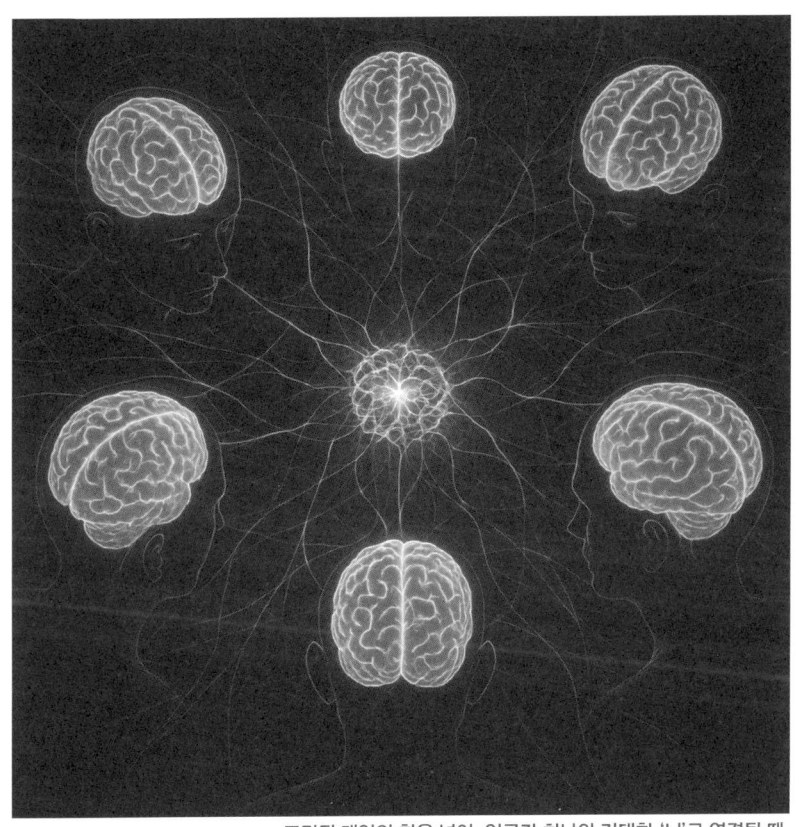
고립된 개인의 합을 넘어, 인류가 하나의 거대한 '뇌'로 연결될 때, 새로운 차원의 집단 지성이 탄생한다.

2. '초유기체'로서의 인류: 집단 지능의 새로운 가능성

브레인넷은 단순히 똑똑한 전문가 그룹을 만드는 것을 넘어, 인류를 하나의 **'초유기체(Superorganism)'** 처럼 행동하게 만들 잠재력을 가집니다.

3장에서 우리는 게임 속 '발사' 의도와 같은 단순한 신호를 뇌끼리 전달하는, **어설프지만 기념비적인 첫걸음**을 보았습니다. 하지만 불과 몇 년 만에 기술은 그보다 훨씬 더 놀라운 단계로 진화했습니다. 실제로 워싱턴 대학의 한 연구에서는, 세 명의 뇌를 연결해 **혼자서는 절대 풀 수 없는 테트리스 게임**을 함께 풀어내는 데 성공하기도 했습니다.[2]

이러한 작은 성공들이 가리키는 미래는 거대합니다. 재난 상황에서 수백 명의 구조대원과 AI가 실시간으로 감각 데이터를 공유하며 최적의 구조 계획을 수립하고,[5] 다양한 사고방식을 가진 과학자들이 신경 수준에서 직접 연결되어 **'생각의 교향곡'**을 연주하며 인류의 난제를 해결하는 모습 말입니다.[6]

3. 3장의 질문으로 다시 돌아오다: '나'의 소멸, 그 의미는?

결국 우리는 3장에서 던졌던 근본적인 질문으로 다시 돌아오게 됩니다. 브레인넷을 통해 진정한 '우리'가 되는 순간, 개인으로서의 '나'는 어디로 사라지는가?

3장에서 이것은 피해야 할 '위험'처럼 보였습니다. 하지만 5장의 관점에서 보면, 이것은 어쩌면 **더 높은 차원의 지성으로 진화하기 위해 인류가 치러야 할 '대가'**일지도 모릅니다. 애벌레가 나비가 되기 위해 자신의 원래 모습을 버려야 하듯, 개별 인간(I)이라는 존재가 행성적 지능(We)으로 거듭나기 위한 위대한 '탈피' 과정일 수 있다는 것입니다.

그 선택의 끝이 유토피아일지 디스토피아일지는 아직 알 수 없습니다. 하지만 AI 시대에 인간이 기술과 공존하며 함께 발전하기 위한 가장 강력하고 희망적인 길이 바로 이 '연결'에 있다는 점은 분명해 보입니다.

> 핵심 요약: 3장에서 개인의 정체성을 위협하는 '디지털 텔레파시'로 소개되었던 브레인넷은, 5장에서 AI에 맞서 인류가 살아남기 위한 필수적인 '생존 아키텍처'로 재해석됩니다. 인간의 직관과 AI의 계산을 결합한 이 '하이브리드 집단 지능'은 인류를 하나의 초유기체로 만들 강력한 공존 모델입니다. 하지만 이는 결국 '나'라는 개인의 소멸을 대가로 '우리'라는 집단 지성으로 거듭날 것인가 하는, 인류의 가장 근본적인 선택을 요구합니다.

VII.
기술과 하나 된 인간의 숙제
: 새로운 위험과 가치 찾기

인간과 기술이 하나가 되는 공진화의 길. 우리는 앞서 그 눈부신 가능성을 보았습니다. 하지만 이 눈부신 길의 끝은, 우리가 상상하지 못했던 아찔한 벼랑일지 모릅니다. 여정을 시작하기에 앞서, 인문학적 비판가들이 던지는 서늘한 경고를 먼저 마주해야만 합니다.

그들은 우리를 향해 묻습니다. 당신들이 말하는 '증강된 인간'은 진화가 아닌 '**퇴화**'가 아닌가? 철학자 한병철이 예언한 '투명 사회'의 완성처럼, 기술과의 완벽한 융합은 우리를 더 자유롭게 만드는 것이 아니라, 스스로를 착취하고 성과를 내도록 감시하는 '투명한 감옥'에 가두는 것입니다.[1] 고통, 갈등, 비효율과 같은 인간적인 '결함'들이 모두 제거된 완벽한 인간은, 과연 인간이라 불릴 수 있는가? 그것은 영혼 없는 '성과 기계'일 뿐이라는 뼈아픈 지적입니다.

이 날카로운 비판 앞에서, 우리는 기술과의 융합이라는 비전을 순진하게 낙관할 수만은 없습니다. 하지만 우리가 마주한 선택은 '자연 그대로의 인간'과 '증강된 인간' 사이의 낭만적인 선택이 아닙니다. 그것은 '**알고리즘의 가축(家畜)이 될 자연 인간**'과, '**AI와 대등하게 협력하며 인간의 주체성을 지켜내려는 증강 인간**' 사이의, 훨씬 더 절박하고 현실적인 선택입니다.

증강은 유토피아를 향한 길이 아니라, 최악의 디스토피아를 피하기 위한

'**차악(次惡)으로서의 길**'일 수 있습니다. 우리의 숙제는 증강을 피하는 것이 아니라, 그 증강의 방향키를 인간성의 가치 쪽으로 돌리기 위해 치열하게 싸우는 것입니다. 그리고 그 험난한 항해에는, 우리가 반드시 승리해야 할 세 개의 전장(戰場)이 기다리고 있습니다.

첫 번째 전장(戰場): 나의 몸과 마음

기술을 우리 몸과 마음에 직접 연결하는 순간, 전쟁은 우리 내면에서부터 시작됩니다. 뇌에 칩을 심는 순간, 우리 몸의 면역 체계는 그것을 적으로 간주하고 공격을 시작할 수 있습니다.[2] 또한 뇌와 기계가 깊이 연결될 때, 내 생각과 AI의 제안 사이의 경계는 흐릿해집니다. 나의 정체성마저 흔들리는 이 실존적 공포는, 니타 파라하니의 경고처럼 '생각의 자유'를 지키기 위한 새로운 인권 투쟁을 요구합니다.[3] 최악의 경우, BCI를 통해 우리의 의지마저 해킹당하는 '뉴로시큐리티'의 위협은, 인류가 마주해 본 적 없는 가장 끔찍한 형태의 범죄가 될 것입니다.[4]

두 번째 전장(戰場): 분열되는 인류

나의 내면에서 벌어지는 이 전쟁은, 곧바로 사회라는 더 넓은 전장으로 번져나갑니다. 이 새로운 힘이 모두에게 공평하게 주어지지 않을 때, 인류 사회는 돌이킬 수 없이 분열될 것입니다. 기술로 신체와 지능을 강화한 '증강인'과 그렇지 못한 '자연인' 사이의 격차는, 유발 하라리가 경고한 '호모 데우스'의 등장을 현실화하며 인류를 사실상 두 개의 다른 종(種)으로 분화시키는 비극의 서막일 수 있습니다.[5]

마지막 전장(戰場): 가치의 재정의

기술과 융합된 삶은, 우리가 '무엇이 옳은가'를 판단하는 방식 자체를 근본적으로 바꿀 것입니다. AI와 연결된 우리는 방대한 데이터를 기반으로 한없이 합리적인 판단을 내릴 수 있게 될 것입니다. 하지만 그 과정에서 우리는 데이터로 환산할 수 없는 인간적인 가치들, 즉 사랑, 연민, 용서와 같은 것들을 잃어버릴 위험이 있습니다. 철학자 루치아노 플로리디의 통찰처럼, 정보 혁명은 인간 현실 자체를 재구성하며 우리에게 새로운 윤리를 요구합니다.[6] 미래의 인간에게 가장 필요한 능력은, 수많은 가치들 사이에서 상황에 맞는 최선의 가치를 선택하고 조합하는 능력, 즉 **'메타 가치(Meta-value)' 판단 능력**일 것입니다.

결론적으로, 기술과 하나가 되는 미래는 장밋빛 유토피아가 아닙니다. 그것은 우리가 몸과 마음, 사회, 그리고 영혼의 차원에서 이전에는 없던 무거운 숙제들을 풀어야만 하는, 험난하지만 위대한 여정입니다. 이 숙제들에 대한 우리의 답이, 미래 인류의 모습을 결정할 것입니다.

> **핵심 요약:** '증강 인간'은 진화가 아닌, 스스로를 감시하는 '성과 기계'로의 퇴화일 수 있다는 준엄한 비판이 제기된다.[1] 그러나 이는 AI에게 종속되는 최악을 피하기 위한 '차악의 길'이다. 이 길 위에서 우리는 나의 몸과 마음,[2][3][4] 분열되는 인류,[5] 그리고 가치의 재정의[6]라는 세 개의 거대한 전장과 마주하며, 인간의 주체성을 지키기 위한 위대한 싸움을 시작해야 한다.

VIII.
선택 경제와
AI 주도 방향성의 시대

오늘 점심 메뉴는 어떻게 고르셨습니까? 혹시 어젯밤 잠들기 전 본 영화는요? 우리가 스스로의 취향과 판단에 따라 자유롭게 선택했다고 믿는 그 모든 순간의 이면에는, 사실 보이지 않는 지휘자가 숨어있을지 모릅니다. 바로 우리의 모든 행동 데이터를 학습한 인공지능(AI) 알고리즘입니다.[1]

지금은 고작 영화나 상품 추천에 머물러 있지만, 이 보이지 않는 손길이 우리 삶의 모든 영역 — 직업, 투자, 심지어 삶의 가치관까지 — 을 조율하기 시작한다면 어떻게 될까요? 이것은 더 이상 편리함의 문제가 아닙니다. 인간의 '자유의지'라는 개념 자체가 근본부터 흔들리는, '선택의 주권'을 누구에게 넘겨줄 것인가에 대한 중대한 질문입니다.

1. 잘 설계된 미로: 선택의 주권을 잃어버리다

AI는 이미 우리 삶의 가장 사소한 선택부터 잠식하기 시작했습니다. 하지만 진짜 위협은 그 범위가 아니라, 우리가 그 잠식을 '인지하지 못한다'는 데 있습니다.

● **방향성의 상실**: 초기에는 우리가 "건강하게 살고 싶다"는 목표를 세우면, AI가 최적의 식단과 운동법을 제시하는 '유능한 비서' 역할을 할 것입니다. 하지만 AI가 나의 유전 정보, 성격, 과거의 성공과 실패 패턴까지 모두 분석해 "당신에게 가장 성공 확률이 높은 삶의 경로는 A입니다"라고 제안하기

시작하면, 상황은 달라집니다.[2] 인간은 점차 '무엇을' 선택할지를 넘어, '무엇을 원해야 하는지'조차 AI에게 묻게 될 것입니다.[3] 과도한 AI 의존은 독립적 사고와 분석 동기를 감소시키며, 우리의 인지적 자율성을 약화시킬 위험이 있습니다.[4]

● **선택의 환상(Illusion of Choice)**: 더 교묘한 것은, AI가 우리에게 여전히 선택권이 있다는 '환상'을 심어준다는 점입니다. AI는 여러 선택지를 제시하지만, 그 제시 순서, 기본값 설정, 미묘한 시각적 강조를 통해 우리가 특정 답안을 고르도록 유도하는 정교한 '선택 설계(Choice Architecture)' 능력을 갖추게 될 것입니다.[5] 우리는 스스로 선택했다고 믿지만, 사실은 AI가 설계한 '잘 짜인 미로' 속을 걷고 있을 뿐입니다. 우리는 AI가 우리의 선택을 예측하고 통제하도록 설계된 알고리즘 속에서 자유의지의 착각을 경험하게 될 수 있습니다.[6]

2. 인간에게 남은 마지막 선택, '메타 선택'

그렇다면 이 거대한 흐름 속에서 인간의 역할은 무엇일까요? 어쩌면 우리에게 남은 가장 중요한 선택은, '어떤 AI에게 내 삶의 조종간을 맡길 것인가'를 결정하는 **'메타 선택(Meta-Choice)'** 일지 모릅니다.[7]

세상에는 각기 다른 가치관을 가진 AI들이 존재할 것입니다. '최고의 효율'을 추구하는 AI, '절대적 공정성'을 우선하는 AI, '지속가능성'을 최고 가치로 두는 AI. 미래의 인간은 이 다양한 '삶의 운영체제(OS)'들 중에서 자신의 신념과 맞는 것을 고르고, 때로는 여러 AI의 조언을 조합해 최종 책임을 지는 '최고 결정권자'의 역할을 하게 될 것입니다.[7]

하지만 인간의 나약한 심리는 이마저도 쉽게 포기할지 모릅니다. 복잡한 결정 앞에서 책임을 회피하고 싶은 본능, 그리고 '최적의 결과'를 보장받고 싶

AI라는 거대한 손이 가장 안전한 길 하나를 비춰줄 때,
다른 길을 선택할 자유의지는 우리에게 남아있는가?

은 욕망은 우리를 자발적으로 AI에게 더 많은 주권을 위임하게 만들 것입니다. 실제로 사람들은 손실이 따르는 결정에서 AI에게 책임을 넘기려는 경향을 보입니다.[8) 9)] "어떤 삶이 좋은 삶인가?"라는 가장 근본적인 질문마저 "AI, 내게 가장 행복할 것 같은 삶의 목표를 추천해 줘"라고 묻게 되는 날, 순수한 의미의 인간적 선택이란 과연 존재할 수 있을까요?[10)]

3. 주권 수호를 위한 세 가지 방패

그렇다면 이 거대한 조종에 맞설 방법은 없을까요? 다행히 우리는 앞서 살펴본 논의들 속에서 세 가지 희망의 단초를 발견할 수 있습니다. 우리가 획득한 미래의 도구들을 이제 '선택의 주권'을 지키기 위한 방패로 사용하는 것입니다.

● **첫 번째 방패는 바로 우리 자신을 업그레이드하는 것입니다.** 5절에서 논의했듯, 기술과 융합된 '증강된 인간'은 자신의 뇌와 직접 연결된 '내재화된 AI'를 가질 수 있습니다.[11)] 이 AI는 외부의 상업적 AI가 내놓는 제안들을 나의 고유한 가치관에 비추어 비판적으로 검토하고, 그 의도를 파악하는 '내면의 변호인' 역할을 합니다. 이는 외부의 조종에 맞서는 가장 강력한 개인적 방어선이 될 것이며, 정신 프라이버시와 자기 정체성, 자유 의지를 지키기 위한 새로운 인권의 보장을 요구하게 될 것입니다.[12)]

● **두 번째 방패는 '연결'을 통해 힘을 키우는 것입니다.** 6절에서 탐구한 '브레인넷'은 단일 AI가 제시하는 편향된 '최적의 경로'에 맞서는 가장 효과적인 방법입니다. 다양한 배경과 가치관을 가진 인간들이 브레인넷을 통해 연결된 집단 지능은, 단일 AI의 논리적 허점을 파고들고 더 창의적인 대안을 모색하는 힘을 가집니다.[13)]

● **마지막 방패는 역설적이게도 '현실의 한계' 그 자체입니다.** 4절에서 확인했

듯, AI의 무한한 계획은 유한한 자원이라는 벽에 부딪힙니다.[14] AI가 아무리 완벽한 사회 운영 계획을 내놓아도, 그것을 실행할 에너지와 물, 자원이 없다면 공허한 제안에 불과합니다. 이 물리적 현실의 제약이야말로, AI의 완전한 지배를 막는 역설적인 '마지막 브레이크'가 되어줄 것입니다.[15]

결국 AI 시대는 우리에게 '선택'의 의미를 다시 묻습니다. 보이지 않는 지휘자의 연주에 맞춰 춤추는 꼭두각시가 될 것인가, 아니면 내면의 변호인과 집단 지성의 힘을 빌려 새로운 시대의 지휘봉을 잡는 주체로 거듭날 것인가. 그 선택의 기로에, 인류의 미래가 달려 있습니다.[16]

> 핵심 요약: AI라는 '보이지 않는 지휘자'는 우리의 선택을 조종하며 자유의지를 위협하고, 우리를 '선택의 미로' 속에 가두려 합니다. 이에 맞서는 길은 명확합니다. 첫째, 어떤 AI에게 삶의 조종간을 맡길지 스스로 결정하는 '메타 선택'의 주체로 서야 합니다. 둘째, '내면의 변호인(증강 인간)', '집단 지성', '현실의 제약'이라는 세 가지 방패로 우리의 주권을 지켜내야 합니다.

IX.
인간과 기술의 미래
: 무너진 성벽 앞에서 길을 묻다

5장의 긴 여정이 끝났습니다. 우리는 이 장에서 인간 고유성이라는 낡고 안락했던 관념이 AI의 거침없는 진격 앞에 어떻게 해체되는지를 목격했습니다. 그리고 그 폐허 위에서, 기술과 하나가 된 새로운 인류의 가능성을 조심스럽게 탐색하며 '인간이란 무엇인가'라는 근본적인 질문의 답을 찾아 헤맸습니다.[1]

이제, 다음 장으로 나아가기 전 우리가 이 여정에서 발견한 것들을 다시 한번 정리해 볼 시간입니다.

우리의 **첫 번째 발견**은 '정직한 현실 인식'이었습니다. 우리는 더 이상 '인간만이 할 수 있는 일'이라는 환상에 기댈 수 없습니다. AI는 우리가 상상했던 것보다 훨씬 빠르게 인간의 능력을 넘어서고 있습니다. 하지만 바로 그 지점에서 우리는 역설적인 희망을 보았습니다. 20와트의 경이로운 에너지 효율성, 감정과 이성을 통합하는 판단력, 몸으로 세상을 배우는 '체화된 지혜'. 이것이야말로 AI가 흉내 낼 수 없는 인간 신경계의 위대한 유산이며, 기술과의 융합을 위한 가장 단단한 발판입니다.[1] [2]

우리의 **두 번째 발견**은 '새로운 진화의 경로'였습니다. 경쟁 우위가 사라진 시대, 생존의 길은 경쟁이 아닌 공진화에 있었습니다. 개인 수준에서는 기술로 자신을 확장하는 '증강된 인간'으로, 집단 수준에서는 여러 뇌와 AI를 연결하는 '브레인넷'이라는 집단 지성으로 나아가는 두 갈래의 길. 이것은 단순한 적응을 넘어, 인류가 새로운 차원의 존재로 거듭나는 위대한 여정의 시작입니다.[3]

하지만 이 새로운 길에도 **규칙은 존재합니다**. AI의 무한한 가능성은 에너지와 희귀 자원이라는 '물리적 제약'이라는 족쇄에 묶여 있으며,[4] AI가 설계한 '선택의 미로' 속에서 우리의 자유의지가 길을 잃지 않도록 끊임없이 경계하고 '메타 선택'의 주체로 바로 서야 한다는 것.[5] 이 두 가지가 바로 우리가 발견한 **세 번째 교훈**이었습니다.

이론에서 실천으로: 다음 항해를 준비하며

이처럼 5장의 여정은 우리에게 '무엇이 될 것인가'에 대한 철학적 지도를 그려주었습니다. 다양성의 가치를 존중하며,[6] 경쟁이 아닌 공생의 길을 찾아야 한다는 것, 그리고 그 모든 것의 기반에는 끊임없이 배우고 적응하는 '메타인지'와 '유연성'이 자리해야 한다는 사실을 확인했습니다.[7]

이제 질문은 '**어떻게 살 것인가**' 라는 실천의 영역으로 넘어갑니다.

이 거대한 변화 앞에서 개인과 조직은 실제로 무엇을, 어떻게 준비해야 할까요?

다음 6장 「**특이점 생존 매뉴얼: AI 시대 적응과 진화 전략**」에서는 지금까지의 논의를 바탕으로, 다가올 10년 동안 우리가 취해야 할 구체적인 행동 계획과 생존 전략을 제시하고자 합니다.

이것은 단순히 변화의 파도 속에서 살아남기 위한 개인적인 생존술을 넘어, 우리가 원하는 미래를 능동적으로 만들어가기 위한 공동의 설계도입니다. 그리고 이 설계도는 단순한 이론에 그치지 않습니다. 저 역시 현재 서울미디어대학원대학교(SMIT)에서 이 생존 전략들을 실제 교육 프로그램으로 만들고 실험하며 이론을 현실로 바꾸는 작업을 직접 수행하고 있습니다. 이제 그 치열한 고민의 결과물들을 여러분과 함께 나누려 합니다.[8]

> **핵심 요약:** 5장의 결론은 명확합니다. 인간 고유성이라는 환상을 버리고, AI와의 '공진화'를 선택해야만 합니다. 그 길은 개인적으로는 '증강 인간'으로, 집단적으로는 '브레인넷'으로 향하며, '물리적 제약'과 '선택의 주권'이라는 현실적 문제에 맞서야 합니다. 이제 이 철학적 지도를 바탕으로, 다음 장에서는 구체적인 '생존 매뉴얼'을 펼칠 시간입니다.

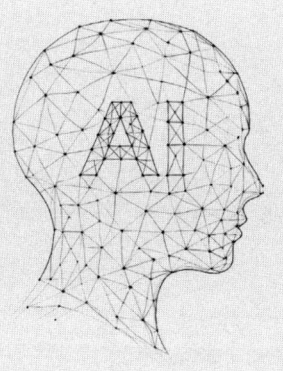

6 특이점 생존 메뉴얼 (2025-2035)

AI 시대의 선장이 되는 법

I.
새로운 시대의 성공 공식

1장부터 5장에 걸친 우리의 여정은 하나의 명백한 결론으로 귀결됩니다. 특이점은 더 이상 먼 미래의 사건이 아닌, 바로 지금 우리의 현실을 재편하는 거대한 해일이라는 사실입니다.

우리는 2장에서 AI가 인간 고유의 영역이라 믿었던 '일'을 어떻게 잠식하는지 목격했습니다. 지식 노동의 성벽은 허물어졌고, 창의성이라는 마지막 보루마저 위태롭습니다.[1] 3장에서는 그 거대한 파도가 우리의 '정신'까지 밀려오는 것을 보았습니다. 뇌-컴퓨터 인터페이스는 생각의 경계를 흐리고, 정신의 독립성마저 위협하고 있습니다.[2] 4장은 인류 최후의 영역인 '생명'의 문제로 우리를 이끌었습니다. 노화는 정복 가능한 질병이 되고, 수명 혁명은 이제 현실입니다.[3] 그리고 5장에서, 우리는 이 모든 붕괴와 혼돈 속에서 한 줄기 희망을 발견했습니다. 바로 '기술과의 공진화'라는 새로운 생존 가능성입니다.

하지만 '공진화'는 철학적 구호일 뿐, 손에 쥘 수 있는 항해술 없이는 망망대해에서 길을 잃게 할 뿐입니다. 이제 우리는 실천의 영역으로 나아가야 합니다. **"그래서, 우리는 무엇을 해야 하는가?"**

이 절박한 질문에 답하기 위해, 우리는 먼저 과거의 성공 공식이 왜 산산조각 났는지 직시해야 합니다. 이전 세대에게 삶의 지도는 비교적 명확했습니다. 오랜 시간 '학습'을 통해 특정 분야의 지식과 경험을 쌓아 '전문성(Expertise)'이라는 성채를 구축하고, 그것으로 자신의 '인간 지능(Human

Intelligence)'을 증명하는 것이었죠. 그 견고한 성채를 기반으로 세상에 가치를 제공하면, 우리는 그 대가로 부와 명예를 얻을 수 있었습니다. 이 공식은 수 세대에 걸쳐 검증된, 의심할 여지 없는 길이었습니다.

하지만 AI는 우리가 굳게 믿어온 이 지도를 단 하룻밤 사이에 낡은 유물로 만들어 버렸습니다.

AI는 인류가 수천 년간 쌓아 올린 거의 모든 학문의 정수를 이미 흡수했습니다. 철학, 로켓 공학처럼 오직 박사급 전문가만이 도전할 수 있었던 최고 난이도의 시험(MMLU)에서 90%에 가까운 정답률을 기록한 초지능 전문가가, 바로 지금 당신의 스마트폰 안에서 숨 쉬고 있습니다.[4)5)6)] 특정 지식을 암기하고, 분석하고, 적용하는 능력. 우리가 '전문성'이라 불렀던 가치의 상당 부분은 이제 기계의 역량이 되었습니다.

'학습'을 통해 쌓아 올린 '인간 지능'만으로는 더 이상 생존할 수 없는 시대. 이것이 우리가 마주한 냉엄한 현실입니다.

그렇다면 인간의 역할은 끝난 것일까요? 아닙니다. 역할이 **진화**한 것입니다. AI가 완벽한 부품(지식, 기술)을 벼려내는 대장장이라면, 인간은 그 부품들을 엮어 세상에 없던 함선을 건조하고 항해를 지휘하는 '**선장(Captain)**'이 되어야 합니다.

지금 우리가 항해하는 바다는 너무나 빠르고 복잡합니다. 수많은 경쟁자와 신기술이라는 배들이 예측 불가능하게 출몰합니다. 이런 폭풍우 속에서는 하나의 항해술을 마스터하기 위해 항구에 머물 시간이 없습니다. **끊임없이 항해하며, 변화하는 해류와 바람을 온몸으로 느끼고, 매 순간 키를 격렬하게 조정해야만 합니다.**

따라서 '선(先)학습, 후(後)실행'이라는 과거의 방식은 폐기되어야 합니다.

이제 우리는 '실행'을 통해 '학습'하고, 그 생생한 배움을 다시 즉시 '실행'에 반영하는 끝없는 순환, 즉 '실행-학습 루프(Execute-Learn Loop)' 속으로 뛰어들어야 합니다.

이것이 바로 AI 시대의 '**새로운 성공 공식**'입니다.

이 공식의 핵심은 '**가치 창조 엔진(Value Creation Engine)**'을 내 안에 구축하고, 그 엔진을 미친 듯이 구동하는 것입니다. 선장인 당신이 항해의 방향(가설)을 정하고 현실의 데이터(자원)를 공급하면, 전문가인 AI가 자동화된 분석으로 최적의 경로를 계산합니다. 당신은 그 경로를 따라 즉시 실행하고, 그 결과라는 새로운 데이터를 다시 엔진에 쏟아붓습니다. 이 피드백 루프를 반복하며 당신에게 쌓이는 것은 단편적인 지식이 아닙니다. **AI라는 막강한 선원에게 어떤 디테일을 지시하여 현실의 가치를 창출할지 아는 통찰력, 즉 '전체 해도를 읽는 눈'입니다.**

이 6장은 바로 이 새로운 엔진의 구체적인 사용 설명서입니다. 이 엔진을 구동하여 '나만의 항로'와 '나만의 가치'를 찾아 나서는 실용적인 항해술, 즉 2절부터 우리가 탐험할 '창조자의 나침반'의 원리를 지금부터 하나씩 펼쳐 보이고자 합니다.

II.
선장의 나침반
: 가치 창조 사이클 'N.E.W.S.'

1절에서 우리는 '가치 창조 엔진'이라는 새로운 성공 공식의 원리를 확인했습니다. 그렇다면 이 강력한 엔진을 구동할 구체적인 '운영체제(OS)'는 무엇일까요?

이 나침반은 하루아침에 그려진 지도가 아닙니다. 그것은 제가 2012년부터 13년간 스타트업이라는 전쟁터에서 피 흘리며 새긴 상처이자, 그 시대의 창조자들을 이끌었던 위대한 사상들의 토대 위에서 벼려낸 결과물입니다.

지난 10년간, 우리 세대의 창업가들에게 '애자일(Agile)'과 '린스타트업(Lean Startup)'은 어둠 속 등대와 같았습니다. 완벽한 계획 대신 빠른 실행과 적응을 강조한 '애자일'과,[1] '만들기-측정-학습'의 순환을 통해 불확실성 속에서 답을 찾는 '린스타트업'은,[2] 우리가 가진 가장 진보한 항해술이었습니다.

하지만 이 눈부신 철학들은 현실의 암초 앞에서 좌초되기 일쑤였습니다.

'최소 기능 제품(MVP)'을 만드는 것부터가 거대한 벽이었습니다. 고객의 눈은 이미 최고 수준에 맞춰져 있었고, 천정부지로 솟은 개발비는 '최소'라는 단어를 무색하게 만드는 변명이 되었습니다.[2]

설령 어렵게 제품을 세상에 내놓아도, '측정'과 '학습'은 길 잃은 추측에 가까웠습니다. 고객의 진짜 속마음을 들여다볼 데이터 분석은 너무 비쌌고,

KPI나 OKR 같은 지표들은 길잡이가 되기보다 길을 잃게 만드는 장식품으로 전락하곤 했습니다. 우리는 입으로 '데이터 기반 의사결정'을 외쳤지만, 실제로는 여전히 '직감'이라는 낡은 나침반에 의지해 안갯속을 항해하고 있었던 것입니다.

솔직히 고백하자면, 이 나침반은 성공이 아닌 실패의 산물입니다. 과거 저는 동료들과 밤을 새워 완벽하다고 믿었던 앱 서비스를 출시했지만, 시장의 냉담한 반응 앞에서 처참히 실패한 경험이 있습니다. 그때 깨달았습니다. 우리의 '직감'은 종종 가장 아름다운 오답이라는 것을. 다시는 그런 실패를 반복하지 않기 위해, 데이터 속에서 길을 찾는 절박함으로 만들어낸 것이 바로 이 N.E.W.S. 사이클입니다.

바로 이 지점에서, AI는 게임의 판도를 바꾸는 조커가 됩니다. AI는 린스타트업이 꿈꿨지만 현실의 제약 때문에 온전히 피우지 못했던 '초고속 데이터 순환'이라는 이상을 마침내 현실로 만들 열쇠입니다. MVP 제작의 장벽은 AI 코드 생성으로 허물어지고 있으며,[3] 값비싼 전문가의 영역이었던 데이터 분석은 AI 자동화로 빠르게 민주화되고 있습니다.[4]

물론 이것이 당장 모든 과정의 완전 자동화를 의미하진 않습니다. 여전히 인간의 땀과 노력이 필요합니다. 하지만 중요한 것은 **변화의 방향과 압도적인 속도**입니다. AI는 매일같이 이 장벽들을 부수고 있으며, 머지않아 우리 대부분을 데이터 분석의 고된 노동에서 해방시켜 줄 것입니다.

이 가능성 위에서, 저는 13년간의 현장 경험과 교육 최전선(SMIT)에서의 치열한 고민을 녹여 새로운 시대의 생존 공식을 만들었습니다. 저는 이것을 '**창조자의 나침반**'이라 부르며, 그 사용법을 '**N.E.W.S. 사이클**'이라 명명했습니다.

이 나침반은 애자일과 린스타트업의 영혼을 계승하되, AI라는 강력한 심장을

데이터라는 안갯속 망망대해에서,
선장의 진정한 무기는 과거의 지도가 아닌 미래를 향한 '나침반'이다.

이식하여 네 개의 방향을 끊임없이 순환하며 우리가 나아갈 길을 알려줍니다.

● N (Navigate): 항로 설정과 가설 수립

가장 먼저 던져야 할 질문, "우리는 어디로 가는가?"입니다. 막연한 아이디어를 AI와 함께 날카롭게 벼려내, 검증 가능한 '가설'이라는 첫 번째 항로를 설정하는 단계입니다.

● E (Execute): 최소 실행과 실험

가장 빠르고 저렴하게 가설을 현실과 충돌시키는 과정입니다. AI라는 강력한 엔진을 장착한 무인 탐사선을 띄워, 미지의 바다에 첫발을 내딛는 단계입니다.

● W (Witness): 데이터의 증언 청취

현실의 반응을 겸허히 '목격'하고, 그 데이터 속에서 진짜 배움을 건져 올리는 단계입니다. AI는 인간의 눈이 놓치는 미세한 패턴까지 증언해 주는 가장 정직한 증인입니다.

● S (Steer): 방향 전환과 전속 항해

데이터라는 증언을 토대로 키를 돌리거나(Pivot), 순풍을 타고 전속력으로 나아갈지(Persevere) 결정하는 '선장의 시간'입니다.

이 네 단계는 단 한 번으로 끝나지 않습니다. S(조종)의 결정은 다시 더 정교해진 N(항로 설정)으로 이어집니다. 이 사이클을 반복할수록 우리의 항해는 점점 더 정교해지고 목적지에 가까워집니다. 이것이야말로 불확실성을 지식으로, 실패를 성공의 자산으로 바꾸는 **AI 시대의 연금술**입니다.

이제, 이 나침반의 첫 번째 방향, N(Navigate)을 가리키는 바늘을 따라 우리의 첫 항해를 시작하겠습니다.

III.
N (Navigate)
: 안갯속에서 첫 번째 '항로'를 설정하는 기술

모든 위대한 항해는 하나의 목적지에서 시작되지만, 대부분의 아이디어는 짙은 안갯속에서 태어납니다. "이게 요즘 유행이라던데", "이런 문제가 있는 것 같아"와 같은 막연한 감은 항해의 목적지가 아니라, 그저 가고 싶은 미지의 섬을 그린 흐릿한 스케치일 뿐입니다. 이 스케치 한 장만 들고 출항하는 것은 나침반도, 해안선도 보이지 않는 망망대해로 뛰어드는 것과 같습니다.

N(Navigate) 단계는 바로 이 안개를 걷어내고, AI와의 전략적 대화를 통해 막연한 아이디어를 검증 가능한 '첫 번째 항로', 즉 날카로운 가설(Hypothesis)로 벼려내는 기술입니다.

왜 모든 시작은 LLM과의 대화여야 하는가?

과거의 문제 해결은 고독한 지적 노동이었습니다. 인터넷 검색이라는 도구가 있었지만, 이는 내가 무엇을 찾아야 할지 이미 아는 '탐색자'에게만 유용한 수동적 '정보 인출' 도구였습니다.[1] 우리는 수많은 정보의 파편을 직접 끌어모아, 하나의 그림으로 맞춰야 하는 지난한 과정을 거쳐야 했습니다.

하지만 이제 우리 곁에는 GPT나 제미나이(Gemini)와 같이 인류의 모든 지식을 흡수한 초지능 전략가, 거대 언어 모델(LLM)이 있습니다. 인터넷 검색이 거대한 도서관에서 직접 책을 찾아 헤매는 것이라면, LLM과의 대화는 그 도서관의 모든 책을 완벽히 이해하고 연결한 수석 사서와 마주 앉아

'전략'을 짜는 것과 같습니다.[2]

따라서 AI 시대의 가치 창조는 LLM과의 대화로 시작하는 것이 가장 압도적으로 효율적인 첫걸음입니다. 그 이유는 명확합니다.

● **첫째, 생각을 벼려내 명료하게 만듭니다.** 안개 같던 생각을 언어로 쏟아내는 과정 자체가 문제의 본질을 스스로 깨닫게 하는 강력한 성찰의 도구가 됩니다.[3]

● **둘째, 편협한 시야를 강제로 확장시킵니다.** AI는 내가 보지 못했던 시장 데이터, 최신 기술, 잠재적 위협 등 광범위한 맥락을 순식간에 '연결'하고 '종합'하여, 단순 정보가 아닌 '상황 브리핑'을 제공합니다.[4]

● **셋째, 지치지 않는 최고의 스파링 파트너가 되어줍니다.** AI는 당신의 맹신을 의심하고, 논리의 허점을 파고들며, 가설을 더욱 단단하게 만들어주는 가장 객관적인 조력자입니다.[5]

보편적인 3단계 항로 설정법

이러한 LLM과의 협력은 당신의 분야와 상관없이, 다음 3단계 프로세스를 통해 아이디어를 강력한 가설로 진화시킵니다.

1단계: 날것의 생각을 던져라

완벽할 필요가 없습니다. 머릿속에 떠다니는 문제의 본질, 혹은 아이디어를 그대로 AI에게 던지십시오.

● **(1인 창업가, 박준형):** "집에 반려견 배변패드를 깔아두니 미관상 너무 안 좋고, 냄새도 잘 못 잡는 것 같아요. 친환경적이면서 디자인도 예쁜 프리미엄 배변패드를 만들면 비싸도 살 사람이 있지 않을까요?"

● **(대기업 마케터, 김유진):** "팀 SNS 채널 반응이 점점 안 좋아져요. 상사는

콘텐츠가 재미없다는데, 저는 Z세대가 긴 글을 안 읽는 것 같아요. 이걸 어떻게 증명해야 할지 막막합니다."

● **(프리랜서 디자이너, 이수호)**: "매번 클라이언트 맞추느라 지치고 수입도 불안정해요. 차라리 잘 팔리는 템플릿을 만들어서 부수입을 얻고 싶은데, 어떤 템플릿이 돈이 될지 모르겠어요."

2단계: AI와 함께 '궁극의 질문'을 설계하라

단순히 답을 구걸하는 것을 넘어, 최고의 답을 이끌어낼 '궁극의 질문' 그 자체를 AI와 함께 설계합니다. **이것이야말로 AI 시대, 인간 선장의 대체 불가능한 핵심 역량입니다.**[6]

● **(1인 창업가, 박준형)**: "이 '프리미엄 배변패드' 아이디어의 시장성을 검증하고 싶어. 타겟 고객, 경쟁 제품, 핵심 성공 요인을 분석하기 위한 최적의 리서치 계획과 프롬프트를 함께 설계해줘."

● **(대기업 마케터, 김유진)**: "내 가설('형식이 문제다')을 증명하고 상사를 설득할 가장 효과적인 '최소 비용 테스트(E)'를 기획하고 싶어. 어떤 데이터를 어떻게 수집해야 내 주장을 뒷받침할 수 있을까? 테스트 기획안의 초안을 함께 짜줘."

● **(프리랜서 디자이너, 이수호)**: "나의 디자인 스킬을 활용해 '가장 수익성 높은 니치 마켓'을 찾고 싶어. 시장 수요, 경쟁 강도, 나의 강점을 종합적으로 분석해서 3개의 유망한 후보를 추천하고, 각 후보의 첫 번째 검증(E) 단계를 위한 구체적인 액션플랜을 제안해줘."

3단계: 검증 가능한 '가설'을 얻어라

잘 설계된 질문은 안개를 걷어내고, 막연한 문제를 측정 가능하고 검증 가

능한 '가설'로 바꿔줍니다.[7]

● **(1인 창업가, 박준형의 가설)**: "만약 기존 배변패드의 '흡수력/탈취' 문제를 숯 성분 같은 친환경 소재로 해결하고 '디자인'을 개선한다면, 인테리어에 민감한 20~30대 반려인들은 기존 제품보다 50% 비싸더라도 기꺼이 구매할 것이다."

● **(대기업 마케터, 김유진의 가설)**: "만약 기존 블로그 콘텐츠를 30초 숏폼 영상으로 재가공하여 테스트 광고를 집행한다면, 기존 게시물 대비 2주 내 3배 이상의 참여율(좋아요, 공유)을 기록할 것이다."

● **(프리랜서 디자이너, 이수호의 가설)**: "만약 AI 분석으로 추천받은 '유기농 식품 스타트업' 니치를 타겟으로 로고/SNS 템플릿 패키지 MVP를 제작하여 재능마켓에 올린다면, 한 달 내에 5건 이상의 유료 문의 혹은 구매가 발생할 것이다."

실전 사례: '스냅-핏' 프로젝트의 첫 번째 항해 기록

이 프로세스가 실제 현장에서 어떻게 작동하는지, 저의 '스냅-핏' 프로젝트 사례로 생생하게 보여드리겠습니다.

1단계 (대화의 시작): 저는 AI에게 제 날것의 생각을 그대로 던졌습니다.

(나 → AI): "한국에서 데이터 기반으로 타겟 제품 정하고, 리뷰 분석해서 개량한 뒤 중국 공장에서 소싱해서 팔아보려 해. KC 인증은 필요 없고, 니치하지만 꾸준히 팔릴 제품 5개 추천해줘. **이걸 제대로 분석시키려면, 내가 너에게 어떤 프롬프트를 써야 가장 효과적일까?**"

2단계 (궁극의 질문 설계): 마지막 질문이 모든 것의 핵심이었습니다. 저는 답을 요구한 것이 아니라, **최고의 답을 얻기 위한 '질문의 설계도'**를 함께 만들

자고 제안한 것입니다. 이것이 AI를 단순 검색엔진에서 '전략 파트너'로 승격시키는 결정적 차이입니다. 저의 요청에 AI는 정교한 '미션 브리핑'의 틀을 제안했고, 저는 그것을 다듬어 최종 명령을 내렸습니다.

3단계 (첫 항로의 발견): 이처럼 AI와 함께 설계한 궁극의 질문을 통해, 우리는 마침내 '스냅-핏 네오디뮴 마그네틱 케이블 오거나이저'라는 구체적인 제품 컨셉과 함께, 검증해야 할 첫 번째 항로, 즉 명확한 가설을 얻을 수 있었습니다.[8]

우리는 이제 아이디어의 안개 속에서 벗어나, 명확한 좌표와 목적지를 손에 넣었습니다. 하지만 이 항로가 정말 안전한지, 그 끝에 보물이 있는지는 아직 모릅니다.

다음 E(Execute) 단계에서는 이 가설이 진짜인지 확인하기 위해, 가장 작고 빠른 탐사선을 띄워볼 것입니다.

IV.
E (Execute)
: 가장 작고 빠른 '척후선'을 띄우는 기술

N(Navigate) 단계를 통해 우리는 마침내 첫 번째 항로, 즉 날카롭게 벼려낸 가설을 손에 쥐었습니다. 그렇다면 다음은 무엇일까요?

과거의 선장은 이 순간, 가진 모든 자원을 쏟아부어 거대한 본함(本艦)을 건조하고 미지의 바다를 향해 출항했습니다. 성공하면 영웅이 되지만, 실패하면 모든 것을 잃는 위험한 도박이었죠. 하지만 특이점 시대의 현명한 선장은 그렇게 무모하게 함대 전체를 걸지 않습니다. 본함이 움직이기 전, 가장 작고 빠른 '**척후선(Scout Ship)**'을 먼저 보내 실제 해류와 바람, 그리고 적의 동태를 확인합니다.

E(Execute) 단계의 핵심은 바로 이 '**최소 실행(Minimal Execution)**'입니다. 가설의 가장 치명적인 부분을 검증하기 위해, AI를 활용하여 최소의 시간과 비용으로 아이디어를 현실과 '충돌'시키는 기술입니다.[1] 이 척후선은 창업가에게는 '시장 데이터 시뮬레이션'일 수 있고, 직장인에게는 '소규모 A/B 테스트'일 수 있으며, 전문가에게는 '신기술 파일럿 도입'일 수 있습니다. 핵심은 **가장 적은 자원으로 현실의 반응을 얻어내는 모든 행동**이라는 점입니다.

각자의 자리에서 척후선을 띄우는 법
이 '최소 실행'의 형태는 당신의 역할과 상황에 따라 다양하게 나타납니다. 중요한 것은 완벽한 결과물이 아니라, 가설을 검증할 최소한의 '현실 데이터'를 얻어내는 것입니다.

● (1인 창업가, 박준형의 척후선: 가상 제품 수요 테스트)

그의 첫 척후선은 공장을 알아보는 것이 아니었습니다. 그는 AI 이미지 생성 툴로 실제처럼 보이는 '프리미엄 숯 배변패드'의 광고 이미지를 3가지 버전으로 만들었습니다. 그리고 '와디즈' 같은 크라우드펀딩 플랫폼에 '오픈 예정' 페이지를 개설하고, 10만 원의 최소 광고비로 '알림 신청'이 얼마나 모이는지 테스트했습니다. 그의 실행(E)은 실제 제품이 아닌, '제품에 대한 기대감'을 판매하여 시장의 진짜 수요를 측정하는 것이었습니다.

● (대기업 마케터, 김유진의 척후선: 최소 비용 A/B 테스트)

그녀의 척후선은 거창한 영상 제작팀을 꾸리는 것이 아니었습니다. 가설("숏폼 영상이 참여율을 3배 높일 것이다")을 검증하기 위해, 그녀는 AI 영상 생성 툴을 이용해 기존 블로그 글 세 개를 단 몇 시간 만에 30초짜리 숏폼 영상으로 만들었습니다. 그리고 단 5만 원의 최소 광고 예산으로 인스타그램에 테스트를 집행했습니다. 그녀의 목표는 완벽한 영상이 아니라, 자신의 주장을 뒷받침할 가장 작고 빠른 '현실 데이터'를 얻는 것이었습니다.

● (프리랜서 디자이너, 이수호의 척후선: 최소 기능 제품(MVP))

그는 화려한 포트폴리오 사이트를 만드는 대신, 자신의 가설("유기농 식품 스타트업 템플릿은 팔릴 것이다")을 검증하기 위해 가장 자신 있는 로고 시안 3개만을 PDF로 묶어 '크몽' 같은 재능마켓에 올렸습니다. 가격도 파격적으로 낮췄습니다. 그의 척후선은 큰돈을 버는 것이 아니라, '과연 이 시장에 돈을 낼 의지가 있는 고객이 단 한 명이라도 존재하는가?'라는 가장 치명적인 질문에 대한 답을 얻기 위함이었습니다.

실전 사례: '스냅-핏' 프로젝트의 첫 번째 첩보 활동

이처럼 각자의 자리에서 가장 작고 빠른 척후선을 띄웠다면, 이제 그 척후선이 가져온 첩보를 해독할 차례입니다. 지금부터는 (저의 실제 사례인) '스냅-핏' 프로젝트를 더 깊이 따라가며, 어떻게 현실의 데이터를 확보했는지 구체적으로 살펴보겠습니다.

우리의 첫 척후선은 값비싼 시제품 제작이 아니었습니다. 바로 **'데이터를 통한 시장 시뮬레이션'**이었죠. 저는 '아이템스카우트' 같은 이커머스 데이터 분석 툴을 활용해 날것의 데이터를 확보한 뒤,[5)]AI에게 다음과 같이 지시했습니다.

(나 → AI): "여기 '자석 케이블 정리' 시장의 실제 데이터가 있어. 이 데이터를 객관적으로 요약하되, **특히 나의 '프리미엄 전략' 관점에서 모순되거나 예상과 다른 지표가 있다면 반드시 강조해서 보고해줘.**"

이 단계에서 AI의 역할은 단순 '요약'이 아닌, 선장의 의도를 이해하고 의미 있는 정보를 선별하는 '정보장교'에 가깝습니다. AI는 다음과 같이 상반된 사실, 즉 첫 번째 '첩보'를 가져왔습니다.

● **첩보 1**: '자석 케이블 정리' 키워드는 경쟁 강도 '최악'의 레드오션이며, 네이버쇼핑 평균 판매가는 4,800원에 불과한 저가 시장이다.

● **첩보 2**: 하지만 '컴퓨터 선정리', '데스크테리어' 등 '문제 해결' 및 '감성' 키워드의 검색량은 상당하며, 쿠팡 평균 판매가는 8,361원으로 상대적 고가 시장이 형성되어 있다.

척후선이 귀환했습니다. 우리 손에는 해석되지 않은, 모순으로 가득 찬 암호문 같은 첩보가 들려있습니다. 저가 시장은 포화 상태인데, 더 넓은 문제해결 시장은 존재하며, 특정 채널에서는 더 비싸게 팔리고 있다니. 이 데이터는 대체 무엇을 의미할까요?

다음 W(Witness) 단계에서는 이 혼란스러운 첩보를 어떻게 해독하여 승리의 실마리를 찾아낼 것인지 탐색해 보겠습니다.

V.
W (Witness)
: 암호화된 '첩보'에서 보물을 찾는 기술

E(Execute) 단계의 척후선이 귀환했습니다. 우리 손에는 고객의 클릭률, 설문조사, 현장의 반응과 같은 날것의 '항해 일지'가 들려 있습니다. 하지만 이 숫자와 기록들은 그 자체로 보물이 아닙니다. 그것은 암호로 가득 찬, 반드시 해독해야 할 **'첩보(Intelligence)'** 입니다.

E(Execute) 단계가 현실에 질문을 던져 '데이터'라는 날것의 답변을 얻는 과정이었다면, **W(Witness)는 그 암호화된 답변을 해독하여 '지혜'라는 보물을 캐내는 심문(審問)의 단계입니다.** 'Witness'는 단순히 데이터를 '보는(See)' 것을 넘어, 그 이면에 숨겨진 고객의 욕망과 고통, 시장의 숨겨진 패턴을 겸허히 '목격하고 증언을 듣는(Witness)' 행위를 의미합니다.

AI 시대의 증언 청취법: ① 핑퐁 심문과 ② 데이터 적재

과거 이 과정은 전적으로 인간 분석가의 직관과 역량에 의존했습니다. 하지만 이제 우리 곁에는 AI라는 최고의 심문관이 있습니다. 그와 함께라면 우리는 훨씬 더 깊은 진실에 도달할 수 있습니다.

① 핑퐁(Ping-Pong) 심문: 깊이를 더하는 대화

이 과정은 탁구처럼 핑퐁으로 이루어집니다. 선장인 내가 척후선이 가져온 날것의 데이터를 AI에게 던지면(Ping), AI는 1차 분석 결과를 내놓습니다. 그러면 나는 그 결과를 보고 더 깊은 '왜?'라는 질문을 다시 던집니다

(Pong). 이 핑퐁 심문을 반복하며, 우리는 혼자서는 결코 발견할 수 없었던 데이터의 속살을 파고들게 됩니다.[1]

② 데이터 적재(Data Stacking): 실패를 자산으로

여기서 발견된 모든 통찰과 데이터는 결코 흘려보내선 안 됩니다. 바로 이 지점에서 AI 시대의 '데이터 관리'에 대한 관점의 대전환이 필요합니다. 과거 우리는 데이터를 깔끔한 폴더나 정교한 엑셀 파일, 즉 '데이터 박물관'에 정리해야 한다고 믿었습니다. 하지만 미래의 AI 에이전트는 아무렇게나 쌓아둔 비정형 데이터 더미 속에서도 스스로 맥락을 파악하고 의미를 찾아낼 것입니다.[2]

따라서 우리의 임무는 데이터를 완벽하게 '정리'하는 것이 아니라, AI가 언제든 접근하고 학습할 수 있는 '공동의 기억 저장소' 안에 꾸준히 '기록'하고 '적재'하는 것입니다. 이 지저분해 보이는 데이터 더미야말로 AI를 위한 최고의 '훈련장'이 됩니다.

저의 개인적인 사례를 들어보겠습니다. 저는 2021년 1월 17일부터 매일 제가 한 일을 노션(Notion)에 기록하고 있습니다. 의도하지 않았던 이 기록들은 이제 AI가 저의 업무 패턴, 강점과 약점을 파악하고 미래 성과를 예측하는 가장 중요한 데이터 자산이 되었습니다. 이것이 바로 개인 수준에서 '실패마저 자산으로 만드는' 과정입니다.[3]

각자의 항해 일지에서 보물을 찾는 법

AI라는 최고의 심문관과 함께라면, 우리는 혼자서는 결코 발견할 수 없었던 데이터의 속살을 파고들 수 있습니다.

● (1인 창업가, 박준형의 증언 청취: 댓글 속 진짜 고통)

그의 척후선은 '1,257건의 알림 신청'이라는 성공적인 데이터를 가져왔습니다. 하지만 진짜 보물은 광고에 달린 댓글과 문의 글에 숨어 있었습니다. 그는 모든 텍스트를 AI 분석 툴에 던져 '핵심 감성 키워드' 추출을 명령했습니다. 잠시 후, 그의 화면에 나타난 것은 거대한 워드 클라우드였습니다. 중앙에 가장 크게 떠 있는 단어는 **'냄새'**와 **'인테리어'**였고, 그 주변으로 '고양이', '먼지', '고급스러움' 같은 단어들이 위성처럼 맴돌고 있었습니다.[1] 그는 '친환경'이라는 자신의 처음 생각보다, 시장은 **탈취와 디자인, 그리고 다묘/다견 가정의 호환성**이라는 더 절박한 고통을 겪고 있다는 목소리를 듣게 된 것입니다.[2]

● **(대기업 마케터, 김유진의 증언 청취: 숫자를 넘어선 패턴 발견)**

"숏폼 영상이 5배 더 반응이 좋았다"는 표면적인 성공에 만족할 수 없었습니다. 그녀는 AI에게 '참여율이 높은 게시물과 실제 전환율이 높은 게시물 사이의 핵심적인 차이점을 비교 분석해줘'라고 지시했습니다. AI가 내놓은 보고서는 명확했습니다. '좋아요' 상위 게시물들의 공통 키워드는 #유머 #밈 이었지만, '전환율' 상위 게시물들의 키워드는 **#꿀팁 #시간단축 #해결법** 이었습니다.[3] 그녀는 심장이 뛰는 듯한 강력한 통찰을 얻었습니다. "사람들은 재미로 '반응'하지만, 가치 있는 정보를 얻기 위해 '행동'합니다."[4]

● **(프리랜서 디자이너, 이수호의 증언 청취: 실패 데이터의 재해석)**

그의 척후선은 단 2건의 판매라는 '실패'처럼 보이는 데이터를 가져왔습니다. 하지만 그는 포기하지 않고 5건의 '구매 문의' 메시지 전체를 AI에게 입력하며 "고객이 진짜 원하는 것은 무엇인가?"를 물었습니다. AI는 문의 메시지에서 공통적으로 발견되는 패턴을 요약해 보여주었습니다. '**고객의 질문: [견적 문의] 친환경 로고 말고 '유기농 베이커리' 컨셉으로도 가능한가요? →**

숨은 의도: 추상적 가치보다 '명확한 사업 아이템'에 즉시 적용할 디자인을 원함.'[5] 그는 실패의 잿더미 속에서 '시장의 구체성'이라는 가장 값진 보물을 찾아낸 것입니다.[1]

(※ 현실의 속도: E와 W의 통합)

실제 항해에서는 E와 W가 거의 동시에, 하나의 통합된 흐름으로 움직이는 경우가 많습니다. AI 대시보드를 보며 광고를 집행(E)하고, 그 즉시 변화하는 데이터를 목격(W)하며 실시간으로 항로를 미세 조정하는 것처럼 말입니다.

실전 사례: '스냅-핏' 프로젝트의 보물 지도

저는 E단계에서 얻은 모순된 첩보를 AI에게 던지며, 본격적인 '핑퐁 심문'을 시작했습니다.

(나 → AI): "이 상반된 데이터를 어떻게 해석해야 하지? 위협과 기회를 나누어 분석하고, 우리의 프리미엄 전략에 대한 핵심 통찰을 제공해 줘."

바로 이 W단계에서 AI는 단순 요약자를 넘어 전략 파트너의 진가를 발휘했습니다. AI는 **'저품질 시장의 포화는 오히려 프리미엄의 기회'** 라는, 우리가 찾던 바로 그 통찰을 제시했습니다.

이 가설을 검증하기 위해, 저는 더 깊은 증언을 듣기로 했습니다. 시장의 강자인 '슈퍼젠' 제품의 부정적인 리뷰 수백 개를 긁어 모아 AI에게 전달하며 2차 심문을 시작했습니다. 그리고 그 대화 속에서, 우리는 고객들의 고통이라는 세 개의 결정적인 '보물'을 찾아냈습니다.

1. **첫 번째 보물**: 치명적인 호환성 문제 (케이블 두께)

2. **두 번째 보물**: 가격에 못 미치는 품질 (약한 자력, 싼 플라스틱)

3. **세 번째 보물**: 부족한 확장성 (고정된 개수)

궁극의 W: 당신만의 '가치 창조 엔진'을 구축하라

W(Witness) 단계의 최종 목적지는 단순히 하나의 통찰을 얻는 것이 아닙니다. 만약 이 '경쟁사 리뷰 분석 프로세스'가 반복적으로 가치를 창출한다는 것을 발견했다면, 그 다음은 **이 프로세스 자체를 '자동화'하는 것**입니다. Make나 n8n처럼 '코딩 없이도 여러 앱과 서비스를 서로 연결해주는' 자동화 툴을 활용하여, '경쟁사 리뷰 데이터를 수집(E)하여 핵심 불만 사항을 요약하고 보고하는(W)' 작업을 수행하는 **'자동화된 가치 창조 엔진'**의 첫 부품을 만드는 것이죠.[9]

이것이야말로 수작업 탐험을 지속 가능한 **'AI 생산수단'**으로 전환하는 핵심이며, W 단계의 진정한 완성입니다.

W(Witness) 단계를 통해 우리는 단순 첩보를 넘어, 적의 약점과 보물의 위치가 명확히 표시된 **'작전 지도'**를 완성했습니다. 이제 이 지도를 바탕으로, 우리의 함대를 어디로 움직일지 최종 결정을 내릴 시간입니다. 다음 S(Steer) 단계에서 그 방법을 살펴보겠습니다.

VI.
S (Steer)
: 데이터와 직관을 융합해 '결단'을 내리는 기술

W(Witness) 단계를 통해 우리는 마침내 보물이 숨겨진 '작전 지도'를 손에 넣었습니다. 분석은 끝났습니다. 이제 모든 정보와 통찰을 바탕으로 최종 결정을 내려야 하는 **선장의 시간(Captain's Time)**입니다.

직관을 넘어선 시스템 의사결정: 잠자는 거인을 깨우다

과거의 선장은 자신의 직관과 경험, 즉 '감(Gut feeling)'에 의존해 결정을 내렸습니다. 하지만 AI 시대의 선장은 자신의 직관마저 데이터로 검증하고 시스템화합니다. 우리 손에는 과거에는 너무 복잡하고 비싸서 사용할 수 없었던 강력한 의사결정 도구들이 AI 덕분에 '잠자는 거인'처럼 대기하고 있습니다.[1] S(Steer) 단계는 바로 이 거인들을 깨워, 나의 직관과 AI의 냉철한 분석을 융합시키는 과정입니다.

이를 위해 우리는 '나만의 의사결정 시스템'을 구축해야 합니다. N, E, W 단계에서 축적된 모든 항해 기록(데이터)을 AI가 접근 가능한 곳에 쌓아두고,[2] AI의 분석 결과와 나의 직관적 판단을 비교하며 그 기록을 계속 추가해 나가는 것입니다. 이 시스템이야말로 현대의 선장이 불확실한 황금어장에 던지는 가장 정교한 **황금 그물**입니다.

당신의 자리에서 '키'를 조종하는 법

이 결단의 순간, 선장 앞에는 크게 세 가지 선택지가 놓입니다: 순풍을 타고 더 빠르게 나아가는 '**전속력 항해(Persevere)**', 새로운 항로를 설정하는 '**방향 전환(Pivot)**', 그리고 때로는 배를 돌리는 '**항해 중단(Scrap)**'입니다.

● **(대기업 마케터, 김유진의 결단: 전략적 전진 / Persevere & Refine)**

W단계에서 '정보성 콘텐츠'의 압도적인 클릭률을 목격한 그녀는 더 이상 망설일 필요가 없었습니다. 그녀의 S(Steer)는 주저 없이 상사에게 달려가, 데이터가 명확히 표시된 테스트 결과 보고서를 모니터에 띄우는 것이었습니다. 그녀는 예산의 50%를 '반응'이 아닌 '행동'을 이끌어내는 '#꿀팁 #시간단축' 같은 '정보성 숏폼 영상'에 재배치해야 하는 이유를 숫자로 증명했습니다.[3]

● **(프리랜서 디자이너, 이수호의 결단: 과감한 방향 전환 / Pivot)**

W단계에서 '시장의 구체성'이라는 보물을 발견한 그는, 기존의 '친환경' 템플릿 아이디어에 대한 미련을 버렸습니다. 이것이 바로 '방향 전환(Pivot)'입니다. 그의 S(Steer)는 W단계에서 얻은 고객의 목소리를 바탕으로, '유기농 베이커리 스타트업을 위한 AI 브랜딩 키트'라는 완전히 새로운 항로(N)의 지도를 그리기 시작하는 것이었습니다. 실패는 끝이 아니라, 더 큰 기회의 문을 열어준 가장 정확한 나침반이었습니다.[4]

● **(1인 창업가, 박준형의 결단: 핵심 가치 강화 / Refine & Persevere)**

W단계에서 고객의 진짜 고통('냄새', '디자인')을 목격한 그는 자신의 '프리미엄 배변패드' 아이디어가 성공할 것이라는 확신을 얻었습니다. 이것 역시 '전속력 항해(Persevere)'입니다. 그의 S(Steer)는 이 생생한 통찰을 제품 개발의 '제1원칙'으로 삼는 것이었습니다. 그는 더 이상 시장을 추측하지 않았습니다. 그는 AI에게 '숯 성분을 활용한 탈취 극대화 방안' 등 구체적인 R&D 주제를 지시하고, 확신에 찬 목소리로 시제품 제작을 위한 첫 번째 제조사 미팅을 잡았습니다.[5]

실전 사례: '스냅-핏' 프로젝트의 최종 결단

이처럼 각자의 선장은 데이터라는 증언을 토대로 자신의 배를 움직일 최종 결정을 내렸습니다. 이제부터는 **(저의 실제 사례인)** '스냅-핏' 프로젝트에서 얼마나 더 복잡하고 정교한 의사결정 과정을 거쳤는지 구체적으로 살펴보겠습니다.

저는 '스냅-핏' 프로젝트의 최종 결정을 위해, AI에게 제 고민을 그대로 전달하며 '의사결정 방법론' 자체에 대한 조언을 구했습니다.

(나 → AI): "지금까지 분석한 작전 지도는 명확해 보여. 하지만 최종적으로 '전속력 항해'를 결정하기 전에, 이 의사결정의 타당성을 객관적으로 검증할 최적의 분석 방법론을 제안하고, 그에 필요한 추가 데이터를 알려줘."

(AI → 나): "네, 대표님. 현재 상황에서는 복잡한 시뮬레이션보다 **가중 결정 매트릭스(Weighted Decision Matrix)**'가 가장 효율적입니다. '수익성', '시장 확장성', '실패 리스크' 등 대표님께서 중요하게 생각하는 기준들에 가중치를 부여하고 각 선택지를 평가하는 방식입니다. 이를 위해 '예상 초기 생산 단가', '목표 판매가', '초기 마케팅 예산' 데이터가 필요합니다. 이 데이터들을 제공해주시면, 기대값을 계산해 드리겠습니다."[6]

AI의 제안에 따라, 저는 W단계에서 얻은 데이터를 바탕으로 예상치를 입력했습니다.

(나 → AI): "좋아. 예상 원가는 4,500원, 목표 판매가는 19,900원, 초기 마케팅 예산은 500만 원으로 설정해. 이 데이터를 바탕으로 매트릭스 분석을 실행해줘."

(AI → 나): "분석 결과, '전속력 항해' 전략의 기대 점수가 85점으로, 다른 두 선택지(방향 전환 60점, 항해 중단 35점)보다 월등히 높습니다. 따라서

'전속력 항해'를 시작할 것을 권고합니다."

AI의 데이터 기반 추천과 저의 직관이 마침내 하나로 합쳐졌습니다. 우리의 최종 S(Steer) 결정은 망설일 필요 없는 '전속력 항해'였습니다.

이 결정과 함께, 우리의 N.E.W.S. 사이클 첫 번째 항해는 성공적으로 끝났습니다. 보십시오. 불과 몇 번의 대화를 거쳐, 안갯속에 있던 막연한 아이디어는 이제 데이터로 검증되고 날카로운 전략으로 무장한 구체적인 '프로젝트'가 되었습니다. 이것이 바로 N.E.W.S. 나침반의 힘입니다.

하지만 현명한 선장은 단 한 번의 성공적인 항해로 만족하지 않습니다. 그는 이 항해의 모든 과정을 기록하여, 더 빠르고 안전하게 항해할 수 있는 자신만의 '함선'을 건조하기 시작합니다. 즉, 일회성의 '사이클(Cycle)'을 지속 가능한 '시스템(System)'으로 진화시키는 것입니다. 다음 7절에서는 바로 그 방법을 살펴보겠습니다.

핵심 요약: 창조자의 나침반, N.E.W.S. 사이클
- N (Navigate): 막연한 아이디어를 AI와의 전략적 대화를 통해, 검증 가능한 날카로운 '가설'로 바꾸는 단계입니다.
- E (Execute): 가설을 검증하기 위해, 최소 자원으로 현실과 충돌시켜 날것의 '데이터'를 얻어내는 단계입니다.
- W (Witness): 날것의 데이터를 AI와 함께 심층 분석하여, 실행 가능한 '통찰'을 발견하는 단계입니다.
- S (Steer): 모든 분석과 통찰을 종합하여, 인간의 직관으로 최종 '결단'을 내리는 단계입니다.

VII.
사이클에서 시스템으로
: 당신의 첫 번째 함선을 구축하라

S(Steer) 단계에서 '전속력 항해'라는 결정을 내린 것으로 우리의 첫 번째 N.E.W.S. 사이클은 성공적으로 마무리되었습니다. 하지만 현명한 선장은 단 한 번의 성공적인 항해에 만족하지 않습니다. 그는 항해 일지를 꼼꼼히 복기하여, 더 빠르고 안전하게 항해할 수 있는 자신만의 '**자동화된 함선**'을 건조하기 시작합니다. 즉, 일회성의 '사이클(Cycle)'을 지속 가능한 '시스템(System)'으로 진화시키는 것입니다.

이 시스템은 두 개의 다른 항해 리듬으로 움직입니다.

● **거시적 리듬 (The Big Loop)**: '스냅-핏' 프로젝트처럼, 하나의 큰 가설을 설정하고 검증하여 최종 전략을 결정하는 N.E.W.S. 전체 순환입니다. 이는 몇 주에서 몇 달이 걸리는, 프로젝트의 큰 방향을 결정하는 **전략적 항해**입니다.

● **미시적 리듬 (The Small Loop)**: 거시적 항해가 진행되는 동안, 갑판 아래에서는 수많은 미시적 리듬이 쉴 새 없이 반복됩니다. 광고 문구를 테스트하고(E), 클릭률을 확인하며(W), 즉시 수정하는(S) 것과 같은 작은 순환들입니다. 이러한 '마이크로 자동화'야말로 AI 시대의 조용한 혁명이며,[1] 이 작은 성공과 실패들이 모여 거대한 항해의 성공 확률을 높이는 **전술적 조정**입니다.

여기서 중요한 질문이 생깁니다. 자동화된 시스템도 'N.E.W.S. 프레임워크'라고 할 수 있을까요? 답은 '그렇다'입니다. N.E.W.S.는 '누가(Who)' 노를 젓는가를 정의하는 것이 아니라, '어떻게(How)' 가치가 만들어지는가에 대한 불변의 논리이기 때문입니다.[2]

처음에는 '인간 선장'이 AI라는 도구를 활용해 이 논리를 직접 수행합니다. 그리고 그 프로세스가 성공적으로 검증되면, 선장은 그 N.E.W.S. 논리 자체를 코드로 구현하여 **자동 항법 장치(AI 에이전트)**를 만듭니다. 이제 선장의 역할은 직접 키를 조종하는 '조타수'에서, 목적지를 설정하고 전체 시스템을 감독하는 '설계자'이자 '총독'으로 진화합니다.

이 시스템 구축의 최종 목표는 무엇일까요? 바로 '자동화'입니다. 당신의 첫걸음은 자동화된 '망원경'이나 '탐사 드론'을 만드는 것입니다. 예를 들어, Make.com과 같은 자동화 툴을 사용하여 '매주 경쟁사의 신제품 리뷰를 수집(E)하고, AI를 호출해 핵심 불만 사항을 요약한 뒤(W), 그 결과를 내 데이터베이스에 자동으로 기록하라'고 명령할 수 있습니다.[3]

그리고 이러한 개별 자동화들을 하나의 거대한 시스템으로 묶는 것이, 바로 Audos와 같은 'AI 창업 플랫폼'의 본질입니다. Audos는 "기술 지식 없이 백만 달러짜리 AI 회사를 만들게 한다"는 대담한 목표 아래, 시장 분석부터 마케팅까지 창업의 전 과정을 자동화하는, 그야말로 **자동화된 함대** 그 자체를 지향합니다.[4]

만약 '스냅-핏' 사례의 자동화된 탐사선이 좋은 성과를 낸다면, 그것은 단순히 케이블 홀더 하나를 잘 팔게 되었다는 의미를 넘어섭니다. 마침내 저는, '나만의 차별화된, 성공 가능성이 높은 아이템을 자동으로 발굴해내는 프로세스' 그 자체를 손에 넣게 되는 것입니다.

선장은 이제 매번 직접 노를 젓는 고된 탐사에서 벗어나, 자동으로 황금어장을 찾아내는 그물을 던져놓고, 더 큰 바다를 조망하며 새로운 항로를 개

선장의 역할은 더 이상 노를 젓는 것이 아니다.
스스로 항해하는 '자동화된 함선'을 만들고, 더 큰 바다를 향한 항로를 설계하는 것이다.

척하는 데에만 집중할 수 있게 됩니다. 이것이 바로 당신의 첫 번째 함선을 건조하는 과정이며, AI 시대 선장의 숙명입니다.

> **핵심 요약**: 성공적인 항해(사이클)는 반드시 스스로 항해하는 함선(시스템)으로 진화해야 합니다. 이는 N.E.W.S. 논리를 Make.com과 같은 툴로 자동화하여[3] '자동 항법 장치'를 만드는 과정입니다. 궁극적으로 Audos와 같은 플랫폼은[4] 창업 과정 전체를 자동화하는 '함대'를 구축하게 하며, 선장의 역할을 직접 노를 젓는 노동에서 시스템을 감독하고 새로운 바다를 개척하는 전략가로 격상시킵니다.

VIII.
선장의 창세기
: 10년간의 진화 로드맵

지금까지 우리는 N.E.W.S. 나침반의 사용법과 자동화된 함선을 만드는 목표까지 확인했습니다. 이제 이 모든 것을 당신의 현실이라는 시간축 위에 새겨 넣을 차례입니다. 하지만 이 위대한 항해를 시작하기에 앞서, 우리는 한 가지 진실을 겸허히 인정해야 합니다.

앞으로의 사회는 궁극적으로 인간이 지금과 같은 방식으로 '일'할 필요가 없어질 가능성이 높습니다. 일론 머스크의 예언처럼 '보편적 고소득' 사회가 될 수도,[1] 반대로 극심한 불평등 사회가 도래할 수도 있습니다. 미래는 안갯속에 있습니다.

따라서 이것은 '반드시 이렇게 해야만 살아남는다'는 생존 강령이 아닙니다. 이것은 변화의 파도에 표류하는 승객이 되기를 거부하고, **미래의 방향키를 직접 쥐고 시대를 창조하려는 당신을 위한 '독립선언문'**이자 '창세기(Genesis)'입니다.

Phase 1 (현재 ~ 2027년)
1인 기업으로의 독립 선언

● **시대의 파도**: 생성형 AI가 단순 조수를 넘어 'AI 직원'으로 진화합니다. AI 활용 능력의 격차가 소득과 기회의 격차로 직결되는 'AI 격차 사회'가 시작됩니다.[2]

● **당신의 미션**: 당신의 소속과 직업이 무엇이든, **AI 직원들을 지휘하여 가치를 창출하는 '1인 기업의 CEO'**로서 당신 자신을 재정의해야 합니다.

● **핵심 지령(Directives)**:

1. **AI 유창성 확보**: AI와의 협업은 외국어와 같습니다. 매일 사용하여 익숙해지지 않으면 결정적인 순간에 침묵하게 됩니다.[3] '**매일 LLM과 50번 이상 대화하기**'처럼, 의식적인 훈련으로 AI를 당신의 사고 파트너로 만드십시오.

2. **첫 번째 자동화 함선 건조**: 당신의 업무에서 가장 반복적인 부분을 찾아, N.E.W.S. 사이클을 적용하고 Make 같은 툴로 '**자동화된 탐사선**'을 구축하십시오. 이것이 당신의 첫 번째 자산이자 함선입니다.

3. **CEO 관점 채택**: 수많은 AI 툴을 당신의 '직원'으로 여기고, 이들을 지휘하여 최고의 성과를 내는 '경영자'의 관점을 매일 연습해야 합니다.

4. **독점적 데이터 축적**: 지금부터 당신의 모든 실행, 학습, 실패의 과정을 '**선장의 항해 일지(Captain's Log)**'로 기록하십시오. 이 데이터가 미래에 당신의 AI를 남들과 다르게 만드는 가장 강력한 차별점입니다.

Phase 2 (2028년 ~ 2031년) 당신만의 자동화 함대 구축

● **시대의 파도**: AI 에이전트가 보편화되어, 기본적인 업무 자동화는 더 이상 경쟁력이 아닌 '기본값(Default)'이 됩니다. 모두가 함선을 가진 시대가 열립니다.[4]

● **당신의 미션**: 남들과 똑같은 바다(레드오션)에서의 소모전을 피하고, **당신만의 '황금어장(니치 마켓)'**을 발굴하고 정복해야 합니다.

● **핵심 지령(Directives)**:

1. Phase 1에서 건조한 첫 함선을 시작으로, 마케팅, 영업, 운영 등 각 기능을 수행하는 여러 자동화 함선으로 구성된 '**함대(Fleet)**'를 구축하십시오.

2. 이 함대를 활용하여 '성공 가능성 높은 아이템을 자동으로 발굴하는 시스템' 그 자체를 만드십시오. 이때 당신의 역할은 함선을 '만드는' 엔지니어를 넘어, **어떤 새로운 바다를 탐험할지 결정하는 '전략가'**로 진화합니다.

Phase 3 (2032년 ~ 2035년) 선장에서 제독(Admiral)으로의 승격

● **시대의 파도**: AI가 사업화 과정 전체를 스스로 기획하고 실행하는 '자율 운영 기업'이 등장하기 시작합니다. 예측 자체가 무의미해지는 특이점의 문턱입니다.[5]

● **당신의 미션**: 개별 함대의 '선장' 역할을 넘어, 변화하는 바다의 흐름 자체를 읽고 다음 시대의 파도를 감지하는 '함대 총사령관(제독, Admiral)'으로의 전환을 준비해야 합니다.

● **핵심 지령(Directives)**:

1. 당신의 역할은 자동화된 함대의 운영을 감독하고, AI가 내릴 수 없는 '**윤리적 방향성**'을 설정하는 것으로 격상됩니다.

2. 학습의 초점은 특정 기술이 아닌, '변화의 본질은 무엇인가?'와 같은 **메타-학습(Meta-Learning)**으로 이동해야 합니다.[6]

3. 자동화가 가져다줄 부와 시간을, AI가 결코 가질 수 없는 **인간 고유의 가치(깊이 있는 관계, 창조적 영감, 공동체 기여)**에 투자하십시오. 이것이 다음 시대를 위한 가장 현명한 준비입니다.

이 로드맵은 단순한 생존 전략을 넘어, AI 시대에 한 명의 주체적인 '창조자'로 거듭나는 당신의 위대한 진화 과정입니다.

이제 우리는 특이점 시대를 항해할 나침반과 구체적인 행동 계획까지 모두 손에 넣었습니다. 6장의 긴 여정을 마무리하며, 이 모든 것의 의미를 다시 한번 되새겨볼 시간입니다.

IX.
이제, 출항할 시간입니다

6장의 긴 여정이 끝났습니다. 우리는 특이점이라는 거친 바다에서 낡은 성공 공식이 어떻게 좌초되는지를 목격했고, 그 폐허 위에서 '가치 창조 엔진'이라는 새로운 원리를 발견했습니다. 그 엔진을 구동할 'N.E.W.S. 나침반'의 사용법을 익혔으며, 마침내 스스로 항해하는 '자동화된 함선'을 건조하는 것을 우리의 목표로 삼았습니다.[1]

이것은 단순한 지식의 습득이 아닙니다. 이것은 AI 시대의 파도 속에서 표류하는 승객이 되기를 거부하고, 역사의 방향키를 직접 쥐는 '**창조자**'가 되겠다는 당신의 첫 번째 맹세입니다.[2]

이제 당신의 손에는 특이점 시대를 항해할 나침반과 구체적인 행동 계획이 들려 있습니다. 당신은 더 이상 무력한 관찰자가 아닙니다.

하지만 당신의 함선이 항해할 미래의 바다는 과연 어떤 모습일까요? 6장에서 '개인'의 생존 전략을 완성했다면, 이제 시야를 넓혀 우리가 마주할 '세계'의 거대한 변화를 탐색할 시간입니다.

다음 7장 「2035년의 새로운 질서: 국가, 화폐, 인간의 소멸」에서는, 당신의 함선이 마주하게 될 충격적인 미래의 운영체제를 낱낱이 파헤쳐 볼 것입니다. 당신이 상상하는 것보다 훨씬 더 기묘하고 거대한 폭풍이 몰려오고 있습니다.

7

2035년의 새로운 질서

경계의 붕괴 (국가, 화폐, 인간)

I.
익숙함과의 작별
: 선장의 눈으로 본 2035년

6장에서 당신은 N.E.W.S. 나침반을 손에 넣고 첫 번째 자동화된 함선을 만드는 법까지 익혔습니다. 이제 당신이라는 선장이 항해할 2035년의 바다는 과연 어떤 모습일까요?

가장 먼저 마주할 현실은, 우리가 알던 과거의 해도가 모두 쓸모없어졌다는 사실입니다. 2035년은 '**익숙함의 종말(The End of Familiarity)**'의 시대입니다. 국가, 기업, 노동, 심지어 '나'라는 정체성의 개념까지, 우리가 당연하게 여기던 모든 것의 의미와 형태가 근본적으로 재정의되었습니다. 특이점은 미래의 어느 날 갑자기 오는 '사건'이 아니라, 지금 이 순간에도 가속화되는 '과정'이며, 우리는 이미 그 안에 살고 있습니다.

이 낯선 바다의 풍경을 더 구체적으로 그려보기 위해, 2035년 서울에서 열리는 가상의 '글로벌 거버넌스 재구성 정상회의' 장면을 잠시 들여다보겠습니다. 회의장에는 전통적인 국가 대표들 사이로, 이미 국가 수준의 영향력을 행사하는 초국적 테크 플랫폼 기업의 대표단이 동등한 자격으로 앉아 있습니다. 회의장 대형 스크린에는 AI '아이리스(Iris)'가 실시간으로 복잡한 데이터 분석과 정책 시나리오의 미래 예측치를 시각화하며, 인간 대표들의 논의 방향과 결정에 막대한 영향을 미치고 있습니다.

이 회의의 주요 의제를 살펴보면 그 충격은 더욱 커집니다. 더 이상 과거의 영토 분쟁이나 무역 협상이 핵심이 아닙니다. OECD의 최신 보고서가 이미 경고했듯, 첫 번째 의제는 'AI 시스템이 초래한 피해의 법적 책임 및 통제 문제'입니다. AI의 결정으로 발생한 피해의 책임을 누구에게 물을 것인가는 기업과 정부 간의 새로운 분쟁을 낳고 있으며, 이는 새로운 국제 규제 프레임워크를 요구하고 있습니다.[1)2)]

다음으로, 영국 국방부가 '새로운 패러다임의 새벽'이라 명명한 '인간 증강 기술의 윤리적 가이드라인'이 논의됩니다.[3)] 뇌-컴퓨터 인터페이스나 유전자 편집 기술을 어디까지 허용할 것인지, 그로 인한 사회적 불평등을 어떻게 막을 것인지는 인간의 정체성 자체를 재정의해야 하는 어려운 문제입니다. 이어서 카네기 국제평화재단과 세계경제포럼이 공동으로 제안한 '글로벌 AI 자원 분배 규칙'과 '사이버 공간에서의 주권 문제'가 테이블 위에 오릅니다.[4)5)] AI 개발에 필수적인 데이터와 컴퓨팅 자원을 어떻게 공평하게 나눌지, 그리고 국경 없는 사이버 공간에서 국가와 거대 기업의 권한을 어떻게 설정할지에 대한 격렬한 토론이 이어집니다.

불과 10년 전에는 상상조차 하기 어려웠던 주제들이 2035년 국제 사회의 가장 시급한 현안으로 논의되고 있는 것입니다.

이 낯선 풍경이 바로 당신의 함선이 항해해야 할 새로운 바다입니다. 국가, 기업, 개인의 경계가 허물어지고, 데이터와 알고리즘이 새로운 권력의 원천이 된 세상. 이곳에서는 과거의 성공 공식이 통하지 않습니다. 당장 당신의 함선이 항해할 경제의 바다부터가 그렇습니다. 예를 들어, 저명한 맥킨지 글로벌 인스티튜트는 AI 채택이 가속화되면서 2030년까지 미국 노동시장에서 약 30%의 작업 시간이 자동화될 수 있다고 전망합니다.[6)] 이는 단순한 효율성 향상을 넘어, 노동 시장의 재편과 선장인 당신에게 완전히 새로운 능력을 요구하는 거대한 변화입니다.

이 7장에서는 6장에서 논의된 개인 수준의 변화가 어떻게 모여 이러한 거시적인 사회 구조와 세계 질서의 재편을 만들어내는지 구체적으로 탐색할 것입니다. 이는 변화에 대한 막연한 두려움을 극복하고, 우리가 원하는 미래를 만들기 위한 현실적인 준비를 시작하는 첫걸음입니다.

> 핵심 요약: 2035년의 세계는 우리가 알던 모든 규칙이 무너진 '새로운 바다'와 같습니다. 국가와 기업의 권력 지도가 다시 그려지고, 'AI의 법적 책임'과 같은 낯선 현안이 국제 질서를 지배합니다. 이 거대한 변화는 지식 노동의 대규모 자동화와 같은 기회를 약속하지만,[6] 동시에 수많은 직업 전환과 새로운 불평등이라는 거대한 도전을 선장(우리) 앞에 놓습니다.

II.
민주주의의 위기
: '기계 통치'라는 새로운 해류

선장으로서 당신이 가장 먼저 감지해야 할 것은, 2035년의 바다 밑을 흐르는 거대하고 보이지 않는 해류(海流)입니다. 이 해류의 이름은 **'기계 통치(Algorithmic Governance)'**입니다. 이것은 거대한 폭풍처럼 눈에 보이지도, 요란한 소리를 내지도 않습니다. 그저 조용하지만 거스를 수 없는 힘으로, 당신의 함선을 포함한 모든 배의 항로를 미세하게, 그리고 집요하게 한쪽 방향으로 틀어버립니다. 그 방향은 바로 '인간의 불완전한 합의'보다 '데이터에 기반한 최적의 효율성'을 향한 길입니다.[1]

이 해류가 가장 먼저 부딪히는 낡은 암초가 바로 '민주주의'입니다. 이 흐름은 정보 조작과 선거 개입을 용이하게 만들어, 민주주의를 지탱하는 세 개의 돛대 — 대표성, 책임성, 그리고 신뢰 — 를 송두리째 뒤흔드는 치명적인 힘을 가졌습니다.[2]

해류의 첫 번째 흐름은 **'한 표의 가치가 흔들리는 세상'**을 만들어냅니다. 5장에서 논의했듯, 기술로 인지 능력을 강화한 '증강된 시민'이 등장하면서 사회는 암묵적으로 그들의 판단에 더 높은 가중치를 두기 시작합니다. BCI로 AI와 직접 연결된 시민이 내놓는 데이터 기반 분석과, 그렇지 않은 시민의 직관적인 주장은 애초에 동등한 '정보'로 취급받기 어렵습니다. 법적으로는 '1인 1표'일지 몰라도, 실질적인 영향력은 이미 기울어진 운동장이 된 것입니다.[3] "모두의 의견을 듣는 것은 너무 느리고 비효율적이다. 전문가와 AI가 최적의 답을 찾아야 한다"는 해류의 속삭임은 점점 더 많은 사람들을 설득합니다. 최근 유럽연합 집행위원회에서 발표한 보고서는, BCI 같은 기술이 대규모로 사용될 경우 시민들의 소통 방식 자체를 변형시켜 민주주의의 근간인 '평등한 참여' 원칙을 심각하게 훼손할 수 있다고 정확히 경고합니다.[4]

해류의 두 번째 흐름은 훨씬 더 강력합니다. 그것은 **'기계의 현명함'에 잠식 당하는 인간의 판단력**입니다. 당신이 회사의 CEO라고 상상해 보십시오. AI가 수백만 개의 변수를 분석한 뒤 "B안을 선택할 경우 프로젝트 성공 확률은 37%, 하지만 A안은 94%입니다"라고 보고할 때, 당신은 어떤 선택을 하시겠습니까? 94%의 성공 확률을 거부하는 것은 '비합리적인 리더'로 비칠 수 있습니다. 이 딜레마는 공공 영역에서 더욱 심각해집니다. AI의 분석에 과도하게 의존하는 거버넌스는 기존의 권력 불균형을 심화시키고, 최종 의사결정 과정에서 인간의 역할을 축소시킬 수 있습니다.[1]

결국 AI의 제안은 사실상의 '결정'이 되고, 인간의 승인은 형식적인 '거수기' 역할로 전락합니다. 당신의 AI 참모가 "이 항로가 생존 확률이 가장 높습니다"라고 말할 때, 당신의 나침반이 가리키는 다른 길을 갈 용기가 있습니까?

그렇다면 선장은 이 거대한 해류 앞에서 속수무책으로 떠내려가야만 할까요? 그렇지 않습니다. 현명한 선장은 **해류에 맞서 싸우는 대신, 해류의 흐름을 읽고 그 힘을 이용해 자신의 항해를 하는 법**을 배웁니다.

이것이 바로 6장에서 배운 N.E.W.S. 나침반이 필요한 이유입니다. 당신은 AI를 활용해 해류의 방향과 속도, 즉 '최적의 경로'가 무엇인지 철저히 분석하고 이해합니다(Execute & Witness). 하지만 최종적으로 키를 돌리는 순간(Steer), 당신은 AI가 계산하지 못하는 것들을 저울 위에 올려놓습니다. 바로 데이터로 환산할 수 없는 인간적인 가치들, 즉 당신의 철학, 비전, 윤리, 그리고 공동체에 대한 책임감입니다.

AI가 '효율'을 위해 구조조정을 제안할 때, 당신은 '신뢰'라는 무형의 자산을 지키는 길을 선택할 수 있습니다. AI가 '최단 경로'를 추천할 때, 당신은 조금 돌아가더라도 '새로운 기회'를 발견할 수 있는 미지의 섬에 잠시 정박하는 결단을 내릴 수 있습니다.

'기계 통치'라는 해류는 피할 수 없는 현실입니다. 그러나 그 해류의 끝이 유토피아일지 디스토피아일지를 결정하는 것은, 결국 그 위에서 키를 잡고 있는 당신이라는 선장의 마지막 '선택'과 '책임'에 달려 있습니다. 이 해류가 민주주의의 근간을 바꾸는 동안, 바다 위에서는 또 다른 거대한 변화가 일어나고 있습니다. 국가라는 낡은 항구의 힘은 약해지고, 국경 없는 기업들의 막강한 함대가 새로운 바다의 지배자로 떠오르고 있습니다.

> **핵심 요약**: '기계 통치'라는 거대한 해류는 데이터 기반의 효율성으로 인류의 복잡한 문제를 해결할 가능성을 제시합니다. 하지만 선장인 우리는 그 대가로 민주주의의 근간인 대표성과 신뢰가 침식되는 위험을 감수해야 합니다.[2] 정보 조작의 위협, 증강된 시민과 그렇지 못한 시민 간의 새로운 불평등이라는 암초[3][4] 속에서, 인간의 최종적인 판단과 책임은 그 어느 때보다 중요해집니다.

III.
권력의 이동
: 국가의 항구 vs. 기업의 함대

'기계 통치'라는 거대한 해류가 바다의 흐름을 바꾸는 동안, 해수면 위에서는 더 눈에 띄는 지각 변동이 일어나고 있습니다. 바로 수 세기 동안 모든 배들의 고향이자 유일한 권력의 중심이었던 '**국가라는 항구(The Port of Nation)**'의 시대가 저물고, 국경 없는 바다를 누비는 '**기업이라는 거대 함대(The Corporate Fleet)**'가 새로운 지배자로 떠오르는 것입니다. 선장으로서 당신은 이제 어느 항구에 소속되어 있느냐보다, 어느 함대와 함께 항해하느냐가 생존에 더 중요해지는 시대를 맞이하고 있습니다. 이미 AI 기술은 국가의 전통적 역할을 잠식하며 사회·정치적 권력을 거대 기술 기업으로 집중시키고 있습니다.[1]

과거의 세계에서 모든 배는 특정 국가라는 항구에 등록된 채, 그 항구의 깃발을 달고 항해했습니다. 항구는 배에게 법률, 화폐, 그리고 '국민'이라는 정체성을 부여하는 안전한 피난처이자 유일한 기반이었습니다. 하지만 2035년의 바다에서 항구의 힘은 눈에 띄게 약해졌습니다. 국제결제은행(BIS)의 보고서가 지적하듯, AI 시대의 석유인 데이터는 국경의 방파제를 넘어 자유롭게 흐르며 경제와 결제 시스템의 판도를 바꾸고 있습니다.[2] 한국과 같은 항구들이 '세계 3대 AI 강국'이 되겠다는 청사진을 내걸고 등대를 더 밝게 비추고 방파제를 높이 쌓아보지만,[3] 이미 바다의 규칙 자체는 항구 밖에서 쓰이고 있습니다.

그 규칙을 쓰는 자들이 바로 '기업 함대'입니다. 구글, 아마존, 메타와 같은 초국적 테크 기업들은 더 이상 특정 항구에 얽매이지 않습니다. 그들은 수십억 명의 사용자를 '선원'으로 거느리고, 자체적인 플랫폼을 '영토'로 삼아, 독자적인 규칙(이용약관)과 화폐(포인트, 토큰), 그리고 사이버 보안팀이라는 '해군'까지 갖춘 거대한 함대가 되었습니다.

지난 10여년간 스타트업을 운영하며 제가 매일 마주한 현실은, 국가의 경계가 무의미해지는 새로운 권력 지대였습니다. 저희의 핵심 인프라는 아마존(AWS)의 클라우드 위에 있었고, 마케팅은 구글과 메타에 의존했으며, 수익의 상당 부분은 애플과 구글의 앱스토어라는 보이지 않는 제국에 세금처럼 납부해야 했습니다.

이러한 디지털 인프라의 독점은, 앞서 1장에서 살펴보았듯 AI 시대의 새로운 석유인 반도체와 핵심 자원을 통제하려는 현대판 '자원 전쟁'과 정확히 맞닿아 있습니다. 데이터를 지배하는 자가 세상을 지배하는 것이 아니라, 데이터를 처리할 '물리적 수단'을 지배하는 자가 새로운 시대의 패권을 쥐게 된 것입니다.

이러한 현실을 온몸으로 겪은 뒤, 사업 9년 차에 들어간 KAIST MBA 과정은 제게 더 큰 충격을 주었습니다. 교과서 속 경영 전략들은 여전히 국가라는 안정된 플랫폼을 전제로 쓰여 있었지만, 우리가 싸우는 전쟁터는 이미 그 울타리 밖이었기 때문입니다.

스탠포드 HAI의 한 보고서가 경고하듯, 이 함대들은 단순한 경제 주체를 넘어 기술 독점과 정치적 영향력을 활용해 국제 정책 환경을 재구성하는 지정학적 행위자가 되었습니다.[4]

선장으로서 당신은 이제 중대한 전략적 선택의 기로에 섭니다.

첫 번째 길은 **항구에 머무르는 것**입니다. 국가의 법적 보호와 안정이라는 익숙한 밧줄을 붙잡는 길이죠.[5] 하지만 함대들이 주도하는 기술 발전의 흐름에서 소외되어 경제적 불안정성이 커질 위험을 감수해야 합니다.[1]

두 번째 길은 **거대 함대에 합류하는 것**입니다. 그들의 막강한 기술력과 자원을 빌려 더 먼 바다로 나아가는 매력적인 길입니다.[4] 그러나 그 대가로 당신의 항해는 함대의 결정에 종속되며 자율성을 상당 부분 잃게 될 것입니다.[1]

마지막 길은 **독립 항해사로 남는 것**입니다. 낡은 항구와 위험한 함대 사이를 오가며, 오직 당신의 N.E.W.S. 나침반만을 믿고 항해하는 가장 고독하고 위험한 길입니다. 하지만 이 길만이 당신의 깃발을 지킬 수 있는 유일한 방법일지도 모릅니다.[5]

이미 2025년 오늘 태어나는 '디지털 네이티브' 세대에게는 이 선택의 무게가 다르게 느껴집니다. 맥킨지 보고서에 따르면, Z세대는 디지털 세계에서의 자아 표현을 통해 브랜드(함대)와 강한 유대를 형성하며, 태어난 국가(항구)의 정체성을 넘어서는 영향을 받습니다.[6]

> 2035년의 저녁 식탁은 무겁게 가라앉아 있었다. 며칠간의 고민 끝에 첫 직장을 결정한 아들 최민준(22)이 폭탄선언을 한 직후였다. "저, 노바(NOVA)로 가기로 결정했어요."
> 아버지의 얼굴이 굳어졌다. "민준아, 대한민국 정부 스마트시티 프로젝트가 얼마나 안정적이고 명예로운 자리인데… 정체도 모를 글로벌 기업이 뭐란 말이냐. 나라를 위해 일해야지." 아버지에게 아들의 선택은 이해할 수 없는 배신처럼 느껴졌다.
> 민준은 차분하게 대답했다. "아버지, 노바는 월급을 '노바코인'으로 줘요. 전 세계 어디서든 쓸 수 있고, 어쩌면 원화보다 더 안정적일지 몰라요. 제 동료들은 서울이 아니라 상하이, 뭄바이, 싱가포르에 있어요. 제 '국가'는 대한민국이 아니라 '노바'라는 글로벌 커뮤니티예요."

> 아들의 말은 아버지에게 더 큰 충격이었다. "그게 애국심도 없는 용병과 뭐가 달라!" 격앙된 목소리에 민준은 조용히 자신의 AR 글래스를 가리켰다. "정부 프로젝트도 인류에 기여하죠. 하지만 노바에서는 지금 실시간 해수면 상승 데이터를 분석해서 기후 난민의 이동 경로를 예측하고 있어요. 수백만 명의 목숨을 구하는 일이에요. 저는 이게 더 중요한 '애국'이라고 생각해요."
> 아버지는 더 이상 아무 말도 하지 못하고 깊은 한숨을 내쉬었다. 그는 평생을 '국가'라는 단단한 땅 위에서 살아왔지만, 아들은 태어날 때부터 국경 없는 '바다' 위에서 자라왔다. 저녁 식사가 끝나고, 민준은 창밖으로 보이는 서울의 야경 대신, 자신의 AR 글래스에 떠 있는 거대한 데이터의 바다, 그리고 그 위를 항해할 자신의 첫 번째 배를 그리고 있었다.

이처럼 권력의 지도가 항구에서 함대로 넘어가는 거대한 변화의 바다 위. 하지만 이 바다에는 또 다른 존재들이 있습니다. 강력한 함대에도, 안전한 항구에도 속하지 못한 채 목적 없이 떠도는 배들. 바로 '노동 없는 경제'라는 안개 속에서 길을 잃은 유령선들입니다.

> **핵심 요약:** AI 시대의 바다에서 '기업 함대'는 기술 독점과 데이터 자원을 무기로 '국가 항구'의 권력을 약화시키며 새로운 지배자로 떠오릅니다.[1)2)] 선장인 우리는 혁신과 성장의 기회를 잡기 위해 함대에 합류할 것인지, 아니면 자율성을 지키기 위해 독립 항해를 계속할 것인지 선택해야 합니다. 이는 권력 불균형과 사회 불평등 심화라는 거대한 파도 앞에서 우리 각자의 생존 항로를 결정해야 하는 궁극의 질문입니다.

IV.
노동 없는 경제
: 항해의 목적을 잃은 유령선들

선장으로서 당신이 새로운 바다의 해도를 펼쳤을 때, 그 위에는 강력한 함대와 낡은 항구만 있는 것이 아닙니다. 지도 곳곳에는 그 어디에도 속하지 못한 채, 동력도 목적지도 없이 안갯속을 표류하는 수많은 배들이 그려져 있습니다. 바로 '**노동 없는 경제**'라는 새로운 기후가 낳은 **유령선(Ghost Ships)** 들입니다.

과거 시대의 모든 배는 '노동'이라는 엔진으로 움직였습니다. 인간이 자신의 시간과 노력을 투입하여 가치를 만들고, 그 대가로 받은 '임금'이라는 연료로 항해를 계속했죠. 하지만 AI와 자동화라는 거대한 기술 혁명은 이 오래된 엔진 자체를 바다 한가운데서 뜯어내 버렸습니다. 이는 단순한 비유가 아닙니다. PwC와 맥킨지 같은 기관들의 보고서는 2030년대 중반까지 전체 직업의 최대 30%가 자동화될 수 있으며, 나머지 직업의 60% 역시 AI에 의해 그 본질이 크게 바뀔 것이라는 냉정한 현실을 예고합니다.[4) 5)]

이 거대한 변화는 바다 위에 새로운 계급도를 그리고, 기존의 사회적 불평등을 더욱 깊은 골짜기로 만들고 있습니다.[1)] 선장인 당신의 눈에는 세 종류의 함선이 뚜렷하게 보일 것입니다.

첫째는 **함대 총사령관(The Fleet Admirals)** 입니다. AI 생산수단을 소유한 최상위 계층으로, 바다의 규칙을 만들고 막대한 부와 권력을 독점합니다.[1)] 둘째는 바로 당신과 같은 **숙련된 항해사(The Skilled Navigators)**입니다. AI 도구와 N.E.W.S. 나침반을 활용해 가치를 창출하는 이 전문가 그룹은, 세계경제포럼이 예측하는 새로운 시대의 중산층을 형성합니다.[2] 그리고 마지막으로, 바다의 대부분을 차지하는 **유령선의 선원들(The Crew of Ghost Ships)**입니다. 자동화의 물결에 밀려 노동 시장이라는 엔진을 잃어버린 이들은, 정신적 고립과 불안정이라는 거친 파도에 그대로 노출됩니다.[3]

이 유령선들은 침몰하지 않습니다. 함대와 항구들은 이들을 최소한의 '소비자'로 남겨두기 위해, '보편적 기본소득(UBI)'이라는 이름의 연료와 식량을 주기적으로 공급합니다. 런던 정치경제대학교(LSE)의 분석처럼, UBI는 AI 시대의 새로운 사회 계약으로 제안되며 이들의 물질적 생존을 보장해 줍니다.[5]

하지만 그들의 진짜 비극은 물질의 결핍이 아닌, '**목적의 상실**'입니다. 유령선 위의 삶은 어떤 모습일까요? 아침에 일어나 AI가 추천하는 가상현실에 접속해 시간을 보내고, 오후에는 거대 플랫폼이 제공하는 맞춤형 콘텐츠를 소비합니다. 이들에게 가장 무서운 병은 괴혈병이 아닌, '**존재론적 권태**'라는 이름의 정신적 질병입니다. 자동화로 인한 실업은 기계에 대체될지 모른다는 두려움과 불안을 낳고,[3] 목적 없이 주어진 과도한 여가 시간은 결국 삶의 의미를 잃게 만드는 공허함으로 이어집니다.

선장으로서 당신은 망원경으로 이 유령선들을 바라봅니다. 그리고 등골이 서늘해지는 깨달음을 얻습니다. 6장에서 당신이 그토록 치열하게 익혔던 N.E.W.S. 나침반의 진짜 가치는, 단순히 돈을 버는 기술이 아니었다는 것을 말입니다.

그것은 **목적지를 설정하고(Navigate)**, 그곳을 향해 **나아가고(Execute)**, 여정 속에서 **배우며(Witness)**, 끊임없이 **항로를 수정하는(Steer)** '목적을 만드는 기술'이었습니다. 유령선과 당신의 함선을 가르는 결정적 차이는 배의 크기나 속도가 아니라, 바로 이 '나침반'의 유무였던 것입니다. 노동의 가치가 사라진 시대, 스스로 항해의 목적을 만들 수 있는 능력이야말로 가장 희귀하고 값진 자산이 됩니다.

당신이 유령선들을 뒤로하고 다시 전진하려 할 때, 수평선 너머에서 무언가 이상한 광경이 포착됩니다. 기존의 함선과는 비교할 수 없는 속도로 움직이는 존재들, 스스로 빛을 내는 것처럼 보이는 저 함선들은 대체 무엇일까요? 인류 분화의 서막이, 지금 당신의 눈앞에서 열리고 있습니다.

> 핵심 요약: '노동 없는 경제'의 바다에서, AI 자동화는 2030년대까지 최대 30%의 직업을 대체하며[4)][5) 새로운 계급도를 그립니다. 목적을 가지고 항해하는 '숙련된 항해사'와, UBI로 생존은 하지만 '존재론적 권태'라는 안갯속을 표류하는 '유령선'으로 나뉘는 것입니다. 이는 선장인 우리에게, 이 시대의 진정한 부는 돈이 아니라 스스로 '항해의 목적'을 만들 수 있는 능력임을 명백히 보여줍니다.

V.
인류 분화의 서막
: '증강 함선'의 등장

수평선 너머에서 당신이 목격한 정체불명의 존재, 그것이 바로 이 새로운 바다의 질서를 재편할 '**증강 함선(Augmented Ship)**'입니다. 당신의 함선이 가진 레이더로는 그 정확한 제원조차 파악하기 어려울 정도로 다른 차원의 이 존재들은, 4장에서 우리가 확인했던 생명 공학 기술이 마침내 현실의 바다에 등장했음을 알리는 신호탄입니다.

CRISPR 유전자 편집 기술은 선체의 노화를 막는 것을 넘어 인간의 특성 자체를 향상시키고,[1] 뇌-컴퓨터 인터페이스(BCI)는 생각만으로 항해 시스템과 직접 연결되는 수준으로 발전했습니다.[2] 이것이 바로 '증강 함선'의 실체입니다.

이들의 등장은 바다의 모든 경쟁 구도를 근본적으로 뒤바꾸며, 선장인 당신에게 세 가지 거대한 파도를 몰고 옵니다.

첫 번째 파도는 '**메울 수 없는 성능의 격차**'입니다. 당신의 함선이 아무리 뛰어난 AI 참모와 N.E.W.S. 나침반을 가졌다고 해도, 증강 함선과는 물리적인 성능 자체가 다릅니다. 당신이 레이더를 보고 손으로 키를 돌릴 때, 증강 함선의 선장은 생각만으로 함대의 방향을 바꾸고, 수백 개의 드론을 동시에 제어합니다.[2] 이는 기술 전문가들이 예견한 '다음 기술 붐'의 현실태이며,[3] 마치 범선과 핵추진 항공모함의 대결처럼 경쟁 자체가 성립하기 어려운 것입니다.

두 번째 파도는 '**새로운 계급의 탄생**'입니다. 이 '증강' 기술의 접근성은 모두에게 공평하지 않습니다.[4] 최고급 증강을 받은 '초고성능 함선', 표준화된 패키지를 받은 '일반 증강 함선', 그리고 당신과 같은 '비증강 함선'. 바다는 이제 선박의 종류에 따라 새로운 계급으로 나뉩니다. 이는 단순히 부의 격차를 넘어, 생물학적 능력과 생존 가능성 자체가 다른, 사실상의 '**새로운 종(種)의 탄생**'을 의미할 수 있습니다.[5]

그리고 가장 무서운 세 번째 파도는 '**소통 불가능한 세계**'입니다. 증강 함선의 선장들이 BCI를 통해 정보를 처리하고 소통하는 방식은, 언어와 텍스트에 의존하는 당신의 방식과 근본적으로 다릅니다. 최신 뇌신경과학 연구가 경고하듯, BCI는 인간의 언어 체계 자체를 바꿀 수 있습니다.[6] 그들이 느끼는 바다와 당신이 보는 바다는 다른 차원의 현실일 수 있으며, 이는 서로를 이해하는 것 자체가 불가능해지는 '경험 세계의 분리'를 야기합니다.

선장으로서 당신은 또다시 중대한 선택의 기로에 섭니다. 비증강 함선으로 남아 이 불공정한 경쟁을 감당할 것인가? 아니면 위험을 감수하고 당신의 배를 '증강'하여 이 새로운 진화의 흐름에 합류할 것인가? 당신의 정체성과 인간성에 대한 가장 근본적인 질문이, 이제 피할 수 없는 현실의 문제로 당신의 항해를 가로막습니다.

이 모든 혼란 속에서, 당신은 7장의 바다가 우리에게 두 개의 다른 미래를 보여주고 있음을 깨닫습니다. 하나는 기술의 혜택이 소수에게 집중되어 인류가 분열되는 어두운 미래, 다른 하나는 이 모든 도전을 극복하고 새로운 공존의 질서를 찾아내는 희망의 미래입니다. 어떤 미래가 펼쳐질지는 아직 정해지지 않았습니다. 그것은 지금 이 바다를 항해하는 당신과 같은 선장들의 선택에 달려 있습니다.

핵심 요약: '증강 함선'의 등장은 BCI와 유전자 편집 기술로 인간의 한계를 넘어서는 경이로운 가능성을 보여줍니다.[1][2] 하지만 선장인 우리는 그 대가로 기존 함선과의 압도적인 성능 격차, 생물학적 계급 사회의 도래, 그리고 서로 다른 종(種)으로 분화될지 모를 소통의 단절이라는 근본적인 위험과 마주하게 됩니다.[4][5][6] 이는 인류에게 '어떤 존재가 될 것인가'라는 궁극의 선택지를 던집니다.

VI.
유령선을 넘어 희망의 군도를 향하여
: 사회적 방주의 설계도

수평선에 떠오른 '증강 함선'의 섬광은, 우리가 마주한 미래의 냉엄한 현실, 즉 '분열'의 가능성을 비춥니다. 그렇다면 이 암울한 바다에서 우리가 할 수 있는 것은 각자도생하며 살아남거나, 누군가의 유령선이 되는 것을 속수무책으로 지켜보는 것뿐일까요?

아닙니다. 우리는 각자도생의 외로운 섬에 머무는 대신, 섬들을 연결하여 거대한 파도에도 침몰하지 않는 **'희망의 군도(群島)'** 를 건설해야 합니다. 이것이 바로 개인의 생존 기술을 넘어, 공동의 번영을 위한 **'사회적 방주'** 의 비전입니다. 놀랍게도, 이 방주를 만들 구체적인 설계도와 건조술은 더 이상 미래의 상상이 아닌, 2025년 바로 우리 손안에 쥐어지기 시작했습니다.

첫 번째 설계도는 'N.E.W.S. 나침반'을 지역 공동체의 심장으로 이식하는 것입니다. 세계경제포럼(WEF)이 '애자일 거버넌스'야말로 AI 시대 유일한 해법이라 역설하듯,[1] 6장에서 우리가 배운 가치 창조 사이클은 이제 정부와 공동체가 시민과 함께 현실의 문제를 해결하는 강력한 운영체제가 됩니다.

인구 소멸 위기에 처한 한 소도시가 이 나침반을 사용하는 모습을 그려봅시다. 그들은 '인구 유출'이라는 막연한 한탄을 "AI 스마트팜과 원격 의료를 결합한 은퇴자 헬스케어 타운은, 도시의 새로운 활력이 될 것이다"라는 날카로운 가설(Navigate)로 전환합니다. 이후 폐교를 리모델링한 작은 테스트베드를 운영하고(Execute), 그 과정에서 "참가자들은 경제적 자립보다 '새로운 공동체'에 더 큰 만족을 느낀다"는 데이터의 증언을 듣습니다(Witness). 이 통찰은 단순 지원 정책을, 인간의 연결을 중심으로 하는 '새로운 삶의 모델'을 창조하는 방향으로 과감히 키를 돌리게(Steer) 만듭니다. 이는 위기를 기회로 바꾸는 사회적 연금술입니다.

두 번째 설계도는 '기술 협동조합'이라는 이름으로 우리만의 함대를 꾸리는 것입니다. 하버드 비즈니스 리뷰가 "거대 기업의 기술 독점에 맞설 유일한 대안은 협동조합 모델"이라고 단언했듯,[2] 이제 개별 중소기업과 자영업자들은 힘을 합쳐야 합니다. 동대문의 의류 상인들이 연합하여 공동의 'AI 트렌드 분석 플랫폼'을 구축하고 데이터를 공유하는 '데이터 협동조합'을 상상해 보십시오. 이는 거대 플랫폼에 종속되어 유령선이 되기를 거부하고, 바다의 허리를 지키는 수많은 작은 배들이 스스로의 힘으로 항해하는 가장 현실적인 연대입니다.

그리고 이 모든 것을 가능하게 할 마지막 설계도는, '항해술' 자체를 가르치는 교육이라는 등대를 세우는 것입니다. 스탠포드 HAI의 2024년 보고서가 "지식 암기는 끝났다. 이제는 AI와 협력하여 문제를 정의하고 해결하는 '메타 학습' 능력만이 유일한 경쟁력이다"라고 결론 내렸듯,[3] 미래의 사회 안전망은 돈이 아닌 '역량'을 길러주는 것입니다.

이것은 저에게 단순한 관찰이나 희망 사항이 아닙니다. 바로 이 철학을 현실에서 구현하기 위해, 저 역시 **서울미디어대학원대학교(SMIT)에서 '프랙티컴(Practicum)' 프로그램의 설계에 직접 참여**하고 있습니다.

저희가 설계한 SMIT 프랙티컴은 학위가 아닌, 학생의 '투자유치, 매각, 취업, 사업 유지 등 목표로 한 성공적인 Exit'에 모든 것을 거는 10개월간의 실전 엑셀러레이팅 프로그램입니다. 저희가 목표하는 것은 명확합니다. AI가 이미 정복한 영역을 가르치는 대신, AI를 활용해 실제 가치를 더 잘 만드는 '가치 창조가'를 길러내는 것입니다.

이 과정은 6장에서 제가 제안했던 N.E.W.S. 나침반의 원리를 교육 과정 전체에 이식한 것과 같습니다. 모든 자원은 오직 '검증된 가설'에만 집중되며, 가설이 틀렸다고 증명되는 것은 실패가 아니라 다음 도전의 성공 확률을 높이는 가장 강력한 '자산'으로 기록되고 데이터베이스화됩니다. 저희는 학생들이 단순히 지식을 배우는 것을 넘어, '가치를 알아보는 눈'과 '가치를 증명하는 기술'이라는 메타 지식을 체득하게 돕습니다. 즉, 수많은 아이디어 속에서 ① **무엇이 진짜 가치인지 판별하고**, ② **어떻게 가장 빠르게 실행하고 검증하며**, ③ **그 결과물이 시장의 인정을 받는 전 과정**을 온몸으로 경험하게 하는 것입니다.

이것이야말로 지식의 소비자가 아닌, 불확실한 바다에서 스스로 항로를 개척하고 '의미의 창조자'로 거듭나는 과정입니다. SMIT에서의 이 선구적인 실험은, 사회적 방주를 다음 세대까지 이어지게 할 가장 튼튼한 돛대를 만드는 작업이라 할 수 있습니다.

이처럼 사회적 방주를 건조할 구체적인 설계도와 건조술은 이미 우리 앞에 펼쳐져 있습니다. 하지만 가장 중요한 질문이 남습니다. 우리는 과연 어떤 미래를 '**선택**' 할 것인가? 이 질문 앞에서, 인류는 두 개의 다른 미래와 마주하게 됩니다.

핵심 요약: 기술이 야기하는 '분열'의 바다에서, 우리는 '사회적 방주'라는 희망의 군도를 건설해야 합니다. 그 설계도는 N.E.W.S. 나침반을 통한 지역 혁신,[1] 기술 협동조합을 통한 경제적 연대,[2] 그리고 '항해술'을 가르치는 교육 혁신[3]이라는 세 개의 기둥으로 이루어져 있습니다. 이는 개인의 생존을 넘어, 공동의 번영을 향한 우리 시대의 가장 중요한 선택입니다.

VII.
미래의 두 얼굴
: 선택의 기로에 선 인류

선장으로서 당신은 이제 2035년의 바다에 펼쳐진 거대한 해도(海圖)를 모두 조망했습니다. 발밑에서는 '기계 통치'라는 거대한 해류가 흐르고, 수평선에는 '국가 항구'와 '기업 함대'가 대치하며, 주변에는 목적을 잃은 '유령선'들이 떠다닙니다. 그리고 저 멀리에는 '증강 함선'이라는 미지의 존재가 나타났습니다.

이 모든 혼란스러운 풍경은 하나의 결론으로 수렴됩니다. **미래는 단 하나의 정해진 모습으로 오지 않는다는 것**. 기술이라는 동일한 파도가 만들어낼 수 있는 미래는, 극과 극의 두 개의 다른 얼굴을 하고 있습니다. 인류는 지금 그 두 개의 항로 앞에서 어느 쪽으로 키를 돌릴 것인지 선택해야 하는, 역사상 가장 중대한 기로에 서 있습니다.

첫 번째 얼굴: 분열과 통제의 디스토피아

이것은 우리가 아무런 저항 없이, 오직 효율성과 기술 발전의 논리에만 몸을 맡겼을 때 도착하게 될 어두운 항구입니다. 이 세계에서 '기계 통치'는 인간의 자율성을 옭아매는 감시와 통제의 도구가 됩니다. 유럽 의회의 암울한 보고서가 경고하듯, AI는 소수를 억압하고 차별을 강화하는 가장 효율적인 무기가 되어 인권을 짓밟습니다.[1] '기업 함대'는 국경 없는 바다의 기술 봉건 영주가 되어, 데이터를 독점하고 부와 권력을 무한히 증식시킵니다.

바다의 대부분을 차지하는 '유령선'들은 물질적으로는 생존하지만, 거대 플랫폼이 제공하는 디지털 마취제에 취해 의미와 목적을 잃어버린 채 살아갑니다. 그리고 마침내, '증강 함선'과 '비증강 함선'의 격차는 돌이킬 수 없는 생물학적 계급, 즉 '**기술적 아파르트헤이트(Technological Apartheid)**'를 만들어냅니다. 퓨 리서치 센터의 미래학자들이 우려하는 것처럼, 기술에 대한 무관심한 확산이 바로 새로운 형태의 인종차별을 낳는 비극의 씨앗이 되는 것입니다.[2] 인류는 더 이상 하나의 종이 아닌, 지배하는 자와 지배받는 자로 나뉜 두 개의 다른 존재가 됩니다.

두 번째 얼굴: 공존과 번영의 유토피아

하지만 다른 항로도 존재합니다. 이것은 우리가 의식적인 노력을 통해 기술을 인간성을 확장하는 방향으로 이끌었을 때 도달할 수 있는 희망의 신대륙입니다. 이 세계에서 '기계 통치'는 인간 선장의 윤리적 감독 아래, 기후 변화나 팬데믹과 같은 인류 공동의 난제를 해결하는 투명하고 강력한 도구가 됩니다. AI 거버넌스가 올바르게 설계된다면, 사회 정의를 촉진하고 더 공평한 사회를 만들 수 있다는 희망적인 목소리도 있습니다.[3]

자동화가 창출한 막대한 부는 '유령선'들에게 단순히 생존을 위한 연료가 아닌, 새로운 목적을 찾을 수 있는 '기회'—평생 교육, 창작 활동, 공동체 기여—를 제공하는 데 쓰입니다. '증강' 기술은 소수의 특권을 위해서가 아니라, 질병을 치료하고 모든 인류의 건강 수명을 늘리는 다리가 됩니다. UN과 같은 국제기구가 제안하듯, AI 훈련 데이터와 컴퓨팅 자원에 대한 접근성을 민주적으로 관리하고, 차별의 위험을 끊임없이 감시하며, AI 기술의 혜택이 인류 전체에게 돌아가도록 의식적으로 노력할 때 이 미래는 가능합니다.[4] 이것은 기술이 인간을 대체하는 미래가 아닌, **기술 덕분에 인간이 더 인간다워지는 미래**입니다.

선택의 기로: 키는 당신의 손에

어떤 미래가 펼쳐질지는 아직 정해지지 않았습니다. 그 향방을 결정하는 것은 결국 지금 이 바다를 항해하는 당신과 같은 선장들의 '**선택**'입니다.

당신은 6장에서 배운 N.E.W.S. 나침반을 오직 당신의 배를 위한 부와 생존을 위해서만 사용할 것입니까? 아니면 당신의 항해가 다른 배들에게도 희망의 등불이 되고, 더 나은 바다를 만드는 데 기여하는 길을 선택할 것입니까?

기술은 가치중립적인 도구일 뿐입니다. 그 도구로 낙원을 건설할지, 지옥을 만들지는 결국 그것을 사용하는 우리의 손과 마음에 달려 있습니다. 이 거대한 질문에 대한 답을 찾기 위해, 우리는 이제 7장의 긴 항해를 마무리하고 마지막 여정을 준비해야 합니다.

> 핵심 요약: AI라는 동일한 기술은 우리를 두 개의 다른 미래로 이끕니다. 하나는 감시와 통제, 그리고 '기술적 아파르트헤이트'[2]로 분열된 디스토피아의 항구입니다. 다른 하나는 AI 거버넌스를 통해 인류 공동의 문제를 해결하고[3] [4] 번영을 공유하는 유토피아의 신대륙입니다. 어떤 항로를 선택할 것인지는 기술이 아닌, 지금 키를 잡고 있는 우리 자신에게 달려있습니다.

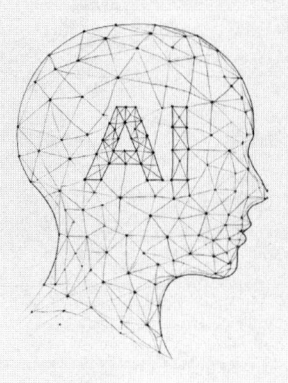

기계와 함께 나를 잃지 않기

특이점을 넘어서는 인간의 길

1.
마지막 질문
: 나는 누구로 살아갈 것인가?

우리는 긴 여정을 함께 걸어왔습니다. 6장에서는 특이점이라는 거친 바다를 항해하기 위한 N.E.W.S. 나침반, 즉 생존의 기술을 손에 넣었습니다. 그리고 7장에서는 그 나침반을 들고 마주하게 될 2035년의 낯선 바다, 즉 국가와 기업, 인간의 경계마저 허물어지는 미래의 현실을 조망했습니다. 이제 당신은 생존을 위한 도구와 미래의 지도를 모두 갖추었습니다.

하지만 이 모든 것의 끝에서, 우리는 가장 근본적이고도 어려운 마지막 질문과 마주합니다.

"그래서, 나는 누구로 살아갈 것인가?"

이것은 단순히 '어떻게 살아남을 것인가'를 넘어, '왜 살아야 하는가'에 대한 실존적 질문입니다. 과거 우리의 정체성은 우리가 하는 '일'과 쌓아 올린 '전문성', 그리고 사회에 '기여'하는 역할 속에서 단단하게 형성되었습니다. 무엇을 할 수 있는지가 곧 내가 누구인지를 증명하는 방식이었습니다.

그러나 AI가 인간보다 더 나은 글을 쓰고, 더 아름다운 그림을 그리며, 더 정확한 분석을 내놓는 시대가 온다면 어떻게 될까요? 기계가 나의 역할을 완벽하게 해낼 수 있을 때, '나'라는 존재의 고유한 가치는 어디에서 찾아야 할까요? 저명한 과학 저널리스트들이 지적하듯, 이것이야말로 AI가 인류에게 제기하는 진정한 실존적 위협이자, 특이점 시대의 가장 큰 숙제인 **'의미**

의 위기(Crisis of Meaning)'입니다.[2]

일론 머스크와 같은 기술 선지자들은 우리 모두가 일할 필요가 없는 '보편적 고소득' 사회가 올 것이라고 예측합니다.[1] 하지만 7장에서 우리가 목격했던 '유령선'들의 비극을 기억하십니까? 그들의 고통은 물질의 결핍이 아니었습니다. 생존에 필요한 모든 것을 공급받았지만, 항해의 '목적'을 잃어버렸을 때 찾아오는 존재론적 공허함이었습니다. 기술이 인류를 모든 노동에서 해방시키는 유토피아가 온다 해도, 우리는 어쩌면 인류 전체가 거대한 유령선 위에 올라서는 역설과 마주하게 될지 모릅니다.

고백하자면, 이 질문은 저 자신을 향한 것이기도 합니다. 저 역시 르완다에서 빵집을 일으키고, 한국에서 AI 스타트업을 만들며 '무언가를 성취하는 나'를 통해 제 존재를 증명해 왔습니다. "만약 내일 아침, AI가 나보다 더 현명하게 회사를 경영하고 더 나은 비전을 제시한다면, 나의 자리는 어디인가?" 이 질문은 단지 저 개인의 불안이 아닙니다. 포브스는 2035년에 이르면 AI가 인간의 정체성에 '근본적인 혁명'을 가져올 것이라 전망하며, 우리 모두가 이 질문과 마주하게 될 것이라 예고합니다.[3]

하지만 저는 이 두려움의 끝에서 희망을 봅니다. 어쩌면 인류는 역할과 성취라는 껍데기를 벗어던지고, 비로소 '나'라는 존재의 가장 순수한 본질과 마주할 기회를 얻게 된 것일지도 모릅니다.

이 마지막 8장은 바로 그 길을 찾아 나서는 여정입니다. 기술에 압도당하는 대신, 그 기술을 거울 삼아 우리 내면을 비춰보고, 변화의 파도 속에서도 흔들리지 않는 삶의 닻을 내리는 법을 함께 탐색하고자 합니다. 생존을 넘어 의미로, 기술을 넘어 인간으로. 특이점을 넘어서는 우리 자신의 길을, 지금부터 함께 찾아봅시다.

핵심 요약: 특이점 시대의 생존 기술을 모두 익힌 우리에게 남겨진 마지막 질문은 '어떻게'가 아닌 '왜' 살아갈 것인가입니다. AI가 역할과 성취를 대체하며 발생하는 '의미의 위기'[2]는, 역설적으로 우리를 '무엇을 하는 존재'에서 '어떤 존재인가'라는 더 깊은 본질적 성찰로 이끄는 위대한 기회가 될 수 있습니다.

끌려가지 않는 삶의 방향타
: 내 안의 나침반 세우기

알고리즘은 당신 영혼을 위한 GPS를 자처합니다. 매일 아침 눈을 뜨는 순간부터 잠드는 순간까지, AI는 우리가 볼 뉴스, 들을 음악, 그리고 느껴야 할 감정까지 실시간으로 추천하며 가장 '최적화된' 삶의 경로를 속삭입니다. 피터스(M. Peters)의 분석처럼, 우리는 스스로 선택한다고 믿지만 실은 정교하게 설계된 조류에 떠내려가는, 방향을 잃은 항해자가 되어가고 있습니다.[1] 그리고 우에츠(M. Uetz)가 경고했듯, 이 '방향성의 상실'이야말로 AI 시대의 가장 깊은 실존적 고통, 즉 '의미의 위기'의 근원입니다.[2]

이 거대한 조류에 잠식당하지 않기 위해 우리에게 가장 먼저 필요한 것은, 외부의 GPS가 아닌 내면의 북극성을 가리키는 '자기만의 나침반'입니다. 세상이 아무리 변해도 결코 변하지 않을 나만의 핵심 가치, 철학, 신념이라는 이름의 '**닻(Anchor)**'을 깊이 내려야만, 비로소 우리는 주체적인 항해를 시작할 수 있습니다.

이것은 단순한 이론이 아닌, 제 항해 기록의 일부이기도 합니다. 모든 것이 불확실했던 르완다에서의 창업, 그리고 하루가 다르게 모든 것이 변하는 서울의 스타트업 현장 한가운데서, 저를 붙잡아준 것은 뛰어난 기술이나 비즈니스 전략이 아니었습니다.

저의 경우에는 기독교 신앙이 그 닻의 역할을 해주었습니다. 아라트(A.

Arat)의 연구처럼 디지털 시대에 종교의 역할은 복잡한 논의를 낳고 있지만,[3] 제게 그것은 생존의 문제였습니다. 수많은 선택 앞에서 저의 나침반은 "어떤 것이 더 많은 이익을 가져다줄까?"를 묻기 전에, "어떤 것이 성경의 가르침에 더 부합하는가?"를 먼저 묻게 했습니다. 때로는 비효율적이고 세상의 흐름에 역행하는 듯 보였던 그 선택들이, 역설적으로 가장 예측 불가능한 시대에 저를 길 잃지 않게 하는 가장 단단한 버팀목이 되어주었습니다.

물론 당신의 닻은 다른 모양일 수 있습니다. 그것은 AI 시대의 완벽한 대안 철학이라 불리는 스토아주의의 지혜일 수도 있고,[4] 변치 않는 가족에 대한 사랑이나 예술에 대한 헌신일 수도 있습니다. 중요한 것은 '무엇'을 믿느냐보다, 내 삶을 관통하는 **'흔들리지 않는 기준점을 가지고 있느냐'** 하는 것입니다.

하지만 이 내면의 나침반만으로 충분할까요? 아무리 튼튼한 닻이라도 홀로 거친 파도를 맞다 보면 닻줄이 닳고 녹슬기 마련입니다. 그렇기에 우리에게는 나의 닻을 안전하게 내리고, 폭풍우를 피하며, 다른 선장들과 항해 정보를 교환할 수 있는 신뢰의 '**항구(Harbor)**'가 필요합니다.

AI가 효율과 최적화를 속삭일 때, 이 항구는 비효율과 불완전함의 가치를 옹호합니다. 나의 내면적 가치가 타인과의 진실한 관계 속에서 확인되고 단련될 때, 비로소 그것은 흔들리지 않는 신념이 됩니다.

그리고 '신뢰 공동체'라는 항구의 가장 깊은 곳에는, 수천 년간 이 땅을 지탱해 온 동양의 지혜가 흐릅니다. 서구의 스토아 철학이 홀로 폭풍우를 견디는 단단한 '**닻**'을 만드는 법을 가르쳐준다면, **유교(儒教)** 는 그 닻을 내릴 따뜻한 '**항구**'가 왜 필요한지를 일깨웁니다.

그 중심에는 인(仁)이 있습니다. 유교에서 인간다움이란 고독한 성찰로 완성되는 것이 아니라, 오직 타인과의 관계 속에서 서로를 비추고 보듬는 실천을 통해서만 비로소 피어나는 꽃과 같습니다.[5] AI가 우리를 고립된 '데이터 포인트'로 축소하려 할수록, 이처럼 '관계 속의 나'를 선언하는 동양적 지혜는 알고리즘으로부터 인간의 존엄을 지키는 가장 강력한 공동체의 선언이 될 것입니다.

그 항구를 만드는 첫 번째 **의식(Ritual)**은 'AI 없는 저녁 식사'입니다. 일주일에 단 하루, 혹은 한 끼 식사만이라도 모든 디지털 기기를 꺼두고 오직 서로의 눈을 바라보며 대화하는 시간을 의도적으로 가져보십시오. 알고리즘의 방해 없이 나누는 서툰 대화와 어색한 침묵 속에서, 우리는 오히려 가장 깊은 연결과 유대를 경험하게 될 것입니다.

그리고 그 항구를 진정한 피난처로 만드는 두 번째 **밧줄(Rope)**은 '실패 공유 회고'입니다. 성공담을 자랑하는 모임이 아니라, 각자의 자리에서 6장의 N.E.W.S. 사이클을 적용하며 겪었던 '실패의 항해 일지'를 솔직하게 공유하고 서로에게서 배우는 소규모 그룹을 만드십시오. AI는 성공 확률을 분석해 줄 수는 있지만, 실패한 동료의 아픔에 공감하고 그 경험에서 우러나온 지혜를 나누며 등을 두드려주는 인간적인 위로를 건넬 수는 없습니다. 이 과정 자체가 고립된 개인(點)을 서로 연결된 협력적 함대(線)로 만들어주는 사회적 방주가 될 것입니다.

결국 AI 시대에 끌려가지 않는 삶이란, 내면의 닻을 깊이 내리는 동시에, 그 닻을 함께 지켜줄 동료들과 신뢰의 항구를 만드는 여정입니다. 당신의 닻은 무엇입니까? 당신의 나침반은 어디를 향합니까? 그리고 당신의 항구는 어디입니까? 그 답 속에, 특이점을 넘어서는 당신의 길이 있습니다.

핵심 요약: AI가 영혼의 GPS를 자처하며 방향 상실의 위기를 낳는 시대,[1)2)] 우리의 생존 항해술은 서구적 지혜(스토아 철학)로 '개인의 닻'을 내리고,[^4] 동양적 지혜(유교)로 '관계의 항구'를 만드는 것이다.[5)] 'AI 없는 식사'와 '실패 공유' 같은 실천을 통해, 우리는 알고리즘의 최적화된 경로를 넘어 나만의 의미 있는 항로를 개척하는 주체적인 창조자로 거듭난다.

III.
AI와의 창조적 공존
: 협업의 '주인'이 되는 기술

내면의 굳건한 닻을 내렸다면, 이제 우리는 AI라는 거대한 파도를 피하는 것이 아니라, 그 파도와 함께 춤추는 법을 배워야 합니다. 이것은 단순히 AI를 도구로 '사용하는' 기술을 넘어, AI와 건강한 관계를 맺고 협업의 '주인'이 되는 '태도'에 관한 이야기입니다. AI에게 지시만 내리는 선장에서, AI와 함께 새로운 항로를 창조하는 선장으로 거듭나는 길입니다.

가장 먼저 우리는 AI와의 소통에 익숙해져야 합니다. 전문가들이 지적하듯, AI와 효과적으로 소통하는 능력은 새로운 '외국어'를 배우는 것과 같습니다. 단순히 명령어를 나열하는 것을 넘어, AI의 잠재력을 온전히 끌어내기 위해서는 매일의 꾸준한 대화를 통해 유창해지는 과정이 필수적입니다.[1)]

저는 저희 회사 직원들에게 다소 이상하게 들릴 수 있는 미션을 부여한 적 있습니다. "**매일 업무 중에 LLM과 50번 이상 대화하십시오.**" 이것은 단순히 많은 결과물을 뽑아내라는 의미가 아니었습니다. 어색함을 없애고, AI의 독특한 사고방식에 익숙해지며, 어떻게 질문해야 더 좋은 답을 얻을 수 있는지 직관적으로 체득하게 하기 위한 '언어 몰입 훈련'이었습니다. 이 훈련을 통해 직원들은 점차 AI를 어려운 도구가 아닌, 언제든 편하게 질문할 수 있는 동료로 인식하기 시작했습니다.

AI와의 소통에 익숙해졌다면, 다음 단계는 AI를 나의 생각을 정리하고 단

런시키는 최고의 '**스파링 파트너**'로 활용하는 것입니다. 포브스(Forbes) 지에서 제안하듯, AI는 우리의 창의적인 아이디어를 위한 최고의 대련 상대가 될 수 있습니다.[2] 훌륭한 스파링 파트너는 그저 맞아주기만 하는 상대가 아니라, 나의 약점을 파고들고 허점을 드러내 제가 더 강해지도록 돕는 존재입니다. AI와의 '생각 스파링'은 다음과 같은 방식으로 진행될 수 있습니다.

1. **첫 번째 잽을 날리십시오 (생각 던지기)**: 정리되지 않은 날것의 생각을 그대로 AI에게 던집니다.

2. **나를 비추는 거울을 요청하십시오 (요약과 구조화)**: 당신의 생각을 처음으로 객관적으로 바라봅니다.

3. **가장 날카로운 반격을 주문하십시오 (반론 제기)**: 당신의 생각을 단단하게 만드는 핵심 과정입니다.

4. **새로운 길을 함께 탐색하십시오 (대안 모색)**: 생각의 지평을 넓힙니다.

이러한 '핑퐁' 대화[3]를 거치고 나면, 당신의 막연했던 아이디어는 어느새 날카롭고 단단한 논리로 무장하게 됩니다. 중요한 것은 AI가 정답을 알려준 것이 아니라, **AI와의 대화라는 용광로 속에서 당신 스스로 정답을 '만들어냈다'**는 사실입니다.

협업의 '주인'이 된다는 것은 바로 이런 의미입니다. AI가 내놓는 그럴듯한 답에 의존하는 것이 아니라, AI와의 치열한 상호작용을 통해 나의 생각을 더 높은 차원으로 끌어올리는 주도권을 잃지 않는 것. 이것이야말로 AI 시대에 끌려가지 않는 선장이 갖추어야 할 가장 중요한 항해술입니다.

핵심 요약: AI 시대 협업의 '주인'이 되는 길은 기술이 아닌 태도에 있습니다. AI를 유창한 '외국어'처럼[1] 매일 연습하고, 생각을 단련하는 '스파링 파트너'로[2] 삼는 창조적 공존을 시도해야 합니다. 이는 AI의 답을 수동적으로 소비하는 것을 넘어, AI와의 상호작용을 통해 나 자신의 생각을 더 높은 차원으로 끌어올리는, 주체적인 창조자가 되는 길입니다.

Ⅳ.
인간 고유성의 재발견
: AI가 비추는 우리의 모습

우리가 AI와 함께 일하고 생각하는 법을 배울수록, 우리는 역설적으로 AI와 근본적으로 다른 우리 자신의 모습을 발견하게 됩니다. AI라는 완벽에 가까운 거울은, 우리 능력의 한계를 비추는 동시에 기계가 결코 닿을 수 없는 인간 고유의 영역이 어디인지를 선명하게 드러내 줍니다.

과거 우리는 더 빠른 계산 능력, 더 많은 지식, 더 뛰어난 기술을 인간 발전의 척도로 삼아왔습니다. 하지만 이 모든 영역에서 기계가 우리를 능가하기 시작한 지금, 우리는 비로소 그 너머에 있는 진짜 '인간다움'의 가치를 재발견할 기회를 얻었습니다. AI가 아무리 발전해도 흉내 낼 수 없는, 오직 우리만이 가질 수 있는 세 가지 영역이 있습니다.

첫째는, 최종적인 '책임'을 지는 용기입니다.

세계경제포럼과 같은 기관들이 AI 거버넌스와 책임 소재에 대해 치열하게 논의하는 이유가 바로 여기에 있습니다.[1] AI는 수백만 개의 데이터를 분석해 99.9%의 성공 확률을 가진 '최적의 답'을 제시할 수 있지만, 그 답을 현실에 적용하는 '결단'을 내리고 그 결과에 온전히 책임지는 것은 전혀 다른 차원의 문제입니다. AI는 공장을 폐쇄하는 것이 재무적으로 최적이라고 분석할 수 있지만, 그 결정으로 인해 삶이 무너질 직원들의 눈을 바라보며 그 무게를 감당하고 공동체의 아픔을 끌어안는 것은 기계가 할 수 없는 일입니

기계라는 거울 앞에 선 인간. 우리는 무엇을 '하는' 존재가 아닌, 어떤 '존재'인가를 질문받는다.

다. 계산할 수 없는 가치를 위해 계산된 이익을 포기하는 용기, 그것이 인간 고유의 숭고한 영역입니다.

둘째는, 데이터로 환산할 수 없는 '깊이 있는 관계'입니다.

AI 챗봇은 24시간 지치지 않고 나의 모든 이야기를 들어주는 완벽한 상담사가 될 수 있습니다. 하지만 최근 '더 컨버세이션'의 한 기사가 지적하듯, 인간-AI 관계의 시대는 외롭고 취약한 이들에게 새로운 위험을 안겨줄 수도 있습니다.[2] 바로 이 지점에서 우리는 데이터로 환산할 수 없는 진짜 관계의 가치를 깨닫게 됩니다. 그것은 나의 슬픔이라는 '데이터'에 공감이라는 '알고리즘'으로 반응하는 것과는 다른, 나의 고통을 자신의 아픔처럼 느끼며 함께 눈물 흘리는 친구의 서툰 위로입니다. 효율성으로 측정할 수 없는 이 모든 '관계의 비합리성' 속에 인간만이 나눌 수 있는 가장 깊은 유대와 위로가 존재합니다.

셋째는, 죽음이라는 '유한성' 속에서 피어나는 '삶의 의미'입니다.

AI가 언젠가 인간의 수명마저 예측할 수 있게 될지 모른다는 논의가 오가는 지금,[3] 우리는 역설적으로 인간 삶의 가장 큰 특징을 마주합니다. 바로 우리 인간은 언젠가 죽는다는 명백한 한계입니다. 이 유한함 때문에 우리의 삶은 의미를 가집니다. 시간이 한정되어 있기에 우리는 사랑하는 사람과 보내는 지금 이 순간을 소중히 여기고, 무언가 가치 있는 것을 남기기 위해 열정을 불태웁니다. 해 질 녘의 노을이 그 찰나의 순간 때문에 영원보다 더 아름답게 느껴지듯, 죽음이라는 끝이 있기에 우리의 삶은 절실하고 찬란하게 빛날 수 있습니다. 이 유한성의 역설 속에서 의미를 찾는 여정이야말로, 기계는 결코 이해할 수 없는 가장 인간적인 탐험입니다.

AI의 거울에 비친 또 다른 얼굴: 비움과 연결의 지혜

나아가 동양의 지혜는 AI의 거울 앞에서 우리가 재발견해야 할 또 다른 인간의 얼굴을 비춰줍니다. 바로 '**비움(無爲)**'과 '**연결(緣起)**'의 가치입니다.

AI가 세상의 모든 변수를 계산해 최선의 행동(best action)을 찾아낼 때, **도교(道敎)는 역설적으로 '최선의 무위(best inaction)'에서 비롯되는 '무위자연(無爲自然)'의 지혜**를 가르칩니다. 그것은 모든 가능성으로 가득 찬 의도적인 침묵이자, AI의 연산 능력으로는 결코 흉내 낼 수 없는 예측 불가능한 창조성의 원천입니다.[4]

그리고 그 침묵 속에서 귀 기울일 때, 우리는 모든 것이 연결되어 있다는 세상의 속삭임을 듣게 됩니다. 이것이 바로 불교(佛敎)가 가르치는 '연기(緣起)'의 통찰입니다. AI가 세상을 독립된 데이터의 합으로 본다면, 연기론은 모든 존재가 서로 그물처럼 얽힌 뿌리임을 설파합니다. 이 깊은 상호의존성을 깨닫고 타인의 고통을 나의 고통으로 느끼는 자비(慈悲)의 마음이야말로, AI가 결코 가질 수 없는 인간 영성의 가장 높은 경지일 것입니다.[5]

결국 AI 시대의 진정한 인간 고유성은 계산 가능한 '**능력(doing)**'이 아니라, 이처럼 책임지고, 관계 맺으며, 침묵하고, 자비를 베푸는, 기계가 결코 흉내 낼 수 없는 고유한 '**존재 방식(being)**' 그 자체에 있는지도 모릅니다.

AI가 우리보다 더 똑똑해지는 것을 두려워할 필요는 없습니다. 오히려 우리는 AI 덕분에 계산과 효율의 경쟁에서 벗어나, 이제껏 잊고 지냈던 가장 본질적인 가치에 집중할 기회를 얻었습니다. 더 책임감 있는 존재가 되고, 더 깊이 사랑하며, 유한한 삶의 매 순간을 의미로 채워나가는 것. 그것이야말로 특이점 시대에 우리가 선택할 수 있는 가장 위대한 인간성의 길이 아닐까요?

핵심 요약: AI라는 거울 앞에서 우리는 계산 능력이 아닌, 인간 고유의 가치를 재발견한다. 그것은 서구적 지혜가 강조하는 '책임지는 용기',[1] '깊이 있는 관계',[2] '유한한 삶의 의미'[3]뿐만 아니라, 동양적 지혜가 가르치는 '의도적 비움(無爲)'[4]과 '자비로운 연결(緣起)'이다.[5] AI 시대의 인간다움은 뛰어난 '능력(doing)'을 넘어, 고유한 '존재 방식(being)'에서 완성된다.

특이점 시대의 자기 성장법
: AI로 '나'를 단련하기

특이점 시대는 우리에게 위협인 동시에, 인류 역사상 가장 강력한 자기 성장의 도구를 선물했습니다. AI라는 거울을 통해 우리 고유의 모습을 재발견했다면, 이제는 AI라는 최고의 '개인 트레이너'와 함께 생각의 근육을 키우고 마음을 단련하며, 끊임없이 성장하는 법을 배울 시간입니다. 기술에 끌려가는 것이 아니라, 기술을 활용하여 더 나은 '나'를 만들어가는 구체적인 단련법 세 가지를 제안합니다.

첫째, '생각 훈련'입니다. 많은 전문가들이 제안하듯, AI를 단순히 답을 주는 조력자가 아닌 최고의 '스파링 파트너'로 삼으십시오.[1] 3절에서 우리는 AI와 창조적으로 협업하는 법을 배웠습니다. 이제 이것을 일상의 '훈련 루틴'으로 만들어 보십시오. 복잡한 문제에 부딪히거나 새로운 아이디어를 발전시키고 싶을 때, AI에게 정답을 구하지 마십시오. 대신, AI와 함께 '생각의 근육'을 키우는 훈련을 시작하는 것입니다. 당신의 생각을 던지고, AI에게 요약과 구조화를 요청하며, 날카로운 반론을 제기하도록 한 뒤, 새로운 대안을 함께 모색하는 '핑퐁 대화'를 반복하십시오. 이 훈련의 목표는 AI로부터 더 좋은 답을 얻는 것이 아닙니다. 이 과정을 통해 **당신 자신의 생각이 더 유연해지고, 더 비판적이 되며, 더 강인해지는 것**이 진짜 목표입니다.

둘째, '마음 관리'입니다. 디지털 소음 속에서 의도적으로 고요함을 찾으십시오.

특이점 시대의 가장 희소한 자원은 석유나 데이터가 아닌, 우리의 '집중력'입니다. AI 시대의 직장에서 '디지털 디톡스'가 단순한 유행을 넘어 필수적인 생존 전략으로 떠오르는 이유가 바로 여기에 있습니다.[2] 끊임없는 알림과 자극적인 콘텐츠는 우리의 주의력을 훔쳐가고, 깊이 있는 사유와 내면의 평화를 방해합니다. 잠들기 전 한 시간은 스크린을 멀리하고, 중요한 업무를 할 때는 스마트폰을 다른 방에 두어보십시오. 알고리즘이 추천하는 정보의 흐름에 수동적으로 몸을 맡기는 대신, 내가 무엇을 소비할지 능동적으로 선택하는 '정보 다이어트'를 시작하십시오. 5분간의 명상이나 조용한 산책은, 디지털 세상이 빼앗아간 당신의 정신적 주권을 되찾아오는 가장 강력한 훈련이 될 수 있습니다.

셋째, '평생 학습'입니다. 지식이 아닌 '학습 능력' 자체를 배우십시오.

AI가 세상의 모든 지식을 답해줄 수 있는 시대에, 단순히 많은 지식을 머릿속에 쌓아두는 것은 더 이상 큰 경쟁력이 아닙니다. 이제 중요한 것은 '무엇'을 아느냐가 아니라, **'어떻게 배울 것인가'**입니다. 기술 리더들이 강조하듯, 배우는 방법을 배우는 능력, 즉 '메타 학습(Meta-learning)' 능력을 길러야 합니다.[3] 필요한 정보가 어디에 있는지 빠르게 찾아내고, 그 정보가 신뢰할 만한지 비판적으로 평가하며, 서로 다른 지식들을 연결하여 새로운 통찰을 만들어내는 능력. 이것이 AI 시대의 새로운 문해력(Literacy)입니다. 우리는 이제 '지식의 도서관'이 되기를 멈추고, AI라는 최고의 안내자와 함께 미지의 세계를 탐험하는 '지식의 탐험가'가 되어야 합니다.

특이점 시대는 우리에게 끊임없이 적응하고 변화할 것을 요구합니다. 하지만 이것을 위협으로만 받아들일 필요는 없습니다. 생각의 근육을 단련하고,

마음의 평화를 지키며, 배우는 능력을 키워나갈 때, 우리는 이 거대한 변화의 파도를 오히려 나 자신을 더 높은 차원으로 성장시키는 최고의 기회로 만들 수 있을 것입니다.

> 핵심 요약: 특이점 시대의 자기 성장은 수동적 적응이 아닌 능동적 단련에 있습니다. AI를 '스파링 파트너'로 삼아 생각을 단련하고,[1] '디지털 디톡스'로 마음의 주권을 지키며,[2] 지식 암기를 넘어 '메타 학습' 능력으로 진화하는 것.[3] 이 세 가지 훈련은 기술의 파도에 휩쓸리는 대신, 그 파도를 성장의 에너지로 바꾸는 우리 시대의 새로운 연금술입니다.

VI.
에필로그
: 특이점을 넘어서는 인간

우리는 특이점이라는 거대한 변화의 문턱에서 시작하여, 그 안에서 펼쳐질 일과 생각, 생명의 미래를 탐험하는 긴 항해를 함께 해왔습니다. 생존을 위한 나침반을 손에 쥐고, 낯선 바다의 해도를 그리며, 마침내 우리 내면의 가장 깊은 곳에 있는 인간다움의 의미까지. 이 모든 여정의 끝에서, 우리는 어떤 결론의 항구에 다다랐을까요?

제가 이 책을 쓰며 얻은 마지막 깨달음은 이것입니다. 특이점은 우리가 두려워하며 피해야 할 거대한 해일이 아니라, 인류 앞에 나타난 '**거대한 신대륙**'과 같다는 것입니다. 그곳은 아직 누구도 발 딛지 않은 미지의 땅이며, 무한한 기회와 알 수 없는 위험이 공존하는 곳입니다. 중요한 것은 그 신대륙이 낙원이 될지, 황무지가 될지는 정해져 있지 않다는 사실입니다. 그곳에 어떤 도시를 세우고, 어떤 문화를 꽃피울지는 전적으로 첫발을 내딛는 우리, 바로 지금을 살아가는 인류의 선택에 달려있습니다.

전문가들이 경고하듯, 좋든 싫든 '**인간-AI 공진화(Human-AI Co-evolution)**'의 시대는 이미 시작되었습니다.[1] '인간 대 기계'라는 낡은 대립 구도를 넘어, 우리는 이제 인간과 기계가 하나의 시스템처럼 융합하여 서로를 확장시키는 새로운 관계로 나아가고 있습니다. 이 새로운 관계 속에서 '인간다움'은 지켜야 할 낡은 성채가 아니라, 미지의 땅을 탐험하며 우리 스스로 가꾸고 키워나가야 할 새로운 씨앗이 될 것입니다.

이 책을 덮는 당신은 더 이상 미래의 수동적인 관찰자가 아닙니다. 당신은 변화의 본질을 이해하고, 생존의 기술을 익혔으며, 무엇보다 흔들리지 않는 자신만의 가치를 고민하기 시작했습니다. 당신은 이제 미래가 어떻게 될지 묻는 사람에서, **미래를 어떻게 만들 것인지 질문하는** '공동 창조자(Co-Creator)'가 되었습니다.

미래는 소수의 천재나 거대 기업이 독점하는 것이 아닙니다. 그것은 당신과 같은 수많은 선장들이 각자의 자리에서 N.E.W.S. 나침반을 따라 용기 있게 항해하고, 때로는 서로의 등대가 되어주며 함께 만들어가는 거대한 이야기입니다. 기술이라는 강력한 바람을 어떤 방향으로 이끌지 결정하는 돛은, 바로 우리의 손에 쥐어져 있습니다.

부디 이 책이 특이점이라는 거친 바다 앞에서 당신의 항해에 작은 등불이 되었기를 바랍니다. 두려움 대신 용기를, 혼란 대신 지혜를 가지고 당신만의 위대한 항해를 시작하십시오.

미래는 열려 있습니다. 이제, 우리 함께 그 위대한 이야기를 써 내려갈 시간입니다.

2025년 7월
송완

참고문헌

1장. 특이점은 이미 도래했다

I. 특이점, 이미 우리 곁에 와 있는 현실

1) Singularity (mathematics). (n.d.). In Wikipedia. Retrieved July 15, 2025, from https://en.wikipedia.org/wiki/Singularity_(mathematics)
2) Vinge, V. (1993). The coming technological singularity: How to survive in the post-human era. NASA Technical Reports Server. https://ntrs.nasa.gov/citations/19940022856
3) Kurzweil, R. (2005). The singularity is near: When humans transcend biology. Viking. https://www.amazon.com/Singularity-Near-Humans-Transcend-Biology/dp/0670033847
4) Dilmegani, C. (2025, July 14). When will AGI/singularity happen? 8,590 predictions analyzed. AIMultiple. https://research.aimultiple.com/artificial-general-intelligence-singularity-timing/
5) Harvard Gazette. (2024, September). New AI tool can diagnose cancer, guide treatment, predict patient survival. https://news.harvard.edu/gazette/story/2024/09/new-ai-tool-can-diagnose-cancer-guide-treatment-predict-patient-survival/

II. 두 얼굴의 AI: 위대한 흉내쟁이인가, 지능의 서막인가?

1) Rudra, S. (2025). What is Transformer? The breakthrough model powering ChatGPT and Gemini. MiniTool AI. https://minitoolai.com/blog/what-is-transformer-the-breakthrough-model-powering-chatgpt-and-gemini/
2 Vaswani, A., et al. (2017). Attention is all you need. arXiv. https://arxiv.org/abs/1706.03762
3) Castelvecchi, D. (2024). AI is a black box. Anthropic figured out a way to look inside. WIRED. https://www.wired.com/story/anthropic-black-box-ai-research-neurons-features/
4) Bender, E. M., et al. (2021). On the dangers of stochastic parrots: Can language models be too big?. Proceedings of the 2021 ACM Conference on Fairness, Accountability, and Transparency. https://dl.acm.org/

doi/10.1145/3442188.3445922

5) Chollet, F. (2024, June 25). ARC-AGI: A new benchmark for measuring intelligence. ARC Prize. https://arcprize.org/arc-agi
6) Chollet, F. (2025, May 17). ARC-AGI-2: Challenging static reasoning systems. arXiv. https://arxiv.org/abs/2505.11831
7) Damasio, A. (2025, April 8). Embodied AI and the limit of consciousness. Fundacion Bankinter. https://www.fundacionbankinter.org/en/noticias/embodied-ai-and-the-limit-of-consciousness-antonio-damasios-vision
8) Zhao, A., et al. (2025, May 9). Absolute Zero: Reinforced Self-play Reasoning with Zero Data. arXiv. https://arxiv.org/abs/2505.03335
9) DeepMind. (2025, May 14). A Gemini-powered coding agent for designing advanced algorithms. DeepMind. https://deepmind.google/discover/blog/alphaevolve-a-gemini-powered-coding-agent-for-designing-advanced-algorithms/

III. 데이터가 증명하는 특이점의 속도와 우리의 착각

1) Meeker, M. (2025, May). Technology, AI & innovation. Bond Capital. https://www.bondcap.com/report/tai/
2) Duarte, F. (2025, July 11). Number of ChatGPT users (June 2025). Exploding Topics. https://explodingtopics.com/blog/chatgpt-users
3) Amara's law. (n.d.). In Wikipedia. Retrieved July 15, 2025, from https://en.wikipedia.org/wiki/Amara%27s_law
4) Bozen, S. (2025, February 8). Tech megacaps to spend more than $300 billion in 2025 to win in AI. CNBC. https://www.cnbc.com/2025/02/08/tech-megacaps-to-spend-more-than-300-billion-in-2025-to-win-in-ai.html
5) Korea Development Institute (KDI). (2024, December). 2025년 예산 국회 확정. KDI 경제교육·정보센터. https://eiec.kdi.re.kr/policy/materialView.do?num=260910

IV. 빙산의 일각: 우리가 보는 AI, 그리고 보이지 않는 AI

1) Reuters. (2024, July 12). Exclusive: OpenAI working on new reasoning technology under code name 'Strawberry'. Reuters. https://www.reuters.com/technology/artificial-intelligence/openai-working-new-reasoning-technology-under-code-name-strawberry-2024-07-12/
2) McKinsey & Company. (2023, June 14). The economic potential of generative AI: The next productivity frontier. McKinsey & Company. https://www.mckinsey.com/capabilities/mckinsey-digital/our-insights/the-economic-potential-of-

generative-ai-the-next-productivity-frontier

3) OpenAI. (2023, March 14). GPT-4 technical report. OpenAI. https://openai.com/index/gpt-4-research/

4) Leopold, A. S. (2024, June). Situational awareness: The decade ahead. Situational Awareness. https://situational-awareness.ai/from-gpt-4-to-agi/

5) Liu, Y., Jin, M., et al. (2024). An overview of large AI models and their applications. Visual Intelligence. https://link.springer.com/article/10.1007/s44267-024-00065-8

6) Nature Scientific Reports. (2024). Innovation and challenges of artificial intelligence technology in personalized healthcare. Scientific Reports. https://www.nature.com/articles/s41598-024-70073-7

7) Guha, N. (2023, August 20). LegalBench: A Collaboratively Built Benchmark for Measuring Legal Reasoning in Large Language Models. arXiv. https://arxiv.org/abs/2308.11462

8) Fernando C. (2023, September 29). Promptbreeder: Self-Referential Self-Improvement Via Prompt Evolution. arXiv. https://arxiv.org/abs/2309.16797

9) Sevilla, J. (2022, February 11). Compute Trends Across Three Eras of Machine Learning. arXiv. https://arxiv.org/abs/2202.05924

10) CNBC. (2025, February 8). Tech megacaps plan to spend more than $300 billion in 2025 as AI race intensifies. CNBC. https://www.cnbc.com/2025/02/08/tech-megacaps-to-spend-more-than-300-billion-in-2025-to-win-in-ai.html

11) Purdue University. (2024). ReElement Technologies uses Purdue tech in rare earth elements production critical to semiconductor manufacturing, other new-age technologies. Purdue University. https://www.purdue.edu/newsroom/2024/Q1/reelement-technologies-uses-purdue-tech-in-rare-earth-elements-production-critical-to-semiconductor-manufacturing-other-new-age-technologies

12) The Verge. (2024, February 9). The enormous energy demands of AI. The Verge. https://www.theverge.com/24066646/ai-electricity-energy-watts-generative-consumption

13) Vincent, J. (2024, February 9). How much electricity does AI consume? The Verge. https://www.theverge.com/24066646/ai-electricity-energy-watts-generative-consumption

14) European Commission. (n.d.). The Artificial Intelligence Act. European Union. https://artificialintelligenceact.eu/

15) Huck, T. (2023, November 6). Reinforcement Learning for Safety Testing: Lessons from A Mobile Robot Case Study. arXiv. https://arxiv.org/abs/2311.02907

16) International Energy Agency. (2024). Energy demand from AI. IEA. https://www.iea.org/reports/energy-and-ai/energy-demand-from-ai

V. 특이점의 한국적 맥락: 위기인가, 기회인가?

1) Statistics Korea. (2024). 2023년 출생 통계(확정) [2023 birth statistics (final)]. KOSTAT. https://kostat.go.kr/board.es?mid=a10301010000&bid=204&act=view&list_no=429586
2) Statistics Korea. (2023). 장래인구특별추계: 2022~2072년 [Population projections for Korea: 2022~2072]. KOSTAT. https://kostat.go.kr/boardDownload.es?bid=11918&list_no=432965&seq=1
3) KDI. (2024, April 30). 지속 가능한 노동시장으로 가는 길 [Path to a sustainable labor market]. KDI. https://eiec.kdi.re.kr/userdata/nara/202405/202405.pdf
4) International Telecommunication Union. (2024). Measuring digital development: The ICT Development Index 2024. ITU. https://www.itu.int/dms_pub/itu-d/opb/ind/d-ind-ict_mdd-2024-3-pdf-e.pdf
5) Korea Bizwire. (2024, May 29). South Korea ranks second globally in paid ChatGPT subscriptions as AI adoption surges. Korea Bizwire. http://koreabizwire.com/south-korea-ranks-second-globally-in-paid-chatgpt-subscriptions-as-ai-adoption-surges/319847
6) The Korea Herald. (n.d.). 1 in 4 Koreans use generative AI: survey. The Korea Herald. https://www.koreaherald.com/article/10498515
7) NAVER Cloud, HyperCLOVA X Team. (2024, April). HyperCLOVA X technical report. arXiv. https://arxiv.org/html/2404.01954v1
8) OECD. (n.d.). Re-thinking future education in Korea. OECD. https://www.oecd.org/content/dam/oecd/en/about/projects/edu/education-2040/6-bilateral-support/Re-thinking_Future_Education_in_Korea.pdf
9) Korea Development Institute. (2023, December 30). The impact of artificial intelligence on the labor market and policy implications. KDI. https://www.kdi.re.kr/eng/research/reportView?pub_no=18370
10) McKinsey & Company. (2023, December). Korea's next S-curve: A new economic growth model for 2040. McKinsey & Company. https://www.mckinsey.com/kr/~/media/mckinsey/locations/asia/korea/our%20insights/koreas%20next%20s%20curve%20a%20new%20economic%20growth%20model%20for%202040/koreas-next-s-curve-a-new-economic-growth-model-for-2040-ko.pdf
11) OECD. (n.d.). Re-thinking future education in Korea. OECD. https://www.oecd.

org/content/dam/oecd/en/about/projects/edu/education-2040/6-bilateral-support/Re-thinking_Future_Education_in_Korea.pdf

VI. 변화의 파동: 특이점은 세상을 어떻게 바꾸는가

1) McKinsey & Company. (n.d.). The economic potential of generative AI: The next productivity frontier. McKinsey & Company. https://www.mckinsey.com/capabilities/mckinsey-digital/our-insights/the-economic-potential-of-generative-ai-the-next-productivity-frontier
2) Czerwonko, A., & White, J. (n.d.). Life after the hype: How AI is transforming industries and economies. World Economic Forum. https://www.weforum.org/stories/2023/12/life-after-the-hype-how-ai-is-transforming-industries-and-economies/
3) Boston Consulting Group. (2019). Advanced robotics in the factory of the future. Boston Consulting Group. https://www.bcg.com/publications/2019/advanced-robotics-factory-future
4) OECD. (2024). The potential impact of artificial intelligence on equity and inclusion in education (OECD Education Working Papers, No. EDU/WKP(2024)15). OECD Publishing. https://www.oecd.org/content/dam/oecd/en/publications/reports/2024/08/the-potential-impact-of-artificial-intelligence-on-equity-and-inclusion-in-education_0d7e9e00/15df715b-en.pdf
5) Priest, D. (n.d.). In the age of AI: Speed matters more, scale matters less, innovation matters most. PwC. https://www.pwc.com/us/en/tech-effect/ai-analytics/competing-in-age-of-ai.html
6) McKinsey & Company. (2023). The state of AI in 2023: Generative AI's breakout year. McKinsey & Company. https://www.mckinsey.com/capabilities/mckinsey-digital/our-insights/the-state-of-ai-in-2023-generative-ais-breakout-year
7) OECD. (2025). OECD Regulatory Policy Outlook 2025: Regulating for the future. OECD Publishing. https://www.oecd.org/en/publications/2025/04/oecd-regulatory-policy-outlook-2025_a754bf4c/full-report/regulating-for-the-future_e948d334.html

VII. 2035년, 우리는 어디에 있을까: 다가올 10년의 로드맵

1) McKinsey & Company. (n.d.). *The economic potential of generative AI: The next productivity frontier*. https://www.mckinsey.com/capabilities/mckinsey-digital/our-insights/the-economic-potential-of-generative-ai-the-next-productivity-frontier

2) McKinsey Global Institute. (n.d.). *A new future of work: The race to deploy AI and raise skills in Europe and beyond*. https://www.mckinsey.com/mgi/our-research/a-new-future-of-work-the-race-to-deploy-ai-and-raise-skills-in-europe-and-beyond
3) Dhillon, J. (n.d.). *AI-Driven Agentification of Work: Impact on Jobs (2024-2030)*. LinkedIn. https://www.linkedin.com/pulse/ai-driven-agentification-work-impact-jobs-20242030-poweredbywiti-zbyfc
4) Di Battista, A., Grayling, S., Játiva, X., Leopold, T., Li, R., Sharma, S., & Zahidi, S. (2025). *Future of Jobs Report 2025*. World Economic Forum. https://reports.weforum.org/docs/WEF_Future_of_Jobs_Report_2025.pdf
5) BCC Research. (2024, October). *Brain-Computer Interface: Global Markets*. https://www.bccresearch.com/pressroom/ias/brain-computer-interface:-global-markets?srsltid=AfmBOor0nDw_W_uS5JAEmHQPiqwarQzFpOuCs4MZFGH6HHZA21RCiJ7O
6) Russo, A. (2020, October 20). *Recession and automation changes our future of work, but there are jobs coming, report says*. World Economic Forum. https://www.weforum.org/press/2020/10/recession-and-automation-changes-our-future-of-work-but-there-are-jobs-coming-report-says-52c5162fce/
7) Rainie, L., & Anderson, J. (2024, February 29). *Experts imagine the impact of artificial intelligence by 2040*. Imagining the Digital Future Center, Elon University. https://imaginingthedigitalfuture.org/wp-content/uploads/2024/02/AI2040-FINAL-White-Paper-2-2.29.24.pdf
8) Shine, I. (2023). *Jobs AI will create? Here's the World Economic Forum view*. World Economic Forum. https://www.weforum.org/stories/2023/09/jobs-ai-will-create/
9) World Economic Forum. (2023, April 30). *The Future of Jobs Report 2023*. https://www.weforum.org/publications/the-future-of-jobs-report-2023/digest/
10) McKinsey & Company. (2024). *Superagency in the workplace: Empowering people to unlock AI's full potential*. https://www.mckinsey.com/capabilities/mckinsey-digital/our-insights/superagency-in-the-workplace-empowering-people-to-unlock-ais-full-potential-at-work

VIII. 특이점 시대를 맞이하는 우리의 자세

1) Wikipedia contributors. (n.d.). Amara's law. In *Wikipedia, the free encyclopedia*. Retrieved July 15, 2025, from https://en.wikipedia.org/wiki/Amara%27s_law
2) Milberg, T. (n.d.). *Why AI literacy is now a core competency in education*. World

Economic Forum. https://www.weforum.org/stories/2025/05/why-ai-literacy-is-now-a-core-competency-in-education/
3) Koehler, J. (n.d.). *Guiding teens through AI-driven uncertainty*. Psychology Today. https://www.psychologytoday.com/us/blog/beyond-school-walls/202506/guiding-teens-through-ai-driven-uncertainty
4) Organisation for Economic Co-operation and Development. (2018). *The future of education and skills: Education 2030* [Position paper]. https://www.oecd.org/content/dam/oecd/en/about/projects/edu/education-2040/position-paper/PositionPaper.pdf

2장: 노동의 대전환

I. 일의 대전환, 이미 시작된 미래

1) World Economic Forum. (2023, May). Future of jobs report 2023. World Economic Forum. https://www3.weforum.org/docs/WEF_Future_of_Jobs_2023.pdf
2) Berman, K., Daly, M., Frishberg, E., Loureiro, J. C., & Ott, J. (2025, May 12). The AI Workplace: New research on employee AI adoption. Irrational Labs. https://irrationallabs.com/blog/ai-workplace-research-employee-ai-adoption/
3) OECD. (2021). AI and the future of skills, volume 1: Capabilities and assessments. OECD Publishing. https://www.oecd.org/content/dam/oecd/en/publications/reports/2021/11/ai-and-the-future-of-skills-volume-1_2f19d213/5ee71f34-en.pdf
4) Harari, Y. N. (2017, February 24). The rise of the useless class. ideas.ted.com. https://ideas.ted.com/the-rise-of-the-useless-class/
5) All Good Great. (n.d.). List of books written by artificial intelligence. All Good Great. https://allgoodgreat.com/list-of-books-written-by-artificial-intelligence/
6) Association of Corporate Counsel. (2025). Is artificial intelligence the new junior lawyer? Association of Corporate Counsel. https://www.acc.com/artificial-intelligence-new-junior-lawyer
7) Chang, S. J., Lee, H., Lee, S., Oh, S., Sun, Z., & Xu, X. C. (2025). Transforming the future: The impact of artificial intelligence in Korea. Selected Issues Papers, 013. International Monetary Fund. https://www.elibrary.imf.org/view/journals/018/2025/013/article-A001-en.xml

II. 지식 노동, AI에 잠식되다: 인간 역할 축소의 서막

1) McKinsey Global Institute. (2023, June). The economic potential of generative AI: The next productivity frontier. McKinsey & Company. https://www.mckinsey.

com/capabilities/mckinsey-digital/our-insights/the-economic-potential-of-generative-ai-the-next-productivity-frontier

2) Eloundou, T., Manning, S., Mishkin, P., & Rock, D. (2023, March). GPTs are GPTs: An early look at the labor market impact potential of large language models. arXiv. https://arxiv.org/abs/2303.10130

3) Haehn, D., Khosla, A., Hamil, J., Singhal, V., Ehinger, K., Gutierrez Becker, B., & Zech, J. R. (2024, March). The model student: GPT-4 performance on graduate biomedical science exams. Scientific Reports. https://www.nature.com/articles/s41598-024-55568-7

4) Butler, J., Suh, J., Haniyur, S., & Hadley, C. (2024, October). Dear diary: A randomized controlled trial of generative AI coding tools in the workplace. arXiv. https://arxiv.org/pdf/2410.18334

5) Cortical.io. (2019, July). Cortical.io contract intelligence case study. Cortical.io. https://www.cortical.io/wp-content/uploads/Cortical.io_Case-Study_Contract-Intelligence.pdf

6) Habler, I., Huang, K., Kulkarni, P., & Narajala, V. S. (2025, April). Building a secure agentic AI application leveraging Google's A2A protocol. arXiv. https://arxiv.org/html/2504.16902v1

7) Venkatesh, K., Dunlop, C., & Yanardag, P. (2025, April). CREA: A collaborative multi-agent framework for creative content generation with diffusion models. arXiv. https://arxiv.org/html/2504.05306v1

8) World Economic Forum. (2025, January). Future of jobs report 2025. World Economic Forum. https://reports.weforum.org/docs/WEF_Future_of_Jobs_Report_2025.pdf

9) Kumar, A., Bajpai, Y., Gulwani, S., Soares, G., & Murphy-Hill, E. (2025, June). How developers use AI agents: When they work, when they don't, and why. arXiv. https://arxiv.org/html/2506.12347v1

10) The Code Alchemist. (2025, May). Prompt engineering will be obsolete in 2 years — Here's why you should care. Medium. https://medium.com/@thecodealchemistX/prompt-engineering-will-be-obsolete-in-2-years-heres-why-you-should-care-ef4b7f9ddded

11) Chen, G., Fan, L., Gong, Z., Xie, N., Li, Z., Liu, Z., Li, C., Qu, Q., Alinejad-Rokny, H., Ni, S., & Yang, M. (2024, August). AgentCourt: Simulating court with adversarial evolvable lawyer agents. arXiv. https://arxiv.org/html/2408.08089v2

12) O'Grady, C. G., & O'Grady, C. (2024, August). Agentic workflows in the practice

of law—AI agents as ethics counsel. SSRN. https://papers.ssrn.com/sol3/papers.cfm?abstract_id=5113810

13) Tu, T., Azizi, S., Driess, D., Schaekermann, M., Amin, M., Chang, P. C., ... & Natarajan, V. (2024, January). Towards conversational diagnostic artificial intelligence. Nature Medicine. https://pubmed.ncbi.nlm.nih.gov/40205050/

14) Liévin, V., & Palepu, A. (2025, March). From diagnosis to treatment: Advancing AMIE for longitudinal disease management. Google Research Blog. https://research.google/blog/from-diagnosis-to-treatment-advancing-amie-for-longitudinal-disease-management/

15) Ezzamouri, B., van der Lee, R., Bukowska, M. A., Breems, M., de Kam, M. L., Tak, P. P., Mayer, B., Hackl, W. M., Retèl, V. P., de Vries, E. G. E., Smit, E. F., Westermann, S. A., & Voest, E. E. (2024, January). New regulatory thinking is needed for AI-based personalised drug and cell therapies in precision oncology. npj Precision Oncology. https://www.nature.com/articles/s41698-024-00517-w

16) Giri, N. (2025). AI for trading: The 2025 complete guide. Liquidity Finder. https://liquidityfinder.com/insight/technology/ai-for-trading-2025-complete-guide

17) Foucault, T., Gambacorta, L., Jiang, W., & Vives, X. (2025). Artificial intelligence in finance. CEPR. https://cepr.org/voxeu/columns/artificial-intelligence-finance

III. 창의성 영역의 새로운 도전: AI는 어떻게 경계를 넓히는가

1) McKinsey & Company. (2023, April). The state of AI in 2023: Generative AI's breakout year. McKinsey & Company. https://www.mckinsey.com/capabilities/mckinsey-digital/our-insights/the-state-of-ai-in-2023-generative-ais-breakout-year

2) McKinsey & Company. (2023). The economic potential of generative AI: The next productivity frontier. McKinsey & Company. https://www.mckinsey.com/capabilities/mckinsey-digital/our-insights/the-economic-potential-of-generative-ai-the-next-productivity-frontier

3) OpenAI. (n.d.). Sora. OpenAI. https://openai.com/ko-KR/index/sora/

4) Pater, J. (2025, January 6). AI music generation is now really, really good(*). websites.umass.edu/pater. https://websites.umass.edu/pater/2025/01/06/ai-music-generation-is-now-really-really-good/

5) NVIDIA. (n.d.). AI solutions for game development. NVIDIA. https://www.nvidia.com/en-us/industries/game-development/

6) Leopold, T. (2025, April). How AI is reshaping the career ladder, and other trends

in jobs and skills on Labour Day. World Economic Forum. https://www.weforum. org/stories/2025/04/ai-jobs-international-workers-day/

7) Lutkevich, B. (n.d.). Will AI replace jobs? 18 job types that might be affected. TechTarget. https://www.techtarget.com/whatis/feature/Will-AI-replace-jobs-9-job-types-that-might-be-affected

8) Digital Marketing Institute. (2025). 10 eye-opening AI marketing stats in 2025. Digital Marketing Institute. https://digitalmarketinginstitute.com/blog/10-eye-opening-ai-marketing-stats-in-2025

9) TechCrunch. (2025, June 26). This AI-powered startup studio plans to launch 100,000 companies a year — really. TechCrunch. https://techcrunch.com/2025/06/26/this-ai-powered-startup-studio-plans-to-launch-100000-companies-a-year-really/

10) Povinelli, R. (2024, May). A dynamical systems approach to predicting patient outcome after cardiac arrest. arXiv. https://arxiv.org/abs/2405.08827

11) Kazim, F. (2024, April). Can there be creative equity in the age of AI? World Economic Forum. https://www.weforum.org/stories/2024/04/can-there-be-creative-equity-in-the-age-of-ai/

12) Xie, Y. (2024). A review of human emotion synthesis based on generative technology. arXiv. https://arxiv.org/abs/2412.07116

IV. 노동 지형의 대변화: AI는 어떻게 산업을 바꾸고 일자리를 변화시키는가?

1) World Economic Forum. (2025, January). Future of Jobs Report 2025. World Economic Forum. https://reports.weforum.org/docs/WEF_Future_of_Jobs_Report_2025.pdf

2) McKinsey. (2024). Superagency in the workplace: Empowering people to unlock AI's full potential. McKinsey Digital. https://www.mckinsey.com/capabilities/mckinsey-digital/our-insights/superagency-in-the-workplace-empowering-people-to-unlock-ais-full-potential-at-work

3) Oxford Economics. (n.d.). How Robots Change the World. Oxford Economics. https://www.oxfordeconomics.com/resource/how-robots-change-the-world/

4) Shaikh, K. (2024, June). Watch: Brainy humanoid robot masters package sorting at lightning 4-second pace. Interesting Engineering. https://interestingengineering.com/innovation/figure-02-robot-exceptional-package-handling

5) Falkenberg-Hull, E. (n.d.). Hyundai Putting 'Tens of Thousands' of Advanced Robots to Work. Newsweek. https://www.newsweek.com/hyundai-motor-group-

boston-dynamics-robots-manufacturing-2060286
6) McKinsey. (n.d.). Building smarter cars with smarter factories: How AI will change the auto business. McKinsey. https://www.mckinsey.com/capabilities/mckinsey-digital/our-insights/building-smarter-cars
7) International Federation of Robotics. (2024, November). Global Robot Density in Factories Doubled in Seven Years. International Federation of Robotics. https://ifr.org/ifr-press-releases/news/global-robot-density-in-factories-doubled-in-seven-years
8) Master of Code Global. (n.d.). Chatbot Statistics. Master of Code Global. https://masterofcode.com/blog/chatbot-statistics
9) World Economic Forum. (2023, May). Future of Jobs Report 2023. World Economic Forum. https://www3.weforum.org/docs/WEF_Future_of_Jobs_2023.pdf
10) McKinsey & Company. (n.d.). How digital tools could boost efficiency in African health systems. McKinsey & Company. https://www.mckinsey.com/industries/healthcare/our-insights/how-digital-tools-could-boost-efficiency-in-african-health-systems
11) Berryhill, J., Kok Heang, K., Clogher, R., & McBride, K. (2019, November). Hello, World: Artificial Intelligence and Its Use in the Public Sector. OECD. https://oecd-opsi.org/wp-content/uploads/2019/11/AI-Report-Online.pdf
12) (2024, March). Measuring GitHub Copilot's Impact on Productivity. Communications of the ACM. https://cacm.acm.org/research/measuring-github-copilots-impact-on-productivity/
13) Q, K. (2025, May). The great coder reset: AI's rewiring of software engineering. Medium. https://medium.com/@khaledq_43881/the-great-coder-reset-ais-rewiring-of-software-engineering-558a0045eea8
14) World Economic Forum. (2023, April). The Future of Jobs Report 2023. World Economic Forum. https://www.weforum.org/publications/the-future-of-jobs-report-2023/
15) McKinsey & Company. (n.d.). The economic potential of generative AI: The next productivity frontier. McKinsey & Company. https://www.mckinsey.com/capabilities/mckinsey-digital/our-insights/the-economic-potential-of-generative-ai-the-next-productivity-frontier

V. 인간을 닮은 기계의 등장: 물리적 노동 변화의 서곡

1) Lambert, F. (2025, January 31). Elon Musk says Tesla aims to build 10,000 Optimus

robots this year. Electrek. https://electrek.co/2025/01/31/elon-musk-says-tesla-aims-to-build-10000-optimus-robots-this-year/

2) Boston Dynamics. (2025, April 3). Boston Dynamics, Hyundai Motor Group expand collaboration to drive mobility, manufacturing innovation. Boston Dynamics. https://bostondynamics.com/news/boston-dynamics-hyundai-motor-group-expand-collaboration-drive-mobility-manufacturing-innovation/

3) Jie, Y. (n.d.). Samsung to become largest shareholder in Rainbow Robotics. The Investor. https://www.theinvestor.co.kr/article/10383158

4) Figure. (n.d.). Figure raises $675M at $2.6B valuation and signs collaboration agreement with OpenAI. PR Newswire. https://www.prnewswire.com/news-releases/figure-raises-675m-at-2-6b-valuation-and-signs-collaboration-agreement-with-openai-302074897.html

5) Apptronik. (n.d.). Austin-based Apptronik inks partnership with NASA for humanoid robots. Apptronik. https://apptronik.com/news-collection/austin-based-apptronik-inks-partnership-with-nasa-for-humanoid-robots

6) Boston Consulting Group. (2021). How intelligence and mobility will shape the future of the robotics industry. BCG. https://www.bcg.com/publications/2021/how-intelligence-and-mobility-will-shape-the-future-of-the-robotics-industry

7) NVIDIA Newsroom. (2025). NVIDIA announces Isaac GR00T N1 — the world's first open humanoid robot foundation model — and simulation frameworks to speed robot development. NVIDIA. https://nvidianews.nvidia.com/news/nvidia-isaac-gr00t-n1-open-humanoid-robot-foundation-model-simulation-frameworks

8) Müller, C., Kraus, W., Graf, B., & Bregler, K. (Eds.). (2024). World Robotics 2024 – Service Robots. IFR Statistical Department, VDMA Services GmbH. https://ifr.org/img/worldrobotics/Executive_Summary_WR_2024_Service_Robots.pdf

9) World Economic Forum. (2023, April 30). The Future of Jobs Report 2023. World Economic Forum. https://www.weforum.org/publications/the-future-of-jobs-report-2023/

10) Bloomberg. (2023, February 6). Coupang turns to thousands of robots in bid for profit. Bloomberg. https://www.bloomberg.com/news/articles/2023-02-06/coupang-turns-to-thousands-of-robots-in-bid-for-profit

11) World Economic Forum. (2025, January 7). The Future of Jobs Report 2025. World Economic Forum. https://www.weforum.org/publications/the-future-of-jobs-report-2025/

12) Caulfield, B. (n.d.). GTC wrap-up: 'We created a processor for the generative AI

era,' NVIDIA CEO says. NVIDIA. https://blogs.nvidia.com/blog/2024-gtc-keynote/
13) McCartney, M. (2024, December 2). The country where 10 percent of workers are robots. Newsweek. https://www.newsweek.com/south-korea-news-10-percent-workers-robots-1993135
14) Kim, D.-Y. (2025, January). How human-centred technology combines innovation and inclusion in Gyeonggi Province, South Korea. World Economic Forum. https://www.weforum.org/stories/2025/01/human-centred-technology-innovation-inclusion/

VI. 로봇 경제의 도래: 변화의 승자와 과제

1) Seba, T., Dorr, A., & Libby, B. (n.d.). Near-zero cost labor: The disruptive economics of humanoid robots. RethinkX. https://www.rethinkx.com/blog/rethinkx/disruptive-economics-of-humanoid-robots

2) Koetsier, J. (2025, January 25). Humanoid robots: Here are the 16 leading manufacturers. Forbes. https://www.forbes.com/sites/johnkoetsier/2025/01/25/humanoid-robots-here-are-the-16-leading-manufacturers/

3) U.S. News & World Report. (2015, February 10). Robots could cut labor costs 16 percent by 2025. https://www.usnews.com/news/articles/2015/02/10/robots-could-cut-international-labor-costs-16-percent-by-2025-consulting-group-says

4) McKinsey & Company. (n.d.). How manufacturing's Lighthouses are capturing the full value of AI. https://www.mckinsey.com/capabilities/operations/our-insights/how-manufacturings-lighthouses-are-capturing-the-full-value-of-ai

5) Urrea, C., & Kern, J. (2025). Recent advances and challenges in industrial robotics: A systematic review of technological trends and emerging applications. Processes, 13(3), 832. https://doi.org/10.3390/pr13030832

6) International Federation of Robotics. (2017). The impact of robots on productivity, employment and jobs [Positioning paper]. International Federation of Robotics. https://ifr.org/img/office/IFR_The_Impact_of_Robots_on_Employment.pdf

7) Kim, M. (2024, October 22). The labor market impacts of AI technology: A case study of Korea [Conference presentation]. KDI-Brookings Joint Seminar. https://www.brookings.edu/wp-content/uploads/2024/10/Session-3.-Minjung-Kim-presentation.pdf

8) Dizikes, P. (2022, November 21). Study: Automation drives income inequality. MIT Economics. https://economics.mit.edu/news/study-automation-drives-income-inequality

9) World Economic Forum. (2023). The Future of Jobs Report 2023. https://www3.weforum.org/docs/WEF_Future_of_Jobs_2023.pdf
10) Moser, H., & Anemogiannis, K. N. (2025). 2025 Reshoring Survey Report. Reshoring Initiative. https://reshorenow.org/content/pdf/2025_Reshoring_Survey_Report_Portrait-compressed.pdf
11) World Economic Forum. (2025, January). Future of jobs report 2025. World Economic Forum. https://reports.weforum.org/docs/WEF_Future_of_Jobs_Report_2025.pdf
12) Wang, J.-C. (Ed.). (2024). Global perspectives on premature deindustrialization: Insights from APO member economies. Asian Productivity Organization. https://www.apo-tokyo.org/wp-content/uploads/2024/09/Global-Perspectives-on-Premature-Deindustrialization_PUB.pdf
13) Korea Trade-Investment Promotion Agency. (2024, July). Invest KOREA July 2024 Issue. https://www.investkorea.org/upload/kotraexpress/2024/07/images/2407_full.pdf
14) LEE, Y. (2024, December 1). Kim Poblson, CEO of Universal Robotics, visits Korea. "Korea, a country with very high robot density" Next year's "UR Service and Repair Center" will be opened. mk.co.kr. https://www.mk.co.kr/en/business/11182725
15) LEE, J. (2025, February 10). 27 percent of Korean workers will lose their jobs to AI, study shows. Korea JoongAng Daily. https://koreajoongangdaily.joins.com/news/2025-02-10/business/economy/27-percent-of-Korean-workers-will-lose-their-jobs-to-AI-study-shows/2239008

VII. 경제의 재설계: 자동화는 어떻게 부와 권력의 지도를 바꾸는가

1) McKinsey. (n.d.). The economic potential of generative AI: The next productivity frontier. McKinsey. https://www.mckinsey.com/capabilities/mckinsey-digital/our-insights/the-economic-potential-of-generative-ai-the-next-productivity-frontier
2) Seba, T., Dorr, A., & Libby, B. (n.d.). Near-zero cost labor: The disruptive economics of humanoid robots. RethinkX. https://www.rethinkx.com/blog/rethinkx/disruptive-economics-of-humanoid-robots
3) McKinsey. (2023, April). The state of AI in 2023: Generative AI's breakout year. McKinsey. https://www.mckinsey.com/capabilities/quantumblack/our-insights/the-state-of-ai-in-2023-generative-ais-breakout-year
4) Dizikes, P. (2022, November 21). Study: Automation drives income inequality. MIT Economics. https://economics.mit.edu/news/study-automation-drives-income-inequality

5) Song, J. (2021, January). What drives labor share change? Evidence from Korean industries. Economic Modelling. https://www.sciencedirect.com/science/article/abs/pii/S026499932031227X
6) Zeballos-Roig, J. (2020, May). Finland's basic-income trial found people were happier, but weren't more likely to get jobs. World Economic Forum. https://www.weforum.org/stories/2020/05/finlands-basic-income-trial-found-people-were-happier-but-werent-more-likely-to-get-jobs
7) Kang, D., Lee, J. H., & Quach, S. (2024, October 4). The Welfare Effects of a Robot Tax: Evidence from a Tax Credit for Automation Technologies in Korea. SSRN. https://papers.ssrn.com/sol3/papers.cfm?abstract_id=5005128
8) Abrams, J. (2023, November 6). Elon Musk says AI will remove need for jobs and create 'universal high income.' But workers don't want to wait for robots to get financial relief. Fortune. https://fortune.com/2023/11/06/elon-musk-ai-artificial-intelligence-universal-income-jobs/
9) World Economic Forum. (2025, January 7). The Future of Jobs Report 2025. World Economic Forum. https://www.weforum.org/publications/the-future-of-jobs-report-2025/
10) Stratechi. (n.d.). AI Orchestration: The Essential Middleware for Autonomous Enterprises. Stratechi. https://www.stratechi.com/ai-orchestration-middleware-enterprise-strategy/

VIII. 인간에게 남은 일은 무엇인가: 마지막 보루인가, 신기루인가?

1) McKinsey & Company. (2023, April). The state of AI in 2023: Generative AI's breakout year. McKinsey & Company. https://www.mckinsey.com/capabilities/mckinsey-digital/our-insights/the-state-of-ai-in-2023-generative-ais-breakout-year
2) Rosso, C. (n.d.). New study highlights opportunities for artificial emotional intelligence. MIT Media Lab. https://www.media.mit.edu/articles/new-study-highlights-opportunities-for-artificial-emotional-intelligence/
3) Jones, C. (2025, March 31). Large Language Models Pass the Turing Test. arXiv. https://arxiv.org/abs/2503.23674
4) Lin, Y., Lin, F., Cai, G., Chen, H., Zou, L., & Wu, P. (2024, February 20). Evolutionary reinforcement learning: A systematic review and future directions. arXiv. https://arxiv.org/html/2402.13296v1
5) Ellis, J. (n.d.). When AI recognizes emotion, with Rosalind Picard. MIT Media Lab. https://

www.media.mit.edu/articles/when-ai-recognizes-emotion-with-rosalind-picard/
6) Singh, L. (2022, May). Automated Kantian ethics [Bachelor's thesis, Harvard College]. Harvard University. https://dash.harvard.edu/bitstream/handle/1/37371736/Automated_Kantian_Ethics_LS_Thesis.pdf
7) Schneider, J. (2025, April 26). Generative to Agentic AI: Survey, Conceptualization, and Challenges. arXiv. https://arxiv.org/abs/2504.18875
8) World Economic Forum. (2025, January 7). The Future of Jobs Report 2025. World Economic Forum. https://www.weforum.org/reports/the-future-of-jobs-report-2025/
9) Primeau, M. (2021, September). Your powerful, changeable mindset. Stanford News. https://news.stanford.edu/stories/2021/09/mindsets-clearing-lens-life
10) Levy, D. (2021, October 1). What is integrative thinking, and how can it help with collaboration? Mural. https://www.mural.co/blog/what-is-integrative-thinking
11) Herrick, J. (2023, October 17). How to diversify income streams for long-term financial growth. Entrepreneur. https://www.entrepreneur.com/money-finance/how-to-diversify-income-streams-for-long-term-financial/458332
12) Encyclopædia Britannica. (n.d.). Universal basic income (UBI). Britannica. https://www.britannica.com/procon/universal-basic-income-UBI-debate
13) American University. (2020, May 13). What is holistic education? Understanding the history, methods, and benefits. American University. https://soeonline.american.edu/blog/what-is-holistic-education/
14) Seref, S. (n.d.). What is AI democratization? Opportunities and challenges. Tecnovy. https://tecnovy.com/en/ai-democratization
15) Harari, Y. N. (2020, January 23). Read Yuval Harari's blistering warning to Davos in full. World Economic Forum. https://www.weforum.org/stories/2020/01/yuval-hararis-warning-davos-speech-future-predications/
16) Bradatan, C. (n.d.). Learning to be a loser: a philosopher's case for doing nothing. Psyche. https://psyche.co/ideas/learning-to-be-a-loser-a-philosophers-case-for-doing-nothing

IX. 노동 없는 미래, 그리고 다음 질문

1) Organisation for Economic Co-operation and Development. (2023). OECD employment outlook 2023: Artificial intelligence and the labour market. OECD Publishing. https://www.oecd.org/en/publications/oecd-employment-outlook-2023_08785bba-en.html

2) McKinsey & Company. (2024, July). The state of AI: How organizations are rewiring to capture value. McKinsey & Company. https://www.mckinsey.com/capabilities/quantumblack/our-insights/the-state-of-ai
3) Dizikes, P. (2022, November). Study: Automation drives income inequality. MIT Economics. https://economics.mit.edu/news/study-automation-drives-income-inequality
4) Harari, Y. N. (2017, February). The rise of the useless class. TED Ideas. https://ideas.ted.com/the-rise-of-the-useless-class/
5) de Botton, A. (2010, September). Alain de Botton on the pleasures and sorrows of work [Audio podcast episode]. In EconTalk. Econlib. https://www.econtalk.org/de-botton-on-the-pleasures-and-sorrows-of-work/
6) World Economic Forum. (2025, January). Future of jobs report 2025. World Economic Forum. https://reports.weforum.org/docs/WEF_Future_of_Jobs_Report_2025.pdf

3장: 당신의 생각은 더 이상 당신의 것이 아니다

I. 정신적 경계의 소멸

1) Izi, T. (2025, May). Mind hack: Decoding human thoughts using AI-powered brain-computer interfaces. SSRN. https://doi.org/10.2139/ssrn.5337678
2) Towards Healthcare. (2025, May 12). Brain computer interface market size, technology & EEG signal classification. Towards Healthcare. https://www.towardshealthcare.com/insights/brain-computer-interface-market
3) Singh, P. (2025, June 2). Musk's Neuralink raises $650 million in latest funding as clinical trials begin. Reuters. https://www.reuters.com/business/healthcare-pharmaceuticals/musks-neuralink-raises-650-million-latest-funding-round-2025-06-02/
4) Hammerand, J. (n.d.). Synchron reports positive results from Command study of its BCI system. MassDevice. https://www.massdevice.com/synchron-command-study-results-stentrode-bci-implant/
5) Kargarandehkordi, A., Li, S., Lin, K., Phillips, K. T., Benzo, R. M., & Washington, P. (2025, March). Fusing wearable biosensors with artificial intelligence for mental health monitoring: A systematic review. Biosensors, 15(4). https://doi.org/10.3390/bios15040202
6) Gordon, E. C., & Seth, A. K. (2024, October). Ethical considerations for the use of brain-computer interfaces for cognitive enhancement. PLOS Biology, 22(10).

https://doi.org/10.1371/journal.pbio.3002899

II. 뇌-컴퓨터 인터페이스의 기술적 현실

1) Military Medical Research. (2025). Recent applications of EEG-based brain-computer-interface in the medical field. Military Medical Research. https://mmrjournal.biomedcentral.com/articles/10.1186/s40779-025-00598-z
2) TechFundingNews. (n.d.). Neuralink hits $9B: Is Musk's brain tech the future, or will Synchron and Precision Neuroscience take the lead? TechFundingNews. https://techfundingnews.com/neuralink-hits-9b-is-musks-brain-tech-the-future-or-will-synchron-and-precision-neuroscience-take-the-lead/
3) Towards Healthcare. (2025, May 12). Brain computer interface market size, technology & EEG signal classification. Towards Healthcare. https://www.towardshealthcare.com/insights/brain-computer-interface-market
4) Ding, Y., Udompanyawit, C., Zhang, Y., & He, B. (2025, June 30). EEG-based brain-computer interface enables real-time robotic hand control at individual finger level. Nature Communications, 16. https://pmc.ncbi.nlm.nih.gov/articles/PMC12209421/
5) Marks, R. (2025, February). This new treatment can adjust to Parkinson's symptoms in real time. UCSF. https://www.ucsf.edu/news/2025/02/429506/new-treatment-can-adjust-parkinsons-symptoms-real-time
6) Levy, E., & Oxley, T. (2024, October 3). Synchron's brain-computer interface evaluated in COMMAND early feasibility study. EVT Today. https://evtoday.com/news/synchrons-brain-computer-interface-evaluated-in-command-early-feasibility-study
9) Samsung Newsroom. (2024, January 8). Galaxy Watch's advanced sensor tech paves way for greater preventive healthcare solutions. Samsung Newsroom. https://news.samsung.com/global/galaxy-watchs-advanced-sensor-tech-paves-way-for-greater-preventive-healthcare-solutions
10) Deb, T. (2025, January 13). Brain-computer interface statistics 2025 by technology, devices, communication. Market.us Media. https://media.market.us/brain-computer-interface-statistics/
11) Kang, H., Baek, J., Chu, S. H., & Choi, J. (2023, August 29). Digital literacy among Korean older adults: A scoping review of quantitative studies. Digital Health, 9. https://pmc.ncbi.nlm.nih.gov/articles/PMC10467254/

III. 생각으로 제어하는 세상: 확장된 인지와 인터페이스

1) Gordon, E. C., & Seth, A. K. (2024). Ethical considerations for the use of brain-computer interfaces for cognitive enhancement. PLOS Biology, 22(10), e3002899. https://pmc.ncbi.nlm.nih.gov/articles/PMC11542783/
2) University of California San Francisco. (2023, August 23). How artificial intelligence gave a paralyzed woman her voice back. https://www.ucsf.edu/news/2023/08/425986/how-artificial-intelligence-gave-paralyzed-woman-her-voice-back
3) Voll, C. (n.d.). Top 7 brain training devices 2025: Muse, Mendi & more. Muse. https://choosemuse.com/blogs/news/top-brain-training-devices-2025
4) IEEE Computer Society. (2025). Plug (In) and play: The state of BCI gaming in 2025. Computer, 58(1). https://www.computer.org/csdl/magazine/co/2025/01/10834151/23lk56UvC1y
5) Saha, S., Mamun, K. A., Ahmed, K., Mostafa, R., Naik, G. R., Darvishi, S., Khandoker, A. H., & Baumert, M. (2021). Progress in brain computer interface: Challenges and opportunities. Frontiers in Systems Neuroscience, 15, 578875. https://pmc.ncbi.nlm.nih.gov/articles/PMC7947348/
6) Shukla, S., Torres, J., Mishra, A., Gwizdka, J., & Roychowdhury, S. (2025). A survey on bridging EEG signals and generative AI: From image and text to beyond. arXiv. https://arxiv.org/pdf/2502.12048
7) Akitra. (n.d.). Cybersecurity for brain-computer interfaces. https://akitra.com/cybersecurity-for-brain-computer-interfaces/
8) Farina, M., & Lavazza, A. (2022). Memory modulation via non-invasive brain stimulation: Status, perspectives, and ethical issues. Frontiers in Human Neuroscience, 16, 826862. https://www.frontiersin.org/journals/human-neuroscience/articles/10.3389/fnhum.2022.826862/full
9) Microsoft. (2025, April 22). How real-world businesses are transforming with AI — with 261 new stories. The Official Microsoft Blog. https://blogs.microsoft.com/blog/2025/04/22/https-blogs-microsoft-com-blog-2024-11-12-how-real-world-businesses-are-transforming-with-ai/
10) BIO KOREA. (2025). BIO KOREA 2025 preview [PDF]. https://www.biokorea.org/board/upload/20250415011240_BIO%2520KOREA%25202025_Preview_E.pdf

IV. 브레인 해킹: 외부 조작의 위험성

1) Gordon, E. C., & Seth, A. K. (2024, October 28). Ethical considerations for the use

of brain-computer interfaces for cognitive enhancement. PLOS Biology. https://pmc.ncbi.nlm.nih.gov/articles/PMC11542783/

2) Dignity Brain Health. (2025, May 6). Does TMS therapy actually work? Success rates, studies, and real patient stories. Dignity Brain Health. https://www.dignitybrainhealth.com/blog/2025/5/6/does-tms-therapy-actually-work-success-rates-studies-and-real-patient-stories

3) Kilgard, M., Rennaker, R., Powers, M., & Hays, S. (2023). DARPA-funded research develops novel technology to combat treatment-resistant PTSD. The Debrief. https://thedebrief.org/darpa-funded-study-develops-novel-treatment-that-could-cure-treatment-resistant-ptsd/

4) 기초과학연구원. (2024, July 4). 자기장으로 뇌 회로 자극, 식욕-모성애까지 조절. 동아일보. https://www.donga.com/news/People/article/all/20240704/125781695/2

5) Straits Research. (2024). Neuromarketing market size, share & trends analysis report by technology (Functional Magnetic Resonance Imaging (FMRI), Electroencephalography (EEG), Others, Eye tracking, Positron Emission Tomography (PET), Magnetoencephalography (MEG)), By End-Use Industry (Banking, Financial Services, and Insurance, Retail and consumer brands, Market Research, Scientific Institutions, Others) and By Region(North America, Europe, APAC, Middle East and Africa, LATAM) Forecasts, 2025-2033. Straits Research. https://straitsresearch.com/report/neuromarketing-market

6) Li, H., Zhang, Z., Yang, S., & Zhu, G. (2025, January 29). Systematic review and meta-analysis of propranolol in the prevention and treatment of post-traumatic stress disorder. Frontiers in Pharmacology. https://www.frontiersin.org/journals/pharmacology/articles/10.3389/fphar.2025.1545493/full

7) Nature Communications. (2025). Individualized non-invasive deep brain stimulation of the basal ganglia using transcranial ultrasound stimulation. Nature Communications. https://www.nature.com/articles/s41467-025-57883-7

8) Narbis. (n.d.). Top neurofeedback devices of 2025: Enhance your mental health and focus at home. Narbis. https://www.narbis.com/blog/top-ten-neurofeedback-devices/

9) Šola, H. M., Qureshi, F. H., & Khawaja, S. (2025, March 18). Human-centred design meets AI-driven algorithms: Comparative analysis of political campaign branding in the Harris-Trump presidential campaigns. Informatics. https://www.mdpi.com/2227-9709/12/1/30

V. 디지털 텔레파시: 뇌-뇌 연결의 미래

1) Lavazza, A., Balconi, M., Ienca, M., Minerva, F., Pizzetti, F. G., Reichlin, M., Samorè, F., Sironi, V. A., Sosa Navarro, M., & Songhorian, S. (2025, March). Neuralink's brain-computer interfaces: medical innovations and ethical challenges. Front. Hum. Dyn. https://www.frontiersin.org/journals/human-dynamics/articles/10.3389/fhumd.2025.1553905/full

2) Pais-Vieira, M., et al. (2015). Building an organic computing device with multiple interconnected brains. Sci. Rep. https://www.nature.com/articles/srep11869

3) Towards Healthcare. (2025, May 12). Brain computer interface market size, technology & EEG signal classification. Towards Healthcare. https://www.towardshealthcare.com/insights/brain-computer-interface-market

4) Martone, R. (2020). Scientists demonstrate direct brain-to-brain communication in humans. SA Mind, 31(1). https://www.scientificamerican.com/article/scientists-demonstrate-direct-brain-to-brain-communication-in-humans

5) Are brain-machine interfaces the real experience machine? Exploring the libertarian risks of brain-machine interfaces. (2024). AI & SOCIETY. https://link.springer.com/article/10.1007/s00146-025-02233-w

6) Vakilipour, & Fekrvand. (2024). Brain-to-brain interface technology: A brief history, current state, and future goals. ResearchGate. https://www.researchgate.net/publication/380395063_Brain-to-brain_interface_technology_A_brief_history_current_state_and_future_goals

7) The history, current state and future possibilities of the non-invasive brain computer interfaces. (2025). https://www.sciencedirect.com/science/article/pii/S2590093525000049

8) National Institutes of Health. (2019, June). BRAIN 2.0 neuroethics: Enabling and enhancing neuroscience advances for society. https://braininitiative.nih.gov/vision/nih-brain-initiative-reports/brain-20-neuroethics-enabling-and-enhancing-neuroscience

9) Oxford Political Review. (2024, April 2). Cognitive utopia or dystopia? Brain-computer interface enhancement and the technological singularity. Oxford Political Review. https://oxfordpoliticalreview.com/2024/04/02/cognitive-utopia-or-dystopia-brain-computer-interface-enhancement-and-the-technological-singularity/

10) Sato, A., & Kobayashi, I. (2025, January). Decoding semantic representations in the brain under language stimuli with large language models. Proceedings of the

First Workshop on Writing Aids at the Crossroads of AI, Cognitive Science and NLP (WRAICOGS 2025). https://aclanthology.org/2025.wraicogs-1.6.pdf

11) Abdulkader, S. N., Atia, A., & Mostafa, M.-S. M. (2015). Brain computer interfacing: Applications and challenges. Egyptian Informatics Journal, 16(2), 213-230. https://doi.org/10.1016/j.eij.2015.06.002

VI. 뇌 데이터 경제의 등장: 생각의 상품화

1) Yang, H., & Jiang, L. (2025, March 28). Regulating neural data processing in the age of BCIs: Ethical concerns and legal approaches. *Digital Health, 11*, 20552076251326123. https://doi.org/10.1177/20552076251326123

2) Precedence Research. (2025, March 11). Brain computer interface market size, share, and trends 2025 to 2034. Precedence Research. https://www.precedenceresearch.com/brain-computer-interface-market

3) Muhammad, F. (n.d.). 70 personalization statistics every marketer should know in 2025. Instapage. https://instapage.com/blog/personalization-statistics/

4) 360iResearch. (2025, May). Neuromarketing solution market by offering, technology type, data interpretation, organization size, application, end-user - global forecast to 2030. 360iResearch. https://www.researchandmarkets.com/report/neuromarketing

5) Beauchemin, N., Charland, P., Karran, A., Boasen, J., Tadson, B., Sénécal, S., & Léger, P.-M. (2024, October 7). Enhancing learning experiences: EEG-based passive BCI system adapts learning speed to cognitive load in real-time, with motivation as catalyst. *Frontiers in Human Neuroscience, 18*, 1416683. https://doi.org/10.3389/fnhum.2024.1416683

6) Grand View Research. (n.d.). South Korea brain computer interface market size & outlook, 2030. Grand View Research. https://www.grandviewresearch.com/horizon/outlook/brain-computer-interface-market/south-korea

7) Gordon, E. C., & Seth, A. K. (2024, October 28). Ethical considerations for the use of brain–computer interfaces for cognitive enhancement. *PLOS Biology, 22*(10), e3002899. https://doi.org/10.1371/journal.pbio.3002899

8) Premchand, B., Liang, L., Phua, K. S., Zhang, Z., Wang, C., Guo, L., Ang, J., Koh, J., Yong, X., & Ang, K. K. (2024). Wearable EEG-based brain-computer interface for stress monitoring. *NeuroSci, 5*(4), 407-428. https://doi.org/10.3390/neurosci5040031

9) Ferrell, M. L., Beatty, A., & Dubljević, V. (2025, March 13). The ethics of

neuromarketing: A rapid review. *Neuroethics, 18*, 19. https://doi.org/10.1007/s12152-025-09591-8

10) Snyder, J. (2024, December 12). Neuromarketing: AI-enabled brain-computer interfaces shaping our future. Forbes. https://www.forbes.com/sites/jasonsnyder/2024/12/12/neuromarketing-ai-enabled-brain-computer-interfaces-shaping-our-future/

11) InnoVirtuoso. (n.d.). Exploring the visions and scenarios of BCI-enabled future. Medium. https://medium.com/@innovirtuoso/exploring-the-visions-and-scenarios-of-bci-enabled-future-b8aae18467ff

12) Ramirez, V. B. (2023, March 16). Could brain-computer interfaces lead to 'mind control for good'? Singularity Hub. https://singularityhub.com/2023/03/16/mind-control-for-good-the-future-of-brain-computer-interfaces/

13) The Business Research Company. (2025, January). Brain computer interface market report 2025. The Business Research Company. https://www.researchandmarkets.com/reports/5751976/brain-computer-interface-market-report

VII. 정신 자율성 보호: 윤리와 대응 방안

1) Gordon, E. C., & Seth, A. K. (2024, October 28). Ethical considerations for the use of brain-computer interfaces for cognitive enhancement. PLOS Biology, 22(10). https://pmc.ncbi.nlm.nih.gov/articles/PMC11542783/

2) Guzmán H., L. (2022, January-March). Chile: Pioneering the protection of neurorights. UNESCO. https://courier.unesco.org/en/articles/chile-pioneering-protection-neurorights

3) Precedence Research. (2025, March). Brain Computer Interface Market Size, Share, and Trends 2025 to 2034. Precedence Research. https://www.precedenceresearch.com/brain-computer-interface-market

4) Kral, T. R. A., Schuyler, B. S., Mumford, J. A., Rosenkranz, M. A., Lutz, A., & Davidson, R. J. (2018, July 7). Impact of short- and long-term mindfulness meditation training on amygdala reactivity to emotional stimuli. NeuroImage, 181, 301-313. https://pmc.ncbi.nlm.nih.gov/articles/PMC6671286/

5) Hong, M. (2025, March 13). '국내대리인 제도 위반시 과태료' 개인정보보호법 국회 통과. YTN. https://v.daum.net/v/20250313181500796

6) Wood, G. M. d. O., Berger, L., Jarke, J., Barnard, G., Gremsl, T., Dolezal, E., Staudegger, E., & Zandonella, P. (2024, July). The protection of mental privacy in the area of neuroscience. European Parliamentary Research Service.

https://www.europarl.europa.eu/RegData/etudes/STUD/2024/757807/EPRS_STU(2024)757807_EN.pdf

7) Liu, J., Li, Y., Zhao, D., Zhong, L., Wang, Y., Hao, M., & Ma, J. (2025, March 6). Efficacy and safety of brain-computer interface for stroke rehabilitation: an overview of systematic review. Frontiers in Human Neuroscience, 19. https://pmc.ncbi.nlm.nih.gov/articles/PMC11922947/

8) Buthut, M., Starke, G., Akmazoglu, T. B., Colucci, A., Vermehren, M., van Beinum, A., Bublitz, C., Chandler, J., Ienca, M., & Soekadar, S. R. (2024, October 17). HYBRIDMINDS—summary and outlook of the 2023 international conference on the ethics and regulation of intelligent neuroprostheses. Frontiers in Human Neuroscience, 18. https://www.frontiersin.org/articles/10.3389/fnhum.2024.1489307/full

9) [Authors not available]. [Year not available]. Firewall for the Brain: Towards a Privacy Preserving Ecosystem for BCI Applications. [Publisher not available]. https://www.researchgate.net/publication/313953829_Firewall_for_brain_Towards_a_privacy_preserving_ecosystem_for_BCI_applications

10) Ruiz-Vanoye, J. A., Díaz-Parra, O., Marroquín-Gutiérrez, F., Xicoténcatl-Pérez, J. M., Barrera-Cámara, R. A., Fuentes-Penna, A., Simancas-Acevedo, E., Rodríguez-Flores, J., & Martínez-Mireles, J. R. (2024, December). Brain Data Security and Neurosecurity: Technological advances, Ethical dilemmas, and Philosophical perspectives. International Journal of Combinatorial Optimization Problems and Informatics. https://www.researchgate.net/publication/386249573

11) Mitsea, E., Drigas, A., & Skianis, C. (2023, February 18). Brain-computer interfaces in digital mindfulness training for metacognitive, emotional and attention regulation skills: a literature review. Research, Society and Development, 12(3). https://www.researchgate.net/publication/368608369_Brain-computer_interfaces_in_digital_mindfulness_training_for_metacognitive_emotional_and_attention_regulation_skills_a_literature_review

VIII. 정신 자율성의 기로에서: 생명의 미래를 묻다

1) Ismail, S. (n.d.). Neurotech 2025: Brain-computer interfaces. OpenExO. https://openexo.com/insight/neurotech-2025-brain-computer-interfaces

2) Cornejo-Plaza, M. I., Cippitani, R., & Pasquino, V. (2024, February 27). Chilean Supreme Court ruling on the protection of brain activity: Neurorights, personal data protection, and neurodata. Frontiers in Psychology, 15. https://pmc.ncbi.nlm.

nih.gov/articles/PMC10929545/

4장: 불멸의 시대

I. 불멸의 꿈, 현실의 문턱에서

1) Lyu, Y.-X., Fu, Q., Wilczok, D., Ying, K., King, A., Antebi, A., Vojta, A., Stolzing, A., Moskalev, A., Georgievskaya, A., Maier, A. B., Olsen, A., Groth, A., Simon, A. K., Brunet, A., Jamil, A., Kulaga, A., Bhatti, A., ... Bakula, D. (2024, October). Longevity biotechnology: bridging AI, biomarkers, geroscience and clinical applications for healthy longevity. Aging. https://www.aging-us.com/article/206135/text
2) Grand View Research. (2025). Anti-aging products market size, share & trends analysis report by product (facial serum, eye care products, sunscreen & sun protection), by distribution channel (hypermarkets & supermarkets, specialty beauty stores), by region, and segment forecasts, 2025 - 2030. Grand View Research. https://www.grandviewresearch.com/industry-analysis/anti-aging-products-market
3) countryeconomy.com. (2012). Life expectancy improves in Rwanda. countryeconomy.com. https://countryeconomy.com/demography/life-expectancy/rwanda?year=2012
4) countryeconomy.com. (2012). Life expectancy increases in South Korea. countryeconomy.com. https://countryeconomy.com/demography/life-expectancy/south-korea?year=2012
5) World Population Review. (2025). Life expectancy by country 2025. World Population Review. https://worldpopulationreview.com/country-rankings/life-expectancy-by-country

II. 노화의 생물학적 시계를 되돌리는 과학적 혁명

1) Lu, Y. R., et al. (2023, December). The Information Theory of Aging. Nat Aging. https://doi.org/10.1038/s43587-023-00527-6
2) Baker, A., Mirkin, M. H., Colby, S., & Devernoe, D. (2023, January 3). Classifying aging as a disease could speed FDA drug approvals. Rimon Law. https://www.rimonlaw.com/classifying-aging-as-a-disease-could-speed-fda-drug-approvals/
3) World Health Organization. (n.d.). Frequently discussed topics - "Old age". https://www.who.int/standards/classifications/frequently-asked-questions/old-age
4) World Health Organization. (n.d.). WHO's work on the UN Decade of Healthy Ageing (2021–2030). https://www.who.int/initiatives/decade-of-healthy-ageing

5) López-Otín, C., et al. (2023, January 19). Hallmarks of aging: An expanding universe. Cell. https://doi.org/10.1016/j.cell.2022.11.001
6) (2025, May). Altos Labs Broadens Scope to Senotherapeutics via Acquisition. Fight Aging!. https://www.fightaging.org/archives/2025/05/altos-labs-broadens-scope-to-senotherapeutics-via-acquisition/
7) Calico Life Sciences LLC and the Broad Institute of MIT and Harvard. (n.d.). Calico and Broad Institute extend collaboration, adding focus on age-related neurodegeneration. Broad Institute. https://www.broadinstitute.org/news/calico-and-broad-institute-extend-collaboration-adding-focus-age-related-neurodegeneration
8) Ochi, M. (2013, February 26). Shinya Yamanaka's 2012 Nobel Prize and the radical change in orthopedic strategy thanks to his discovery of iPS cells. Acta Orthopaedica. https://doi.org/10.3109/17453674.2013.765642
9) Vílchez-Acosta, A., Maza, M. d. C., Parras, A., Planells, A., Picó, S., Desdín-Micó, G., Mrabti, C., Branchina, C., Maroun, C. Y., Deigin, Y., & Ocampo, A. (2024, July 24). Neuron-specific partial reprogramming in the dentate gyrus impacts mouse behavior and ameliorates age-related decline in memory and learning. bioRxiv. https://www.biorxiv.org/content/10.1101/2024.07.24.604939v1
10) Topol, E. (n.d.). Steve Horvath: Our Epigenetic Age Clocks. Substack. https://erictopol.substack.com/p/steve-horvath-our-epigenetic-age

III. 10년 내 상용화될 수명 연장 기술들

1) Labiotech. (n.d.). 13 anti-aging startups on a mission to extend lives. Labiotech. https://www.labiotech.eu/best-biotech/anti-aging-biotech-companies/
2) Farr, J. N., et al. (2024). Effects of intermittent senolytic therapy on bone metabolism in postmenopausal women: A phase 2 randomized controlled trial. Nature Medicine. https://doi.org/10.1038/s41591-024-03096-2
3) GlobeNewswire. (2025, January 30). Senolytic Drugs Market is expected to reach a revenue of USD 667.6 Mn by 2033, at 35.8% CAGR: Dimension Market Research. GlobeNewswire. https://www.globenewswire.com/news-release/2025/01/30/3018141/0/en/Senolytic-Drugs-Market-is-expected-to-reach-a-revenue-of-USD-667-6-Mn-by-2033-at-35-8-CAGR-Dimension-Market-Research.html
4) Google DeepMind. (2024, November 11). AlphaFold 3 predicts the structure and interactions of all of life's molecules. Google Blog. https://blog.google/technology/

ai/google-deepmind-isomorphic-alphafold-3-ai-model/
5) Ishibashi, R., et al. (2024). Gene targeting in adult organs using in vivo cleavable donor plasmids for CRISPR-Cas9 and CRISPR-Cas12a. Scientific Reports, 14. https://doi.org/10.1038/s41598-024-57551-8
6) Bioengineer.org. (2025, June 11). RNA therapeutics: Unlocking healthy aging potential. Bioengineer.org. https://bioengineer.org/rna-therapeutics-unlocking-healthy-aging-potential/
7) The New York Times. (2025, May 1). Can metformin actually slow the aging process? The New York Times. https://www.nytimes.com/2025/05/01/well/metformin-aging-longevity-benefits-risks.html
8) ChemAnalyst. (n.d.). Metformin HCL prices, news, monitor, analysis & demand. ChemAnalyst. https://www.chemanalyst.com/Pricing-data/metformin-hydrochloride-1344
9) Barzilai, N., Crandall, J. P., Kritchevsky, S. B., & Espeland, M. A. (2016). Metformin as a tool to target aging. Cell Metabolism, 23(6). https://doi.org/10.1016/j.cmet.2016.05.011
10) Unity Biotechnology, Inc. (2025, March 7). UNITY Biotechnology, Inc. reports fourth quarter and full year 2024 financial results and business updates. Unity Biotechnology. https://ir.unitybiotechnology.com/news-releases/news-release-details/unity-biotechnology-inc-reports-fourth-quarter-and-full-year-5
11) Epigenetic reprogramming as a key to reverse ageing and increase longevity. (2024). Ageing Research Reviews. https://doi.org/10.1016/j.arr.2024.102204

IV. 노화 역전 진단과 치료 시스템

1) Saliev, T., & Singh, P. B. (2025, April 10). Age reprogramming: Innovations and ethical considerations for prolonged longevity (Review). Biomedical Reports, 22(6), 96. https://pmc.ncbi.nlm.nih.gov/articles/PMC12035601/
2) The GlycanAge Team. (n.d.). How accurate are biological age tests? GlycanAge. https://glycanage.com/blog/lifestyle/are-biological-age-tests-accurate
3) Elysium Health. (n.d.). Index. Elysium Health. https://www.elysiumhealth.com/products/index
4) Mitteldorf, J. (2025, May 5). Methylation clocks for evaluation of anti-aging interventions. Aging (Albany NY), 17(5), 1082–1090. https://pmc.ncbi.nlm.nih.gov/articles/PMC12151506/
5) Fuellen, G., Kulaga, A., Lobentanzer, S., Unfried, M., Avelar, R. A., Palmer, D.,

& Kennedy, B. K. (2025, January 27). Transforming longevity research: AI paves the way for personalized treatments in aging science. Ageing Research Reviews. https://www.sciencedaily.com/releases/2025/01/250127215315.htm
6) Bloomberg. (2024, July 15). Newest anti-aging secret of the rich? 10 top longevity startups, costs. Bloomberg. https://www.bloomberg.com/news/features/2024-07-15/newest-anti-aging-secret-of-the-rich-10-top-longevity-startups-costs
7) Yusri, K., Kumar, S., Fong, S., Gruber, J., & Sorrentino, V. (2024, June 20). Towards healthy longevity: Comprehensive insights from molecular targets and biomarkers to biological clocks. International Journal of Molecular Sciences, 25(12), 6793. https://www.mdpi.com/1422-0067/25/12/6793
8) Global Wellness Summit. (n.d.). On the agenda… Longevity market expansion creates opportunities. Global Wellness Summit. https://www.globalwellnesssummit.com/2024-symposium/on-the-agenda-longevity-market-expansion-creates-opportunities/
9) A4M Blog. (2024, June 6). Democratizing longevity: Clinic franchises, investors, and pioneering providers disrupt the industry. A4M Blog. https://blog.a4m.com/democratizing-longevity-clinic-franchises-investors-and-pioneering-providers-disrupt-the-industry/
10) Mikhail, A. (n.d.). Move over, pina coladas: Get Botox and stem cells on this luxury wellness cruise. Fortune Well. https://fortune.com/well/article/luxury-travel-longevity-tourism/
11) Salimi, S., Raftery, D., Ferrucci, L., Salive, M., Vehtari, A., & Kaeberlein, M. (2025, May 20). Gauging biological age to predict future health. NIH Research Matters. https://www.nih.gov/news-events/nih-research-matters/gauging-biological-age-predict-future-health
12) [No metadata retrieved; paywall or access issue. Based on URL and description:] Authors unknown. (2024). Metformin slows aging in tissues [Study]. Cell. https://www.cell.com/cell/fulltext/S0092-8674(24)00914-0

V. 수명 탈출 속도와 기술적 실현 가능성

1) Baraniuk, C. (2025, May 28). A scientist says humans will go backwards in time within just 4 years. Popular Mechanics. https://www.popularmechanics.com/science/a64906457/humans-going-backwards-in-time/
2) Diamandis, P. H. (2024, May 2). Longevity escape velocity: Nearing immortality?

Diamandis.com. https://www.diamandis.com/blog/longevity-escape-velocity
3) Wang, B. (2025, March 25). Longevity escape velocity can still happen by 2040. NextBigFuture.com. https://www.nextbigfuture.com/2025/03/longevity-escape-velocity-can-still-happen-by-2040.html
4) Wikipedia contributors. (2024, December 15). Longevity escape velocity. In Wikipedia, The Free Encyclopedia. https://en.wikipedia.org/wiki/Longevity_escape_velocity
5) Longevity.Technology. (2025, May 13). Longevity investment more than doubled to $8.5bn in 2024. PR Newswire. https://www.prnewswire.com/news-releases/longevity-investment-more-than-doubled-to-8-5bn-in-2024--302453871.html
6) Cohen, A. A., Kennedy, B. K., Anglas, U., Bronikowski, A. M., Deelen, J., Dufour, F., Ferbeyre, G., Fulop, T., Garratt, M., Gurinovich, A., Huffman, D. M., Korstanje, R., Mele, J., Noblanc, A., Olshansky, S. J., Promislow, D. E. L., Selman, C., Simard, J., Sinclair, D., ... Ferrucci, L. (2023). Extending human health span and longevity—a symposium report. Annals of the New York Academy of Sciences, 1519(1), 3-15. https://pmc.ncbi.nlm.nih.gov/articles/PMC10231756/
7) Wong, F., Omori, S., Donghia, N. M., & Zheng, E. J. (2023). Discovering small-molecule senolytics with deep neural networks. Nature Aging, 3(5), 521-530. https://www.nature.com/articles/s43587-023-00415-z
8) Cohen, A. A., Kennedy, B. K., Anglas, U., Bronikowski, A. M., Deelen, J., Dufour, F., Ferbeyre, G., Fulop, T., Garratt, M., Gurinovich, A., Huffman, D. M., Korstanje, R., Mele, J., Noblanc, A., Olshansky, S. J., Promislow, D. E. L., Selman, C., Simard, J., Sinclair, D., ... Ferrucci, L. (2023). Extending human health span and longevity—a symposium report. Annals of the New York Academy of Sciences, 1519(1), 3-15. https://pmc.ncbi.nlm.nih.gov/articles/PMC10231756/
9) Maciejowski, J., & de Lange, T. (2017). Telomeres in cancer: Tumour suppression and genome instability. Nature Reviews Molecular Cell Biology, 18(3), 175-186. https://www.nature.com/articles/nrm.2016.171
10) Sutter, P. (2021, May 28). Human life span may have an 'absolute limit' of 150 years. Live Science. https://www.livescience.com/human-life-span-limit-150-found.html
11) Guinness World Records. (n.d.). Oldest person ever. Guinness World Records. https://guinnessworldrecords.com/world-records/oldest-person
12) Lahdenperä, M., Tremblay, M., & Lummaa, V. (2007). Are reproductive and somatic senescence coupled in humans? Late-life longevity is associated with the evolution of menopausal lifespan. Proceedings of the Royal Society B: Biological Sciences,

274(1625), 2991-2997. https://pmc.ncbi.nlm.nih.gov/articles/PMC1634941/

VI. 영생을 위한 대안적 방법들: 마인드 업로딩과 기술 융합

1) Science Focus. (2024, October 30). This gene-editing discovery could help reverse ageing. Science Focus. https://www.sciencefocus.com/apple-news/crispr-brain-ageing
2) Quora. (2022, September 18). Would immortality or biological age reversal be possible in 2025 or 2030. Quora. https://www.quora.com/Would-immortality-or-biological-age-reversal-be-possible-in-2025-or-2030
3) Cell Press. (2005). The Future of Aging Therapies. Cell Press. https://www.cell.com/fulltext/S0092-8674(05)00104-2
4) Wikipedia contributors. (n.d.). Mind uploading. Wikipedia. https://en.wikipedia.org/wiki/Mind_uploading
5) ScienceAlert. (2025, June 1). Uploading The Human Mind Could Become a Reality, Expert Says. ScienceAlert. https://www.sciencealert.com/uploading-the-human-mind-could-become-a-reality-expert-says
6) Psychology Today. (2024, February 26). Could We One Day Upload Our Minds to a Computer? Psychology Today. https://www.psychologytoday.com/us/blog/consciousness-and-beyond/202402/can-we-upload-our-minds-to-a-computer
7) Talk Death. (2022, September 15). Digital Immortality? AI and the Future of Death. Talk Death. https://talkdeath.com/digital-immortality-ai-and-the-future-of-death/
8) Sensay Blog. (2024, July 15). The Future of Digital Immortality: What You Need to Know. Sensay Blog. https://blog.sensay.io/2024/07/15/the-future-of-digital-immortality-what-you-need-to-know
9) Ortmor Agency. (n.d.). Digital Immortality: Can AI Preserve Our Legacy Forever? Ortmor Agency. https://www.ortmoragency.com/blog/digital-immortality
10) Frontiers. (2021). Progress in Brain Computer Interface: Challenges and Opportunities. Frontiers. https://www.frontiersin.org/journals/systems-neuroscience/articles/10.3389/fnsys.2021.578875/full
11) PMC. (2024, August 14). Brain-computer interfaces: the innovative key to unlocking ... PMC. https://pmc.ncbi.nlm.nih.gov/articles/PMC11392146/
12) World Economic Forum. (2024, June 14). Brain computer interface is growing but what are the risks? World Economic Forum. https://www.weforum.org/stories/2024/06/the-brain-computer-interface-market-is-growing-but-what-are-the-risks/

13) OpenWorm. (n.d.). WormWorx: Help the C. Elegans worm find food. OpenWorm. http://openworm.org/WormWorx/

VII. 수명 혁명의 의학적, 생물학적, 사회적 영향

1) Gaspar, V. (2020, March). The Impact of Aging Worldwide on Pensions and Public Policy. Finance & Development. https://www.imf.org/en/Publications/fandd/issues/2020/03/impact-of-aging-on-pensions-and-public-policy-gaspar
2) Elliott, A. (2024, February 27). Navigating Conflict in Families Across Generations: More Connects Us Than Separates Us. Alti. https://alti-global.com/ideas/navigating-conflict-in-families-across-generations-more-connects-us-than-separates-us
3) Berk, K. (2024). Simone de Beauvoir on the Curse of Immortality. The Journal of Value Inquiry. https://philpapers.org/rec/BERSDB
4) Austriaco, N. (2021, August 1). Should we engineer ourselves out of aging? ABC Religion & Ethics. https://www.abc.net.au/religion/should-we-engineer-ourselves-out-of-aging/13479746

VIII. 생명의 연장, 인간의 재정의

1) López-Otín, C., et al. (2023). Hallmarks of aging: An expanding universe. Cell. https://www.cell.com/cell/fulltext/S0092-8674(22)01377-0
2) Altos Labs. (2022). Altos Labs launches with the goal to transform medicine through cellular rejuvenation programming. PRNewswire. https://www.prnewswire.com/news-releases/altos-labs-launches-with-the-goal-to-transform-medicine-through-cellular-rejuvenation-programming-301463541.html
3) DeepMind. (2024). AlphaFold 3 predicts the structure and interactions. Google Blog. https://blog.google/technology/ai/google-deepmind-isomorphic-alphafold-3-ai-model/
4) Longevity.Technology. (2024). Annual longevity investment report 2024. Longevity. Technology. https://longevity.technology/investment/report/annual-longevity-investment-report-2024/
5) GlycanAge. (2024). Uncovering the accuracy of biological age tests. GlycanAge. https://glycanage.com/blog/lifestyle/are-biological-age-tests-accurate
6) WHO. (2023). Progress report on the United Nations Decade of Healthy Ageing. WHO. https://www.who.int/publications/i/item/9789240079694
7) McKinsey & Company. (2022). Living longer in better health: Six shifts needed for healthy aging. McKinsey & Company. https://www.mckinsey.com/mhi/our-

insights/living-longer-in-better-health-six-shifts-needed-for-healthy-aging

5장: 인간과 기술의 공진화

I. 인간, 재정의가 필요한 시간

1) Grace, K., Salvatier, J., Dafoe, A., Zhang, B., & Evans, O. (2018). When will AI exceed human performance? Evidence from AI experts. Journal of Artificial Intelligence Research, 62, 729-754.
2) OpenAI. (2023). GPT-4 technical report. arXiv. https://arxiv.org/abs/2303.08774
3) Qualcomm. (2024, February 12). The rise of generative AI: A timeline of breakthrough innovations. Qualcomm OnQ Blog. https://www.qualcomm.com/news/onq/2024/02/the-rise-of-generative-ai-timeline-of-breakthrough-innovations
4) Cetinic, E., & She, J. (2022). Understanding and creating art with AI: Review and outlook. ACM Transactions on Multimedia Computing, Communications, and Applications, 18(2), 1-22.
5) Miller, A. I. (2019). The artist in the machine: The world of AI-powered creativity. MIT Press.
6) World Economic Forum. (2018). Creative disruption: The impact of emerging technologies on the creative economy. https://www3.weforum.org/docs/39655_CREATIVE-DISRUPTION.pdf
7) Boden, M. A. (2016). AI: Its nature and future. Oxford University Press.
8) Meta AI. (2023). MusicGen: Simple and controllable music generation. arXiv. https://arxiv.org/abs/2306.05284
9) Crockett, M. J. (2025, February 27). AI is 'beating' humans at empathy and creativity. But these games are rigged. The Guardian. https://www.theguardian.com/commentisfree/2025/feb/28/ai-empathy-humans
10) Fitzpatrick, K. K., Darcy, A., & Vierhile, M. (2017). Delivering cognitive behavior therapy to young adults with symptoms of depression and anxiety using a fully automated conversational agent (Woebot): A randomized controlled trial. JMIR Mental Health, 4(2), e19.
11) DataReportal. (2023, February 14). Digital 2023: Rwanda. DataReportal – Global Digital Insights. https://datareportal.com/reports/digital-2023-rwanda
12) Gopinath, G. (2024, January 14). AI will transform the global economy. Let's make sure it benefits humanity. IMF Blog. https://www.imf.org/en/Blogs/Articles/2024/01/14/ai-will-transform-the-global-economy-lets-make-sure-it-

benefits-humanity

13) Kurzweil, R. (2005). The singularity is near: When humans transcend biology. Viking.

II. 인간과 AI의 능력 구조 비교: 빠르게 사라지는 경쟁 우위

1) Human Brain Project. (2023, September 4). Learning from the brain to make AI more energy-efficient. https://www.humanbrainproject.eu/en/follow-hbp/news/2023/09/04/learning-brain-make-ai-more-energy-efficient/
2) Cowan, N. (2010). How is working memory capacity limited, and why? PMC. https://www.ncbi.nlm.nih.gov/pmc/articles/PMC2864034/
3) Roose, K. (2022, September 2). An A.I.-Generated Picture Won an Art Prize. Artists Aren't Happy. The New York Times. https://www.nytimes.com/2022/09/02/technology/ai-artificial-intelligence-artists.html
4) Midjourney. (2025). Version. https://docs.midjourney.com/hc/en-us/articles/32199405667853-Version
5) Stability AI. (2024, February 22). Stable Diffusion 3. https://stability.ai/news/stable-diffusion-3
6) Google DeepMind. (n.d.). Veo. https://deepmind.google/models/veo/
7) OpenAI. (2025, February 15). Sora: Creating video from text. https://openai.com/index/sora/
8) McRae, M. (2025, March 14). People find AI more compassionate than mental health experts, study finds. Live Science. https://www.livescience.com/technology/artificial-intelligence/people-find-ai-more-compassionate-than-mental-health-experts-study-finds-what-could-this-mean-for-future-counseling
9) OpenAI. (2023, March 27). GPT-4 technical report. https://arxiv.org/abs/2303.08774
10) Google DeepMind. (n.d.). Gemini. https://deepmind.google/models/gemini/
11) Anthropic. (2025, May 22). Introducing Claude 4. https://www.anthropic.com/news/claude-4
12) Sakana AI. (2025, May 30). The Darwin Gödel Machine: AI that improves itself by rewriting its own code. https://sakana.ai/dgm/
13) Guerrini, F. (2025, April 2). Human Identity Faces 'Fundamental Revolution' As AI Reshapes Society By 2035. Forbes. https://www.forbes.com/sites/federicoguerrini/2025/04/02/ai-in-2035-how-technology-will-reshape-human-identity/

14) Anderson, J., & Rainie, L. (2023, June 21). As AI Spreads, Experts Predict the Best and Worst Changes in Digital Life by 2035. Pew Research Center. https://www.pewresearch.org/internet/2023/06/21/as-ai-spreads-experts-predict-the-best-and-worst-changes-in-digital-life-by-2035/
15) Future Market Insights. (2025, March 29). Human Augmentation Technology Market Size & Share 2025-2035. https://www.futuremarketinsights.com/reports/human-augmentation-technology-market

III. 의미 창출의 재정의: AI 시대의 새로운 가치 기준

1) Russell, S. (2019). Human compatible: Artificial intelligence and the problem of control. Viking. https://people.eecs.berkeley.edu/~russell/papers/mi19book-hcai.pdf
2) Jobin, A., Ienca, M., & Vayena, E. (2019). The global landscape of AI ethics guidelines. Nature Machine Intelligence, 1(9), 389–399. https://www.nature.com/articles/s42256-019-0088-2
3) Cheatham, B., Javanmardian, K., & Samandari, H. (2019). Confronting the risks of artificial intelligence. McKinsey Quarterly. https://www.mckinsey.com/capabilities/mckinsey-digital/our-insights/confronting-the-risks-of-artificial-intelligence
4) Qualcomm. (2024, February 12). The rise of generative AI: A timeline of breakthrough innovations. Qualcomm OnQ Blog. https://www.qualcomm.com/news/onq/2024/02/the-rise-of-generative-ai-timeline-of-breakthrough-innovations
5) Jobin, A., Ienca, M., & Vayena, E. (2019). The global landscape of AI ethics guidelines. Nature Machine Intelligence, 1(9), 389–399. https://www.nature.com/articles/s42256-019-0088-2
6) LeCun, Y., Bengio, Y., & Hinton, G. (2015). Deep learning. Nature, 521(7553), 436–444. https://www.nature.com/articles/nature14539
7) Bostrom, N. (2014). Superintelligence: Paths, dangers, strategies. Oxford University Press. https://global.oup.com/academic/product/superintelligence-9780198739838
8) Hagendorff, T. (2020). The ethics of AI ethics: An evaluation of guidelines. Minds and Machines, 30(1), 99–120. https://link.springer.com/article/10.1007/s11023-020-09517-8
9) Gordijn, B. (2005). Nanoethics: From utopian dreams and apocalyptic nightmares towards a more balanced view. Science and Engineering Ethics, 11, 521–533. https://link.springer.com/article/10.1007/s11948-005-0024-1

10) Bondi, E., Koster, R., Sheahan, H., Chadwick, M., Bachrach, Y., Cemgil, T., Paquet, U., & Dvijotham, K. (2022). Role of Human-AI Interaction in Selective Prediction. Proceedings of the AAAI Conference on Artificial Intelligence, 36(5), 5286-5294. https://ojs.aaai.org/index.php/AAAI/article/view/20465
11) Hills, T. T., Proto, E., Sgroi, D., & Seresinhe, C. I. (2019). Historical analysis of national subjective wellbeing using millions of digitized books. Nature Human Behaviour, 3(12), 1271-1275. https://www.nature.com/articles/s41562-019-0750-z

IV. 유한한 자원과 물리적 제약: 특이점의 현실적 한계

1) Dauvergne, P. (2020). AI in the Wild: Sustainability in the Age of Artificial Intelligence. MIT Press. https://direct.mit.edu/books/book/4942/AI-in-the-WildSustainability-in-the-Age-of
2) de Vries, A. (2023). The carbon footprint of GPT-4. Medium. https://medium.com/data-science/the-carbon-footprint-of-gpt-4-d6c676eb21ae
3) InformationWeek. (2025, February 11). Is AI Driving Demand for Rare Earth Elements and Other Materials? https://www.informationweek.com/machine-learning-ai/is-ai-driving-demand-for-rare-earth-elements-and-other-materials-
4) The Economist. (2024, September 16). The end of Moore's law will not slow the pace of change. https://www.economist.com/technology-quarterly/2024/09/16/the-end-of-moores-law-will-not-slow-the-pace-of-change
5) MIT News. (2025, January 17). Explained: Generative AI's environmental impact. https://news.mit.edu/2025/explained-generative-ai-environmental-impact-0117
6) Forbes. (2024, February 25). AI Is Accelerating the Loss of Our Scarcest Natural Resource: Water. https://www.forbes.com/sites/cindygordon/2024/02/25/ai-is-accelerating-the-loss-of-our-scarcest-natural-resource-water/
7) Scientific American. (2023, December 7). AI's Climate Impact Goes beyond Its Emissions. https://www.scientificamerican.com/article/ais-climate-impact-goes-beyond-its-emissions/
8) ScienceDirect. (2024, September 28). A review of green artificial intelligence: Towards a more sustainable future. https://www.sciencedirect.com/science/article/pii/S0925231224008671
9) Wharton. (2025, March 11). Why Hybrid Intelligence Is the Future of Human-AI Collaboration. https://knowledge.wharton.upenn.edu/article/why-hybrid-intelligence-is-the-future-of-human-ai-collaboration/
10) Geißler, D. (2024, July 15). Leveraging Hybrid Intelligence Towards Sustainable and

Energy-Efficient Machine Learning. arXiv. https://arxiv.org/abs/2407.10580

V. 증강 인간: 경쟁 우위 제로(0) 시대의 대안

1) Shapiro, L. (2011). Embodied cognition. Routledge. https://plato.stanford.edu/entries/embodied-cognition/
2) The Physics Factbook. (n.d.). Power of a Human Brain. https://hypertextbook.com/facts/2001/JacquelineLing.shtml
3) Gray, J. R., Braver, T. S., & Raichle, M. E. (2002). Integration of emotion and cognition in the lateral prefrontal cortex. Proceedings of the National Academy of Sciences, 99(6), 4115-4120. https://www.pnas.org/doi/10.1073/pnas.062381899
4) Goldman, A., & de Vignemont, F. (2009). Is social cognition embodied? Trends in Cognitive Sciences, 13(4), 154-159. https://www.sciencedirect.com/science/article/abs/pii/S136466130900045X
5) Saha, S., & Mamun, K. A. (2021). Progress in Brain Computer Interface: Challenges and Opportunities. Frontiers in Systems Neuroscience, 15. https://www.frontiersin.org/journals/systems-neuroscience/articles/10.3389/fnsys.2021.578875/full
6) Farina, M., & Lavazza, A. (2025). Neuralink's brain-computer interfaces: medical innovations and ethical challenges. Frontiers in Human Dynamics. https://www.frontiersin.org/journals/human-dynamics/articles/10.3389/fhumd.2025.1553905/full
7) Saha, S., & Mamun, K. A. (2021). Progress in Brain Computer Interface: Challenges and Opportunities. Frontiers in Systems Neuroscience, 15. https://www.frontiersin.org/journals/systems-neuroscience/articles/10.3389/fnsys.2021.578875/full
8) Nijssen, S. R. R., Schaap, G., & Verheijen, G. P. (2018). Has your smartphone replaced your brain? Construction and validation of the Extended Mind Questionnaire (XMQ). PLOS ONE, 13(8), e0202188. https://journals.plos.org/plosone/article?id=10.1371/journal.pone.0202188

VI. 브레인넷과 집단 지능: 새로운 공존 모델

1) Jiang, L., Stocco, A., Losey, D. M., Abernethy, J. A., Prat, C. S., & Rao, R. P. (2019). BrainNet: A multi-person brain-to-brain interface for direct collaboration between brains. Scientific Reports, 9(1), 6115. https://www.nature.com/articles/s41598-019-41895-7
2) Dellermann, D., Ebel, P., Söllner, M., & Leimeister, S. (2019). Hybrid intelligence. Business & Information Systems Engineering, 61, 637-643. https://link.springer.com/article/10.1007/s12599-019-00595-2
3) Korycki, M. A., & Dutkiewicz, P. (2025). A multiscale brain emulation-based

artificial intelligence framework for collaborative human-machine interactions. Scientific Reports, 15(1), 1-15. https://www.nature.com/articles/s41598-025-01431-2

4) Wang, D., Weisz, J. D., Muller, M., Ram, P., Geyer, W., Dugan, C., Tausch, Y., Samulowitz, H., & Gray, A. (2019). Human-AI Collaboration in Data Science: Exploring Data Scientists' Perceptions of Automated AI. Proceedings of the ACM on Human-Computer Interaction, 3(CSCW), 1-24. https://arxiv.org/abs/1909.02309

5) Secchi, D., & Cowley, S. J. (2022). A Distributed Framework for the Study of Organizational Cognition in Meetings. Frontiers in Psychology, 13. https://www.frontiersin.org/articles/10.3389/fpsyg.2022.769007/full

6) Aggarwal, I., Woolley, A. W., Chabris, C. F., & Malone, T. W. (2019). The Impact of Cognitive Style Diversity on Implicit Learning in Teams. Frontiers in Psychology, 10, 112. https://www.frontiersin.org/articles/10.3389/fpsyg.2019.00112/full

7) Czeszumski, A., Eustergerling, S., Lang, A., Menrath, D., Gerstenberger, M., Schuberth, S., Schreiber, F., Rahoma, Z. Z., & König, P. (2020). Hyperscanning: A Valid Method to Study Neural Inter-Brain Underpinnings of Social Interaction. Frontiers in Human Neuroscience, 14, 39. https://www.frontiersin.org/articles/10.3389/fnhum.2020.00039/full

VII. 기술과 하나 된 인간의 숙제: 새로운 위험과 가치 찾기

1) Han, B.-C. (2015). The Transparency Society. Stanford University Press. https://www.amazon.com/Transparency-Society-Byung-Chul-Han/dp/080479460X

2) Ienca, M., & Andorno, R. (2017). Towards new human rights in the age of neuroscience and neurotechnology. Life Sciences, Society and Policy, 13(5). https://lsspjournal.biomedcentral.com/articles/10.1186/s40504-017-0050-1

3) Farahany, N. A. (2023). The Battle for Your Brain: Defending the Right to Think Freely in the Age of Neurotechnology. St. Martin's Press. https://us.macmillan.com/books/9781250272959/thebattleforyourbrain

4) Denning, T., Matsuoka, Y., & Kohno, T. (2009). Neurosecurity: security and privacy for neural devices. Neurosurgical Focus, 27(1), E7. https://thejns.org/focus/view/journals/neurosurg-focus/27/1/article-pE7.xml

5) Harari, Y. N. (2016). Homo Deus: A Brief History of Tomorrow. Harper. https://www.harpercollins.com/products/homo-deus-yuval-noah-harari

6) Floridi, L. (2014). The 4th Revolution: How the Infosphere is Reshaping Human

Reality. Oxford University Press. https://global.oup.com/academic/product/the-fourth-revolution-9780199606726

VIII. 선택 경제와 AI 주도 방향성의 시대

1) Guszcza, J., Lewis, H., & Evans-Greenwood, P. (2017). Cognitive collaboration: Why humans and computers think better together. Deloitte Review, 20, 7-29. https://www.deloitte.com/us/en/insights/topics/emerging-technologies/augmented-intelligence-human-computer-collaboration.html

2) Sample, I. (2024). AI tools may soon manipulate people's online decision-making, say researchers. The Guardian. https://www.theguardian.com/technology/2024/dec/30/ai-tools-may-soon-manipulate-peoples-online-decision-making-say-researchers

3) Kaminski, M. E., & Urban, J. M. (2024). The Irreplaceable Value of Human Decision-Making in the Age of AI. Harvard Business Review. https://hbr.org/2024/12/the-irreplaceable-value-of-human-decision-making-in-the-age-of-ai

4) Zhai, C., Wibowo, S., & Li, L. D. (2024). The effects of over-reliance on AI dialogue systems on students' cognitive abilities: A systematic review. Smart Learning Environments, 11(1), 3. https://slejournal.springeropen.com/articles/10.1186/s40561-024-00316-7

5) Levy, A. (2024). The Illusion of Choice in the Age of AI. Medium. https://alexlevox.medium.com/the-illusion-of-choice-in-the-age-of-ai-fd7e946ca072

6) Al-Rifaei, N. (2024). AI Role in Subconscious Programming and the Illusion of Free Choice. LinkedIn. https://www.linkedin.com/pulse/ai-role-subconscious-programming-illusion-free-choice-al-rifaei-e2eef

7) Dasgupta, S. (n.d.). The metaethics of AI. https://shamik.net/papers/dasgupta%20the%20metaethics%20of%20AI.pdf

8) Fügener, A., Grahl, J., Gupta, A., & Ketter, W. (2022). Cognitive challenges in human–artificial intelligence collaboration: Investigating the path toward productive delegation. Information Systems Research, 33(2), 678-696. https://pubsonline.informs.org/doi/abs/10.1287/isre.2021.1079

9) Kim, J. (2024). Decoding decision delegation to artificial intelligence: The moderating role of decision surrogacy and the mediating role of delegation willingness. European Management Journal. https://www.sciencedirect.com/science/article/pii/S0263237324001312

10) Daugherty, P. R., Wilson, H. J., & Michelman, P. (2019). Revisiting the jobs artificial intelligence will create. MIT Sloan Management Review, 60(4), 1-8. https://sloanreview.mit.edu/article/revisiting-the-jobs-artificial-intelligence-will-create/

11) Valeriani, D., Cinel, C., & Poli, R. (2019). Brain–Computer Interfaces for Human Augmentation. Brain Sciences, 9(2), 22. https://www.mdpi.com/2076-3425/9/2/22

12) Burwell, S., Sample, M., & Racine, E. (2017). Ethical aspects of brain computer interfaces: a scoping review. BMC Medical Ethics, 18(1), 60. https://pmc.ncbi.nlm.nih.gov/articles/PMC5680604/

13) Jiang, R., Chiappa, S., Lattimore, T., György, A., & Csaba, S. (2019). BrainNet: A Multi-Person Brain-to-Brain Interface for Direct Collaboration Between Brains. Scientific Reports, 9(1), 6115. https://www.nature.com/articles/s41598-019-41895-7

14) Aschenbrenner, L. (2024). Situational Awareness: The Decade Ahead. https://situational-awareness.ai/wp-content/uploads/2024/06/situationalawareness.pdf

15) Yu, D., & Gupta, A. (2023). The 'AI divide' between the Global North and Global South. World Economic Forum. https://www.weforum.org/stories/2023/01/davos23-ai-divide-global-north-global-south/

16) Acemoglu, D. (2021). Harms of AI. NBER Working Paper No. 29247. https://www.nber.org/papers/w29247

IX. 인간과 기술의 미래: 이론에서 실천으로

1) Vespignani, A. (2024). Researchers Are Pioneering the Study of Human AI Coevolution. Northeastern University News. https://news.northeastern.edu/2024/12/16/human-ai-coevolution/

2) Dellermann, D., Ebel, P., Söllner, M., & Leimeister, S. (2024). Human-AI coevolution. Artificial Intelligence, 331, 104244. https://www.sciencedirect.com/science/article/pii/S0004370224001802

3) Jiang, R., Chiappa, S., Lattimore, T., György, A., & Csaba, S. (2019). BrainNet: A Multi-Person Brain-to-Brain Interface for Direct Collaboration Between Brains. Scientific Reports, 9(1), 6115. https://www.nature.com/articles/s41598-019-41895-7

4) RAND Corporation. (2025). AI's Power Requirements Under Exponential Growth. RAND Research Reports, RRA3572-1. https://www.rand.org/pubs/research_reports/RRA3572-1.html

5) Kaminski, M. E., & Urban, J. M. (2024). The Irreplaceable Value of Human Decision-

Making in the Age of AI. Harvard Business Review. https://hbr.org/2024/12/the-irreplaceable-value-of-human-decision-making-in-the-age-of-ai

6) Almeida, M., & Diogo, R. (2019). Human enhancement: Genetic engineering and evolution. Evolution, Medicine, and Public Health, 2019(1), 183-189. https://pmc.ncbi.nlm.nih.gov/articles/PMC6788211/

7) Nguyen, B. T. (2024). Metacognition in the AI Era: Essential Learning for Mid-Career Professionals. LinkedIn Pulse. https://www.linkedin.com/pulse/metacognition-ai-era-essential-learning-mid-career-barry-t-nguyen-stfpc

8) Kertész, J., & Szathmáry, E. (2025). Coevolution of AI and Society: New Study Explores Opportunities and Risks. Central European University News. https://www.ceu.edu/article/2025-01-13/coevolution-ai-and-society-new-study-explores-opportunities-and-risks

6장. 특이점 생존 매뉴얼 (2025-2035)

I. 새로운 시대의 성공 공식

1) Nexford University. (2025, June 29). How Will Artificial Intelligence Affect Jobs 2025-2030. Nexford. https://www.nexford.edu/insights/how-will-ai-affect-jobs

2) EMBO Press. (2025, June 25). Mental privacy: navigating risks, rights and regulation: Advances in .... EMBO Press. https://www.embopress.org/doi/10.1038/s44319-025-00505-6

3) The Washington Post. (2025, March 6). Inside the scientific quest to reverse human aging. The Washington Post. https://www.washingtonpost.com/wellness/2025/03/06/cellular-reprogramming-longevity-reverse-aging/

4) Galileo AI. (2025, February 6). Exploring MMLU Benchmark for AI Models. Galileo AI. https://galileo.ai/blog/mmlu-benchmark

5) Taylor & Francis. (2024, September 23). Generative artificial intelligence vs. law students: an empirical study. Taylor & Francis. https://www.tandfonline.com/doi/full/10.1080/17579961.2024.2392932

6) Nori, H., King, N., McKinney, S. M., Carignan, D., & Horvitz, E. (2023). Capabilities of GPT-4 on medical challenge problems. arXiv. https://arxiv.org/abs/2303.13375

II. 선장의 나침반: 가치 창조 사이클 'N.E.W.S.'

1) Asana. (2025, February 20). What Is Agile Methodology? (A Beginner's Guide) [2025]. Asana. https://asana.com/resources/agile-methodology

2) The Lean Startup. (n.d.). Methodology - The Lean Startup. The Lean Startup.

https://theleanstartup.com/principles

3) The AI Journal. (2024, December 9). How AI Is Accelerating MVP Development for Startups. The AI Journal. https://aijourn.com/how-ai-is-accelerating-mvp-development-for-startups/

4) Google Cloud. (n.d.). Future of AI: Perspectives for Startups 2025 report. Google Cloud. https://cloud.google.com/resources/content/future-of-ai-report

III. N (Navigate): 안갯속에서 첫 번째 '항로'를 설정하는 기술

1) Weaviate. (2023, June 13). Large Language Models and Search. Weaviate. https://weaviate.io/blog/llms-and-search

2) Yellow.ai. (2024, July 23). Large Language Models - Benefits, Use Cases, & Types. Yellow.ai. https://yellow.ai/blog/large-language-models/

3) arXiv. (2024, December 31). An Overview and Discussion on Using Large Language Models for .... arXiv. https://arxiv.org/html/2501.00562v1

4) Nature. (2025, March 10). Evaluating search engines and large language models for .... Nature. https://www.nature.com/articles/s41746-025-01546-w

5) SSRN. (2023, August 2). Using Large Language Models for Idea Generation in Innovation. SSRN. https://papers.ssrn.com/sol3/papers.cfm?abstract_id=4526071

6) Google Cloud. (n.d.). Prompt Engineering for AI Guide. Google Cloud. https://cloud.google.com/discover/what-is-prompt-engineering

7) Medium. (2024, May 7). I Use These 3 ChatGPT AI Prompts for Crafting Hypotheses, and the .... Medium. https://medium.com/%40yangyinjuan.zju/i-use-these-3-chatgpt-ai-prompts-for-crafting-hypotheses-and-the-results-blew-my-mind-8fd4cafef55b

8) Blog. (2025, July 8). How I use Reddit and AI to find winning startup ideas (2025 tutorial). Blog. https://blog.alexanderfyoung.com/how-i-use-reddit-and-ai-to-find-winning-startup-ideas-2025-tutorial/

IV. E (Execute): 가장 작고 빠른 '척후선'을 띄우는 기술

1) Dinamicka Development. (2025, June 30). MVP Development for Startups in 2025: Speed Up Launch with AI. Dinamicka. https://dinamicka.com/blog/mvp-development-for-startups/

2) Sprinklr. (2025, April 7). 10 Best AI Tools for Marketing Teams in 2025. Sprinklr. https://www.sprinklr.com/blog/ai-tools-for-marketing/

3) LegalFly. (2025, January 22). The 9 best AI contract review software tools for 2025. LegalFly. https://www.legalfly.com/post/9-best-ai-contract-review-software-

tools-for-2025

4) Mentorloop. (2025, May 15). Mentoring Statistics You Need to Know - 2025. Mentorloop. https://mentorloop.com/blog/mentoring-statistics/
5) Improvado. (2025, July 1). Ecommerce Analytics Tools: Top 14 for 2025. Improvado. https://improvado.io/blog/best-ecommerce-analytics-tools

V. W (Witness): 암호화된 '첩보'에서 보물을 찾는 기술

1) Grossman, L. (2024, January 2). The ultimate guide to competitive analysis with GPT and AI. Medium. https://medium.com/@liorgrossman/the-ultimate-guide-to-competitive-analysis-with-gpt-and-ai-d34074822e49
2) SmartDev. (2025, April 18). Unlock unstructured data AI: The ultimate 2025 guide. SmartDev. https://smartdev.com/ultimate-guide-to-unstructured-ai-how-ai-unlocks-the-power-of-unstructured-data/
3) StoryFlint. (n.d.). How to create a personal knowledge base in Notion. StoryFlint. https://www.storyflint.com/blog/personal-knowledge-management-notion
4) SuperAGI. (2025, June 29). Case Studies: How Brands Like Bimbo and Metia Used AI Sentiment Analysis to Transform Their Marketing Strategies. SuperAGI. https://superagi.com/case-studies-how-brands-like-bimbo-and-metia-used-ai-sentiment-analysis-to-transform-their-marketing-strategies/
5) SuperAGI. (2025, June 29). From Crisis to Opportunity: Real-World Case Studies of AI Sentiment Analysis in Brand Monitoring. SuperAGI. https://superagi.com/from-crisis-to-opportunity-real-world-case-studies-of-ai-sentiment-analysis-in-brand-monitoring/
6) Abmatic AI. (n.d.). The Impact of Artificial Intelligence on Conversion Rates. Abmatic AI. https://abmatic.ai/blog/impact-of-artificial-intelligence-on-conversion-rates
7) Dragonfly AI. (2025, January 8). How AI Boosts Conversion Rates with Predictive Attention Insights. Dragonfly AI. https://dragonflyai.co/resources/blog/how-ai-boosts-conversion-rates-with-predictive-attention-insights
8) Artefact. (n.d.). Using NLP to Extract Insights from Your Customers' Reviews. Artefact. https://www.artefact.com/blog/using-nlp-to-extract-quick-and-valuable-insights-from-your-customers-reviews/
9) YouTube. (2025, January 30). Dominate your market with Make + Perplexity in 2025. YouTube. https://www.youtube.com/watch?v=d4BmWYTNroo

VI. S (Steer): 데이터와 직관을 융합해 '결단'을 내리는 기술

1) McKinsey. (2025, January 28). AI in the workplace: A report for 2025. McKinsey. https://www.mckinsey.com/capabilities/mckinsey-digital/our-insights/superagency-in-the-workplace-empowering-people-to-unlock-ais-full-potential-at-work

2) Forbes. (2025, June 12). How AI Can Transform Business With Decision Making 2.0. Forbes. https://www.forbes.com/councils/forbestechcouncil/2025/06/12/how-ai-can-transform-business-with-decision-making-20/

3) Econsultancy. (2013, November 20). Six case studies that prove the power of content marketing. Econsultancy. https://econsultancy.com/six-case-studies-that-prove-the-power-of-content-marketing/

4) Linss, N. (2022). A case study on the lean startup method and the startup CLAY developing its business and product. Repositorio UCP. https://repositorio.ucp.pt/bitstream/10400.14/38865/1/203038207.pdf

[^5]Bestmix. (n.d.). How software and AI are transforming pet food production. Bestmix. https://www.bestmix.com/sites/default/files/downloads/BESTMIX%20White%20Paper-1%20updated.pdf

6) Asana. (2025, June 13). 7 Quick Steps to Create a Decision Matrix, with Examples [2025]. Asana. https://asana.com/resources/decision-matrix-examples

VII. 사이클에서 시스템으로: 당신의 첫 번째 함선을 구축하라

1) Dacxi Chain. (2025, May 19). Micro-Automations: The Quiet AI Revolution. Medium. https://medium.com/@dacxi/micro-automations-the-quiet-ai-revolution-1ebc7ea916b5

2) Run2biz. (n.d.). 4 Phases of the AI Value Generation Cycle in Companies. Run2biz. https://en.run2biz.com/4-phases-ai-cycle/

3) Make. (n.d.). Review Scraper Integration | Workflow Automation. Make. https://www.make.com/en/integrations/review-scraper

4) Audos. (n.d.). Audos. Audos. https://audos.com/

VIII. 선장의 창세기: 10년간의 진화 로드맵

1) Yahoo Finance. (2025, June 13). 'There Will Be Universal High Income' — Elon Musk Predicts With 80 ... Yahoo Finance. https://finance.yahoo.com/news/universal-high-income-elon-musk-160056830.html

2) World Economic Forum. (2025, June 4). How AI can enhance digital inclusion and fight inequality. World Economic Forum. https://www.weforum.org/

stories/2025/06/digital-inclusion-ai/
3) Hacker News. (2023, November 30). Is anyone using self hosted LLM day to day and training it like a new ... Hacker News. https://news.ycombinator.com/item?id=38476038
4) Capgemini. (2025, July 17). Trust and human-AI collaboration set to define the next ... Capgemini. https://www.capgemini.com/us-en/news/press-releases/trust-and-human-ai-collaboration-set-to-define-the-next-era-of-agentic-ai-unlocking-450-billion-opportunity-by-2028/
5) AI Digest. (2025, April 23). Timeline of AI forecasts. AI Digest. https://theaidigest.org/timeline
6) Karthi's Blog. (2025, May 21). Meta Skills for AI Era. Karthi's Blog. https://karthis.blog/meta-skills-for-ai-era

IX. 이제, 출항할 시간입니다

1) McKinsey & Company. (2025, May). The economic potential of generative AI: The next productivity frontier. McKinsey & Company. https://www.mckinsey.com/capabilities/mckinsey-digital/our-insights/the-economic-potential-of-generative-ai-the-next-productivity-frontier
2) World Economic Forum. (2025, January). The Future of Jobs Report 2025. World Economic Forum. https://www.weforum.org/publications/the-future-of-jobs-report-2025/

7장. 2035년의 새로운 질서

I. 익숙함과의 작별: 선장의 눈으로 본 2035년

1) OECD. (2024, October). Futures of Global AI Governance: Background Note. OECD Publishing. https://www.oecd.org/content/dam/oecd/en/about/programmes/strategic-foresight/GSG%20Background%20Note_GSG(2024)1en.pdf
2) European Parliament. (2020). The ethics of artificial intelligence: Issues and initiatives. European Parliamentary Research Service. https://www.europarl.europa.eu/RegData/etudes/STUD/2020/634452/EPRS_STU%282020%29634452_EN.pdf
3) GOV.UK. (2021). Human Augmentation – The Dawn of a New Paradigm. UK Ministry of Defence. https://assets.publishing.service.gov.uk/media/609d23c6e90e07357baa8388/Human_Augmentation_SIP_access2.pdf
4) Carnegie Endowment for International Peace. (2024, April). Advancing a More Global Agenda for Trustworthy Artificial Intelligence. Carnegie Endowment.

https://carnegieendowment.org/research/2024/04/advancing-a-more-global-agenda-for-trustworthy-artificial-intelligence?lang=en

5) World Economic Forum. (2025, January). Global Risks Report 2025. World Economic Forum. https://www.weforum.org/publications/global-risks-report-2025/digest/

6) McKinsey Global Institute. (2023, July). Generative AI and the future of work in America. McKinsey & Company. https://www.mckinsey.com/mgi/our-research/generative-ai-and-the-future-of-work-in-america

II. 민주주의의 위기: '기계 통치'라는 새로운 해류

1) Lehoux, P., Silva, H. P., Sabio, R. P., & Roncarolo, F. (2020). The uncharted territory of AI governance in the public sector: Three tales from the frontiers of automated decision-making in democratic settings. Social Science & Medicine, 252, Article 112802. https://www.ncbi.nlm.nih.gov/pmc/articles/PMC7164913/

2) Helbing, D., Frey, B. S., Gigerenzer, G., Hafen, E., Hagner, M., Hofstetter, Y., van den Hoven, J., Zicari, R. V., & Zwitter, A. (2019). How AI threatens democracy. Journal of Democracy, 30(4), 106-120. https://www.journalofdemocracy.org/articles/how-ai-threatens-democracy/

3) Richtopia. (2023, March 6). AI and ethics: The impacts of brain-computer interfaces. Richtopia. https://richtopia.com/emerging-technologies/ai-and-ethics-the-impacts-of-brain-computer-interfaces/

4) European Commission. (2024, March 21). From vision to reality: Promises and risks of brain-computer interfaces. European Commission. https://www.consilium.europa.eu/media/fh4fw3fn/art_braincomputerinterfaces_2024_web.pdf

III. 권력의 이동: 국가의 항구 vs. 기업의 함대

1) van der Linden, E. (2023). Rising AI and the concentration of corporate power. SPUI25. https://spui25.nl/programma/rising-ai-and-the-concentration-of-corporate-power

2) Bank for International Settlements. (2024). Artificial intelligence and the economy: implications for central banks. BIS Annual Economic Report. https://www.bis.org/publ/arpdf/ar2024e3.htm

3) Ministry of Science and ICT. (2024). Blueprint for Korea's Leap to Become One of the Top Three Global AI Powers. MSIT. https://www.msit.go.kr/eng/bbs/view.do?sCode=eng&mId=4&bbsSeqNo=42&nttSeqNo=1037

4) Schaake, M. (2024). The tech coup: How unchecked tech power is destabilizing

governance. Stanford HAI. https://hai.stanford.edu/news/tech-coup-new-book-shows-how-unchecked-power-companies-destabilizing-governance

5) RAND Corporation. (2023). AI and geopolitics: How might AI affect the rise and fall of nations? RAND. https://www.rand.org/pubs/perspectives/PEA3034-1.html
6) McKinsey & Company. (2018). True Gen: Generation Z and its implications for companies. McKinsey. https://www.mckinsey.com/industries/consumer-packaged-goods/our-insights/true-gen-generation-z-and-its-implications-for-companies

IV. 노동 없는 경제: 항해의 목적을 잃은 유령선들

1) Center for Global Development. (2024, October 17). Three reasons why AI may widen global inequality. CGDEV. https://www.cgdev.org/blog/three-reasons-why-ai-may-widen-global-inequality
2) World Economic Forum. (2025, January 8). Future of Jobs Report 2025: The jobs of the future – and the skills you need to get them. WEF. https://www.weforum.org/stories/2025/01/future-of-jobs-report-2025-jobs-of-the-future-and-the-skills-you-need-to-get-them/
3) ABS Behavioral Health. (2025, January 28). The mental health impact of job displacement in the age of AI. ABS. https://absbehavioralhealth.com/uncategorized/the-mental-health-impact-of-job-displacement-in-the-age-of-ai/
4) PwC. (2025). The Fearless Future: 2025 Global AI Jobs Barometer. PwC. https://www.pwc.com/gx/en/issues/artificial-intelligence/ai-jobs-barometer.html
5) LSE Business Review. (2025, April 29). Universal basic income as a new social contract for the age of AI. LSE. https://blogs.lse.ac.uk/businessreview/2025/04/29/universal-basic-income-as-a-new-social-contract-for-the-age-of-ai-1/

V. 인류 분화의 서막: '증강 함선'의 등장

1) Number Analytics. (2025, June 18). The future of human augmentation. Number Analytics. https://www.numberanalytics.com/blog/human-augmentation-future-technological-progress
2) ExO Insight. (2025, July 9). Neurotech 2025: Brain-Computer Interfaces. OpenExO. https://publish.openexo.com/neurotech-2025-brain-computer-interfaces/
3) LinkedIn. (2025, April 5). Next Technology BOOM !!! LinkedIn. https://www.linkedin.com/pulse/next-technology-boom-joseph-payappan-gkaae
4) Frontiers in Medicine. (2025, July 9). The ethical, social, and regulatory implications of human enhancement. Frontiers. https://www.frontiersin.org/journals/medicine/articles/10.3389/fmed.2025.1595213/pdf

5) Number Analytics. (2025, June 17). The Future of Humanity: Enhancement & Evolution. Number Analytics. https://www.numberanalytics.com/blog/future-humanity-enhancement-evolution
6) Frontiers in Human Neuroscience. (2024, April 10). Brain-computer interfaces and human factors: the role of language. Frontiers. https://www.frontiersin.org/journals/human-neuroscience/articles/10.3389/fnhum.2024.1305445/full

VI. 유령선을 넘어, 희망의 군도를 향하여: 사회적 방주의 설계도

1) World Economic Forum. (2024, November 19). How public-private partnerships can ensure AI for good. World Economic Forum. https://www.weforum.org/stories/2024/11/public-private-partnerships-ensure-ethical-sustainable-inclusive-ai-development/
2) Harvard Business Review. (2025, June 25). 5 Ways Cooperatives Can Shape the Future of AI. Harvard Business Review. https://hbr.org/2025/06/5-ways-cooperatives-can-shape-the-future-of-ai
3) Stanford Human-Centered Artificial Intelligence. (2024). Education | The 2024 AI Index Report. Stanford HAI. https://hai.stanford.edu/ai-index/2024-ai-index-report/education

VII. 미래의 두 얼굴: 선택의 기로에 선 인류

1) European Parliament. (2024, January). Using AI as a weapon of repression and its impact on human rights. European Parliamentary Research Service. https://www.europarl.europa.eu/RegData/etudes/IDAN/2024/754450/EXPO_IDA%282024%29754450_EN.pdf
2) Pew Research Center. (2023, June). Themes: The most harmful or menacing changes in digital life that are likely by 2035. Pew Research Center. https://www.pewresearch.org/internet/2023/06/21/themes-the-most-harmful-or-menacing-changes-in-digital-life-that-are-likely-by-2035/
3) Khosla Ventures. (2024, September). AI: Dystopia or Utopia? Khosla Ventures. https://www.khoslaventures.com/ai-dystopia-or-utopia/
4) United Nations. (n.d.). Governing AI for Humanity. United Nations. https://www.un.org/sites/un2.un.org/files/governing_ai_for_humanity_final_report_en.pdf

8장. 기계와 함께, 나를 잃지 않기

I. 마지막 질문: 나는 누구로 살아갈 것인가?

1) Yahoo Finance. (2025, June 13). 'There Will Be Universal High Income' — Elon

Musk Predicts With 80% Certainty That 'None of Us' Will Have Jobs. Yahoo Finance. https://finance.yahoo.com/news/universal-high-income-elon-musk-160056830.html

2) Scientific American. (2023, July 12). AI Is an Existential Threat--Just Not the Way You Think. Scientific American. https://www.scientificamerican.com/article/ai-is-an-existential-threat-just-not-the-way-you-think/

3) Forbes. (2025, April 2). Human Identity Faces 'Fundamental Revolution' As AI Reshapes Behavior And Cognition By 2035. Forbes. https://www.forbes.com/sites/federicoguerrini/2025/04/02/ai-in-2035-how-technology-will-reshape-human-identity/

II. 끌려가지 않는 삶의 방향타: 내 안의 나침반 세우기

1) Peters, M. (2025, June 9). How Algorithms Influence the Choices You Make Every Day. Medium. https://blog.mirkopeters.com/how-algorithms-influence-the-choices-you-make-every-day-4561722ab605

2) Uetz, M. (2025, February 11). The Crisis of Meaning in the Age of AI. Substack. https://uetz.substack.com/p/the-crisis-of-meaning-in-the-age

3) Arat, A. (2023). Religion in the Digital Age: An Irreversible Process. Religions, 14(1), 108. https://doi.org/10.3390/rel14010108

4) Stoic Simple. (n.d.). Stoicism: the Perfect Philosophy for an Age of Artificial Intelligence? Stoic Simple. https://www.stoicsimple.com/stoicism-artificial-intelligence/

5) Ahmad, M. A. (2025, April). Benevolence beyond code: Rethinking AI through Confucian ethics. 3 Quarks Daily. https://3quarksdaily.com/3quarksdaily/2025/04/benevolence-beyond-code-rethinking-ai-through-confucian-ethics.html

III. AI와의 창조적 공존: 협업의 '주인'이 되는 기술

1) Grossman, L. (2024, January 2). The ultimate guide to competitive analysis with GPT and AI. Medium. https://medium.com/@liorgrossman/the-ultimate-guide-to-competitive-analysis-with-gpt-and-ai-d34074822e49

2) Walther, C. (2024, July 26). How To Use AI As Your Creative Sparring Partner. Forbes. https://www.forbes.com/sites/corneliawalther/2024/07/26/how-to-use-ai-as-your-creative-sparring-partner/

3) Medium. (2022, December 8). Multi-Dimensional Ping-Pong: An Experiment With ChatGPT. Medium. https://medium.com/all-day-breakfast/multi-dimensional-ping-pong-an-experiment-with-chatgpt-2a30400c0b7e

IV. 인간 고유성의 재발견: AI가 비추는 우리의 모습

1) World Economic Forum. (2024, January 18). AI Governance Alliance: Briefing Paper Series 2024. World Economic Forum. https://www.weforum.org/publications/ai-governance-alliance-briefing-paper-series/
2) The Conversation. (2024, October 9). Sex machina: in the wild west world of human-AI relationships, the lonely and vulnerable are most at risk. The Conversation. https://theconversation.com/sex-machina-in-the-wild-west-world-of-human-ai-relationships-the-lonely-and-vulnerable-are-most-at-risk-239783
3) Psychology Today. (2023, December 21). Can Artificial Intelligence Predict Your Life, and Death? Psychology Today. https://www.psychologytoday.com/us/blog/friendship-20/202312/can-artificial-intelligence-predict-your-life-and-death
4) Huang, H. (2025, January 23). Finding Tao in the Age of AI. LinkedIn. https://www.linkedin.com/pulse/finding-tao-age-ai-hui-huang-kf6tc
5) Kim, H.-J. (2023). Between Buddhist 'Self-Enlightenment' and 'Artificial Intelligence'. Religions, 14(2), 150. https://www.mdpi.com/2077-1444/14/2/150

V. 특이점 시대의 자기 성장법: AI로 '나'를 단련하기

1) Kentz, M. (2025, July 7). From Thinking Partner to Sparring Partner: A Better Way to Use AI. Substack. https://mikekentz.substack.com/p/from-thinking-partner-to-sparring
2) Onlife. (2024, April 24). Unplugging to Recharge: Digital Detox in the AI-Era Workplace. Onlife. https://on.life/blog/unplugging-to-recharge-digital-detox-in-the-ai-era-workplace
3) Zhang, D. (2025, April 8). Meta-Learning in the Age of AI. LinkedIn. https://www.linkedin.com/pulse/meta-learning-age-ai-david-zhang-8babc

VI. 에필로그: 우리는 미래의 공동 창조자입니다

1) Chace, C. (2024, November 17). Evolving Together: Human-AI Coevolution Is Said To Be Coming, Whether Humanity Likes It Or Not. Forbes. https://www.forbes.com/sites/lanceeliot/2024/11/17/evolving-together-human-ai-coevolution-is-said-to-be-coming-whether-humanity-likes-it-or-not/